Karl J. Thomé-Kozmiensky

Entsorgung von Verpackungsabfällen

TK

Die Deutsche Bibliothek – CIP-Einheitsaufnahme

Entsorgung von Verpackungsabfällen
Karl J. Thomé-Kozmiensky.
– Neuruppin: TK Verlag Karl Thomé-Kozmiensky, 2014
ISBN 978-3-944310-01-5

ISBN 978-3-944310-01-5 TK Verlag Karl Thomé-Kozmiensky

Verlag: TK Verlag Karl Thomé-Kozmiensky • Neuruppin 2014
Redaktion und Lektorat: Professor Dr.-Ing. habil. Dr. h. c. Karl J. Thomé-Kozmiensky, Dr.-Ing. Stephanie Thiel, M.Sc. Elisabeth Thomé-Kozmiensky
Erfassung und Layout: Ginette Teske, Cordula Müller, Fabian Thiel, Janin Burbott, Katrin Krüger

Druck: Mediengruppe Universal Grafische Betriebe München GmbH, München

Inhaltsverzeichnis

Organisation – Probleme – Perspektiven

Alternativen

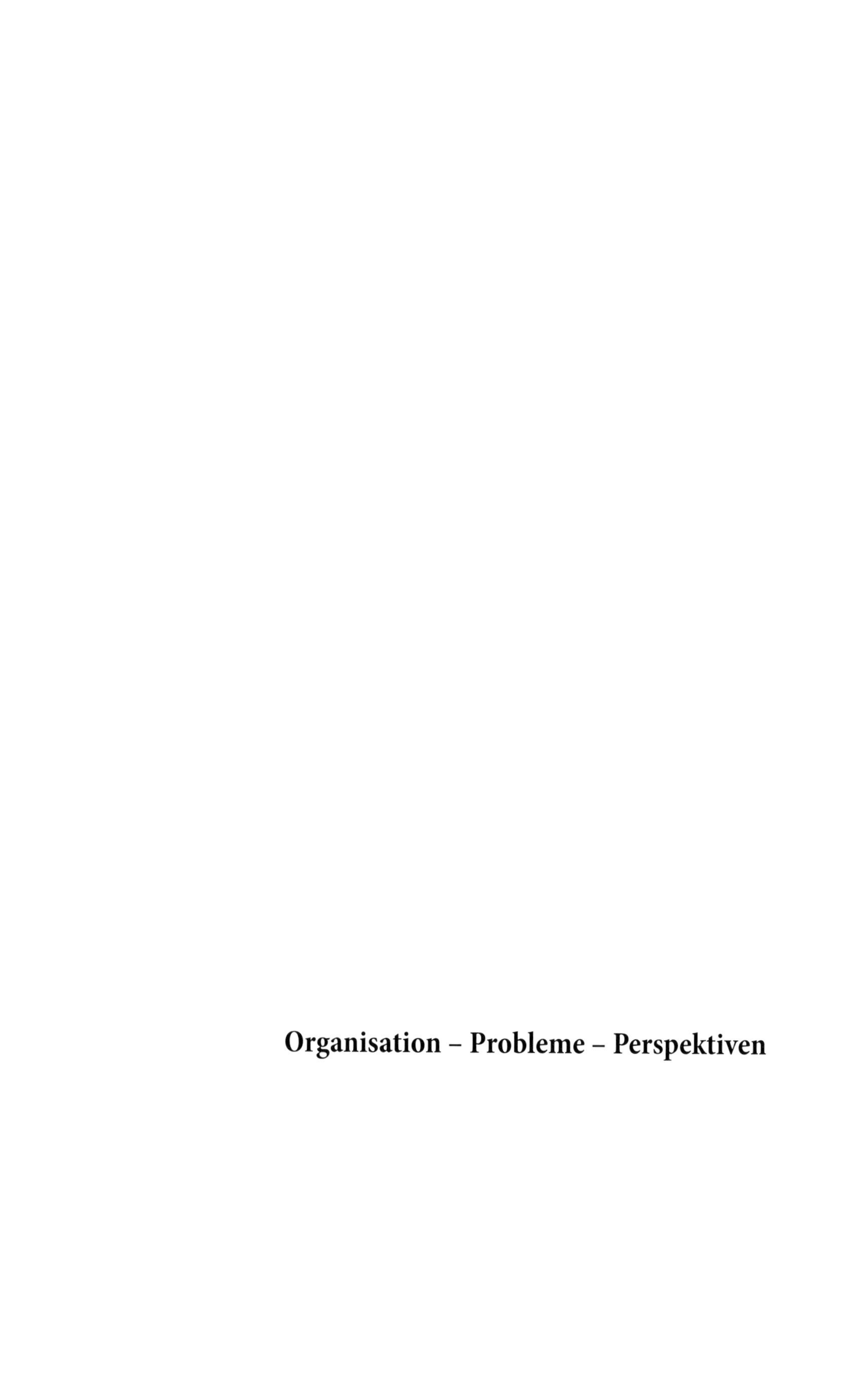

Organisation – Probleme – Perspektiven

Verfahrenstechniken für das Recycling

Karl J. Thomé-Kozmiensky

1. Abfallwirtschaft in Deutschland

Eigentlich könnten wir hinsichtlich des Niveaus der Abfallwirtschaft in Deutschland sehr zufrieden sein. Die Abfallentsorgung weist, wie aus der deutschen und europäischen Abfallstatistik ersichtlich, sowohl absolut als auch im Vergleich mit den Ländern Europas ein hohes Niveau auf. Sie gehört dank der Entwicklung und Umsetzung der Gesetzgebung, der Verfahrenstechnik und der Abfallbehandlung zur Spitzengruppe der Länder, die die Beseitigung durch Verwertung ersetzen. (Bild 1)

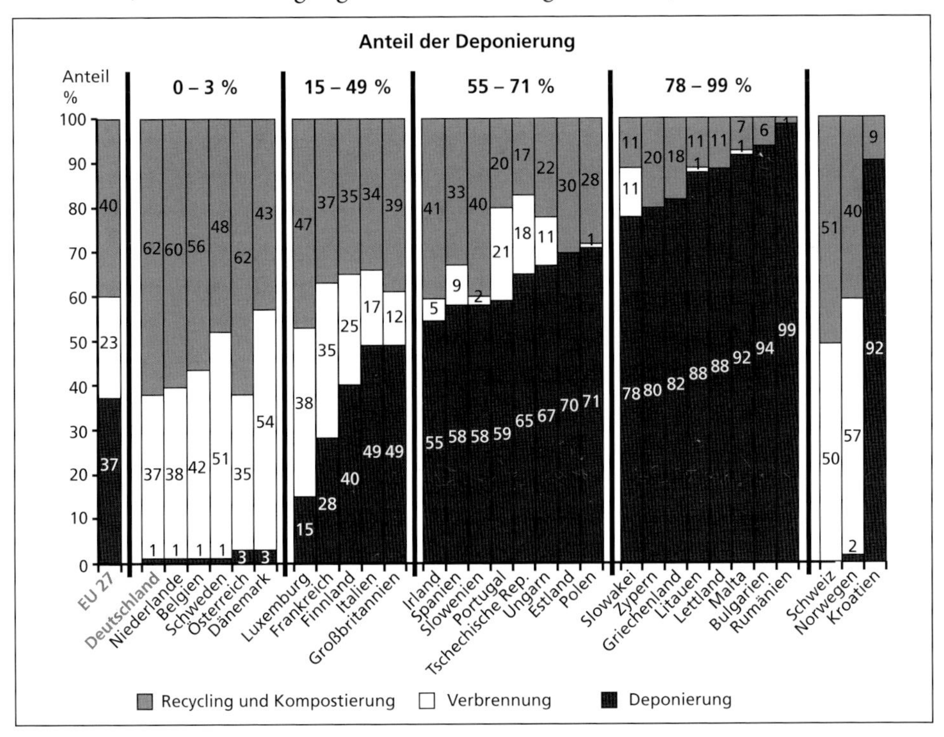

Bild 1: Siedlungsabfallbehandlung in der EU-27, der Schweiz, Norwegen und Kroatien

Quelle: eurostat 2011

Deutschland verfügt über eine Siedlungsabfallentsorgung auf hohem technischen und organisatorischen Niveau, die gleichermaßen hygienische und ökologische, aber auch wirtschaftliche und soziale Aspekte berücksichtigt und auch für die Bürger bezahlbar bleibt.

Allerdings sind Fehler und Missverständnisse in den offiziellen Darstellungen sowie Fehlentwicklungen in der Rechtssetzung, der Organisation und der praktischen Durchführung offensichtlich. Beispiele sind die offiziellen Statistiken des Abfallaufkommens und der Entsorgungswege, die Zuordnung von Verfahrenstechniken zu Rangfolgestufen der Abfallhierarchie, die Ermittlung der Verwertungsquoten und der Verwaltungsaufwand sowohl in den Behörden als auch in den Unternehmen. Die Bewertung einzelner Maßnahmen für die Verwertung bedarf ebenfalls der Korrektur.

Abfallaufkommen

In Deutschland betrug das Abfallaufkommen im Jahr 2011 etwa 343 Millionen Tonnen (schwarze Kurve in Bild 2). Mit der hellgrauen Kurve wird das Abfallaufkommen einschließlich der Abfälle aus Abfallbehandlungsanlagen dargestellt. Damit wird der Anschein erweckt, dass das gesamte Abfallaufkommen in 2011 sogar 387 Millionen Tonnen betrug. Dieser Eindruck ist falsch.

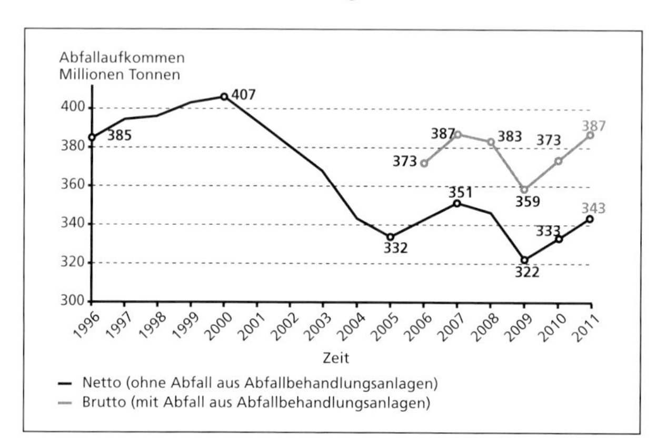

Bild 2:

Abfallaufkommen in Deutschland von 1996 bis 2011, getrennt nach Brutto- und Nettoaufkommen

Quelle: Statistisches Bundesamt, Juli 2013 (vorläufige Angabe)

Es muss beachtet werden, dass es sich bei den Vorgängen zur Abfallverwertung um komplexe Gesamtprozesse handelt, die in Teilprozesse untergliedert sind, die meistens an unterschiedlichen Orten und häufig auch in verschiedener Zuständigkeit ablaufen. Beispielhaft sei der Gesamtprozess der Rückgewinnung von Eisen aus gemischten Abfällen dargestellt. Die erste Stufe – die Abtrennung des Schrotts aus dem Abfallgemisch – kann mit Magnetscheidern in einer mechanischen Aufbereitungsanlage oder alternativ in einer Aberfallverbrennungsanlage mit Magnetscheidern aus der Asche durchgeführt werden.

Der Gesamtprozess mit dem *kalten Teilprozess* am Beginn des Gesamtprozesses kann in folgenden Teilprozessen ablaufen:

- mechanische Aufbereitung des gemischten Abfalls mit Ausschleusung der Schrottfraktion durch Magnetscheider,
- mechanische Abtrennung der anhaftenden Kunststoff- und Papierabfälle,
- Nachsortierung des Schrotts,
- Behandlung im Lichtbogenofen zu Stahl und Schlacke,
- Verarbeitung des Rohstahls zu Rohmaterial,
- Verarbeitung des Stahls in der Güterproduktion.

Beim alternativen Gesamtprozess mit dem *warmen Teilprozess* am Beginn wird der

Metallschrott aus gemischten Abfällen mit einer Abfallverbrennungsanlage mit Aussortierung des Schrotts aus der Verbrennungsasche separiert. Hier dient der Abfallverbrennungsprozess sowohl der energetischen als auch der stofflichen Verwertung. Die organischen Abfallbestandteile werden zu Wärme und/oder elektrischem Strom – also energetisch – verwertet. Die anorganischen Bestandteile werden in weitere Teilprozesse überführt, an deren Ende die stoffliche Verwertung – als Metall oder Baustoff – steht.

Bei der Bewertung dieses Prozesses kann nicht eindeutig festgelegt werden, ob der erste Teilprozess der stofflichen oder der energetischen Verwertung, also der zweiten oder dritten Hierarchiestufe zuzuordnen ist. Wird eine derartige Unterscheidung als notwendig erachtet, müssen alle Abfälle und Nebenprodukte, die bei den Teilprozessen entstehen, einzeln betrachtet werden.

Herkunft und Entorgung der Abfälle

In Bild 3 wird die Herkunft der Abfälle in Deutschland dargestellt. Der größte Teil des Abfallaufkommens wird in Gewerbe und Industrie erzeugt und von der Wirtschaft in eigener Verantwortung, d.h. privatwirtschaftlich entsorgt, in erster Linie verwertet.

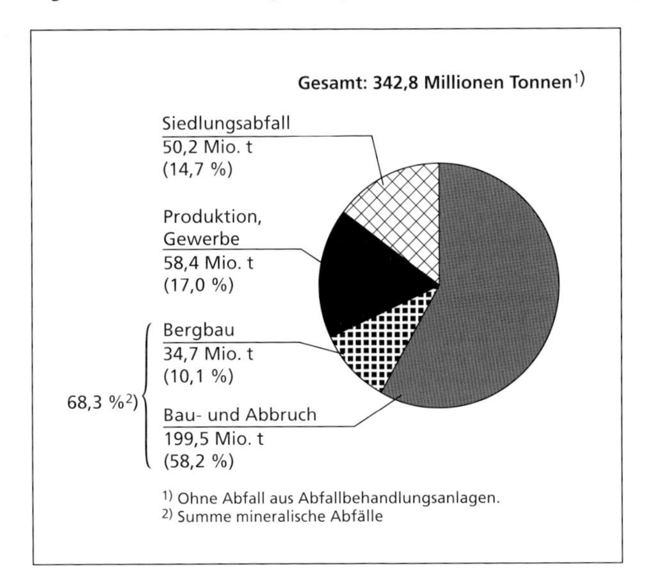

Bild 3:

Herkunft der Abfälle in Deutschland im Jahr 2011

Quelle: Statistisches Bundesamt, Mai 2013 (vorläufige Angaben)

Vom Gesamtaufkommen waren etwa fünfzig Millionen Tonnen Siedlungsabfälle; das sind ungefähr fünfzehn Prozent, wofür in erster Linie die Kommunen – die öffentlich-rechtlichen Entsorgungsträger – zuständig sind. Die Kommunen erledigen die Entsorgung selbst oder vergeben sie unter Beibehaltung ihrer Verantwortung nach öffentlicher Ausschreibung an private Unternehmen oder an Public-Privat-Partnership-Unternehmen.

Einen Eindruck vom Stand der Abfallentsorgung in Deutschland vermitteln die Aufstellung der fast neuntausend Abfallbehandlungsanlagen in Deutschland (Tabelle 1) sowie die in dieser Zahl enthaltenen etwa 3.500 Anlagen für die Behandlung von Siedlungsabfällen (Tabelle 2).

Tabelle 1: Anlagen zur Abfallentsorgung in Deutschland im Jahr 2012

Art der Anlage	Entsorgungsanlagen		Input gesamt	
			t	
	2012*	2011	2012*	2011
Deponien	1.138	1.180	36.933.000	36.899.000
Thermische Abfallbehandlungsanlagen	168	167	24.187.000	24.479.000
Feuerungsanlagen mit energetischer Verwertung	687	668	20.512.000	20.277.000
Chemisch-physikalische Behandlungsanlagen	550	536	9.230.000	8.829.000
Bodenbehandlungsanlagen	114	118	3.516.000	3.896.000
Biologische Behandlungs-anlagen	1.977	2.029	14.158.000	14.163.000
Mechnisch (-biologische) Abfallbehandlungsanlagen	60	61	4.144.000	4.474.000
Demontagebetriebe für Altfahrzeuge	1.323	1.349	486.000	479.000
Schredderanlagen-Schrottscheren	722	662	14.225.000	14.582.000
Sortieranlagen	1.077	1.031	24.243.000	24.624.000
Zerlegeeinrichtungen für Elektro- und Elektronikaltgeräte	316	298	850.000	818.000
sonstige Behandlungsanlagen	721	616	21.249.000	24.510.000
Abfallentsorgungsanlagen insgesamt	**8.853**	**8.715**	**173.733.000**	**178.028.000**

*vorläufige Zahlen

Quelle: Statistisches Bundesamt

Tabelle 2: Behandlungsanlagen für Siedlungsabfälle in Deutschland

Anzahl	Art der Abfallbehandlungsanlagen
1.077	Sortieranlagen (Stand 2012, vorläufige Angabe)[1]
252	Bioabfallkompostierungsanlagen (Stand 2010)[2]
672	Grünabfallkompostierungsanlagen (Stand 2010)[2]
800 bis 900	Vergärungsanlagen mit Genehmigung für Bioabfall[3]
61	mechanisch(-biologisch)e Abfallbehandlungsanlagen[4]
67	Abfallverbrennungsanlagen mit strengen Emissionsgrenzwerten[4]
1	Pyrolyseanlage[4]
36	Ersatzbrennstoffkraftwerke in Betrieb (Stand 12/2012)[4]
346	Deponien waren es vor dem 1. Juni 2005, dem Inkrafttreten der Abfallablagerungsverordnung
196	Deponien der Klasse II seit 2006, die nur noch für vorbehandelte Abfälle zugelassen waren
158	Deponien der Klasse II (Stand 2011)[2]

[1] Statistisches Bundesamt: Abfallentsorgung, vorläufiger Ergebnisbericht für ausgewählte Entsorgungsanlagen, erschienen im Februar 2014

[2] Statistisches Bundesamt: Fachserie 19, Reihe 1, erschienen am 5. Juli 2013

[3] Fachverband Biogas, telefonische Auskunft vom 27.2.2012

[4] eigene Recherche

2. Abfallverwertung

Nach Angaben des Statistischen Bundesamtes wurden in 2011 etwa 77 Prozent der Abfälle verwertet und etwa 23 Prozent beseitigt. Der Verwertungsanteil verteilt sich nach dieser Statistik zu 71,3 Prozent auf die stoffliche und zu 5,8 Prozent auf die energetische Verwertung (Bild 4).

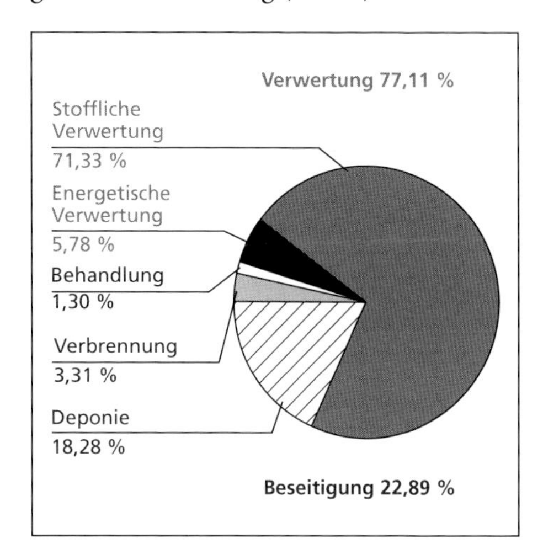

Bild 4: Verwertungs- und Beseitigungsquoten für Deutschland in 2011

Quelle: Statistisches Bundesamt

44 Millionen Tonnen Siedlungsabfälle aus Haushalten wurden getrennt gesammelt und in der offiziellen Statistik zum größten Teil der stofflichen Verwertung, also dem Recycling, zugeordnet.

Die offiziellen Angaben der Abfallstatistik zu den Mengen der recycelten Abfälle beziehen sich jedoch nur auf den Input in die ersten Stufen des mehrstufigen Gesamtprozesses, der sich jedoch – in Abhängigkeit von Inputmaterial und von den gewünschten Endprodukten – aus mehr oder weniger zahlreichen Einzelprozessen zusammensetzt. Für Recyclingprozesse für Siedlungsabfälle ist der erste Einzelprozess in der Regel eine Sortieranlage, also eine Anlage, in der der Abfallinput mehr oder weniger grob für die folgenden Einzelprozesse in Abhängigkeit von der beabsichtigten späteren Verwertung vorsortiert, jedoch noch nicht recycelt wird. Wirklich recycelt, also stofflich verwertet, werden nur die Anteile der Abfälle, die nach ihrer Abtrennung für die vorgesehene stoffliche Verwertung brauchbar sind und tatsächlich in den Stoffkreislauf zurückgeführt werden.

Zum Verständnis: Der Weg zur stofflichen Verwertung ist als Gesamtprozess zu betrachten, der aus verschiedenen Einzelprozessen besteht, mit denen aus dem Abfallinput einzelne Bestandteile für die vorgesehene Verwertungsart in möglichst hoher Qualität ausgeschleust werden. Der Gesamtprozess ist erst abgeschlossen, wenn die gewonnenen Sekundärrohstoffe primäre Rohstoffe und die gewonnenen Ersatzbrennstoffe primäre Brennstoffe – also auch Rohstoffe – ersetzen.

Das dem gesamten Verwertungsprozess zugeführte nicht stofflich verwertete Material wird entweder als Restabfall in Abfallverbrennungsanlagen oder Deponien beseitigt oder als Ersatzbrennstoff in Ersatzbrennstoff- oder Kohlekraftwerken oder in Zementwerken energetisch verwertet.

Wie hier dargelegt, sind die Angaben über die recycelten Abfallanteile in der amtlichen Statistik irreführend, weil schon die der ersten Stufe des Gesamtprozesses zugeführten Abfälle der stofflichen Verwertung zugerechnet werden, auch wenn ein großer oder sogar der größte Teil des Abfalloutputs in die energetische Verwertung oder sogar in die Abfallbeseitigung geht. Hier wird Brutto mit Netto verwechselt. Für die korrekte Angabe über das Recycling, also über die in den Stoffkreislauf rückgeführten Abfälle, muss das nicht stofflich verwertete Material, das zu Verbrennungsanlagen oder zu Deponien gebracht wird, von den derzeit offiziellen Angaben der statistischen Ämter über das Recycling abgezogen werden. Die amtliche Statistik ist der Objektivität und Transparenz verpflichtet. Daher darf nur das wirklich stofflich verwertete Material der Hierarchiestufe *Recycling* zugeordnet werden. Die Abfälle, die energetisch verwertetet oder beseitigt werden, müssen den entsprechenden Kategorien zugeordnet werden, also der *sonstigen Verwertung* oder der *Beseitigung*.

Hochwertige Verwertung

Der Begriff *hochwertige Verwertung* wird im Kreislaufwirtschaftsgesetz nicht präzise definiert. Es handelt sich also um einen unbestimmten Rechtsbegriff.

Als ein unbestimmter Rechtsbegriff wird ein Merkmal innerhalb einer gesetzliche Bestimmung bezeichnet, die vom Gesetzgeber nicht genau festgelegt worden ist. Aus sprachlicher Sicht scheint dieses Merkmal keinen eindeutigen Inhalt zu besitzen. Damit sich ein gewisser Sinn ergibt, bedarf es der Auslegung dieses Merkmals. Bei der Auslegung ist zu beachten, dass sämtliche individuelle Umstände bewertet und berücksichtigt werden müssen.

Quelle: Juraforum: Unbestimmter Rechtsbegriff

Der Gesetzgeber hat es bislang versäumt, den Begriff der hochwertigen Verwertung zu konkretisieren. Dennoch wird der Begriff von interessierter Seite regelmäßig zu Werbezwecken verwendet. Für die hochwertige Verwertung sollten Voraussetzungen definiert werden, z.B.:

- Der Recyclingprozess muss insgesamt umweltverträglich, mindestens umweltverträglicher als mögliche Alternativen sein.
- Die Produkte aus als hochwertig bezeichneten Behandlungsprozessen sollten qualitativ mit Produkten aus primären Rohstoffen vergleichbar, zumindest höherwertiger sein, als Produkte aus alternativen Recyclingprozessen. Eine gute Annäherung zur Konkretisierung des Begriffs der Hochwertigkeit eines Recyclingsproduktes kann seine qualitative Vergleichbarkeit mit Produkten aus primären Rohstoffen sein.

3. Verwertung von Leichtverpackungsabfällen

Der Fehler bei der derzeitigen Zuordnung zu den verschiedenen Kategorien der Abfallhierarchie kann am Beispiel der Leichtverpackungen weiter verdeutlicht werden: Die Leichtverpackungsabfälle werden für die erste Behandlung mechanischen Aufbereitungsanlagen zugeführt, in denen sie in hauptsächliche Stoffströme aufgeteilt werden. Nach Durchlaufen dieses ersten Teilprozesses gelangen etwa

- dreißig Prozent zu Anlagen, in denen sie für die stoffliche Verwertung konditioniert werden,
- sechzig Prozent als Ersatzbrennstoffe zu Kraft- oder Zementwerken, in denen sie – ggf. nach einem Konfektionierungsprozess – energetisch verwertet werden,

- zehn Prozent als Restabfall in Beseitigungsanlagen, z.B. in Abfallverbrennungsanlagen oder Deponien.

Obwohl nur ein geringer Teil des Anlageninputs nach Durchlaufen des ersten Teilprozesses weiteren Teilprozessen und schlussendlich der stofflichen Verwertung zugeleitet wird, wird der gesamte Anlageninput in der Statistik fälschlich der stofflichen Verwertung zugerechnet.

Wichtiger ist jedoch die Antwort auf die Frage, ob die zur Zeit ihrer Einführung notwendige Verpackungsverordnung weiterhin in der praktizierten Organisationsform für die ressourcenschonende Abfallwirtschaft sinnvoll und ob die Aufrüstung zu einer *Wertstofftonne* für den Ressourcenschutz zweckmäßig ist.

Zum Ende der achtziger Jahre des vergangenen Jahrhunderts drohte das Fehlen von Abfallbehandlungskapazitäten den Kollaps der Abfallwirtschaft herbeizuführen. Diese Entwicklung schien auch wegen des Widerstandes der Bevölkerung gegen den Bau von Deponien und Abfallverbrennungsanlagen unaufhaltsam. Die Politik sah sich genötigt, durch Maßnahmen zur Vermeidung weiterer Umweltbeeinträchtigungen das Kapazitätsproblem zu bewältigen. Für die mittelfristige Problemlösung wurde das Abfallbeseitigungsgesetz vom 7. Juni 1972 durch das Gesetz über die Vermeidung und Entsorgung von Abfällen vom 27. August 1986 ersetzt. Ziele waren unter anderem die Abfallvermeidung sowie der Bau und die Erhöhung der Akzeptanz von Entsorgungsanlagen. Diese auf Langfristigkeit ausgelegten programmatischen Vorhaben konnten jedoch den sich abzeichnenden *Entsorgungsnotstand* nicht verhindern.

Bei der Analyse des Restabfallaufkommens wurde deutlich, dass ein erheblicher Anteil des Abfalls aus Haushalten und Gewerbe aus Verpackungsabfällen bestand. Mit einem *Kunstgriff* wurden die Kommunen von der Verantwortung für die Verpackungsabfälle befreit. Die Verantwortung für deren Entsorgung wurde mit der Verpackungsverordnung in der Fassung vom 12. Juni 1991 mit der Zielformulierung *Produkt- oder Produzentenverantwortung* von den Kommunen genommen und der Wirtschaft – den Herstellern und Inverkehrbringern der Verpackungen – übertragen. Diese konnten nun ihre Verantwortung – in unterschiedlichen Organisationsformen – Dritten übertragen. Die Organisation und Durchführung der Verpackungsabfallentsorgung obliegt seither privatwirtschaftlichen Unternehmen, für die die Erledigung dieser Aufgabe sich zu einem lukrativen und dank der planwirtschaftlich anmutenden Randbedingungen zu einem dauerhaften Geschäft entwickelte, um das inzwischen die zahlreichen Beteiligten mit allen in einem Rechtsstaat erlaubten Mitteln kämpfen.

Heute stellt sich die Verpackungsentsorgung in Deutschland wie folgt dar:

- Das Verpackungsaufkommen und damit das Verpackungsabfallaufkommen haben seit der ersten Verpackungsverordnung zugenommen.
- Die mit der Verpackungsverordnung beabsichtigte Stabilisierung von Mehrwegsystemen hat nicht stattgefunden.
- Die ursprünglich als überparteiische Clearingstelle zur Organisation der logistischen und aufbereitungstechnischen Aufgaben sowie zur Vermarktung der erzeugten Sekundärrohstoffe vorgesehene Gesellschaft DSD AG hat sich zu einem

mächtigen Wirtschaftsunternehmen entwickelt, das nicht nur die ursprünglich vorgesehenen Aufgaben wahrnimmt, sondern darüber hinaus in Konkurrenz zu den von ihr beauftragten Entsorgungsunternehmen tritt und diesen das Eigentum an den Produkten aus den Aufbereitungsprozessen streitig macht. Die inzwischen gegründeten neuen Unternehmen, die im Wettbewerb zur DSD AG stehen sollen, organisieren kaum die Hälfte des ursprünglich von der DSD AG als Monopolist wahrgenommenen Geschäfts.

- Sammlung, Aufbereitung, Vermarkung und Verwertung von Altglas und Altpapier verlaufen – von kleineren Problemen abgesehen – im Wesentlichen ohne nennenswerte Probleme, wenn man vom Anspruch der inzwischen in Duales System Deutschland GmbH umbenannten Gesellschaft am Eigentum des aufbereiteten Altpapiers absieht.
- Die Verwertung der mit gelben Säcken und Abfallgefäßen erfassten Leichtverpackungsabfälle ist zumindest problematisch, sie ist teuer und die Ergebnisse der Aufbereitungsvorgänge sind trotz erheblicher Fortschritte der Technik hinsichtlich der Produktqualität unbefriedigend.
    * An den Metallschrottfraktionen haften Papier- und Kunststoffabfälle, so dass für die Schrotte geringere Erlöse erzielt werden, als für den Schrott aus Abfallverbrennungsanlagen.
    * Von den aufbereiteten Leichtverpackungen wird nur ein geringer Teil stofflich verwertet; die hauptsächliche Menge wird entweder in Abfallverbrennungsanlagen oder in eigens dafür errichteten Industriekraft- oder in Kohlekraft- oder in Zementwerken als Ersatzbrennstoffe energetisch verwertet.
    * Die zur stofflichen Verwertung vorgesehenen sortieren Kunststoffabfälle werden entweder exportiert oder im Inland zu Produkten verarbeitet, die größtenteils kaum als hochwertig bezeichnet werden können.

4. Verfahrenstechniken für die Abfallverwertung

Für die meisten Verwertungsprozesse müssen mehrere Teilprozesse mit unterschiedlichen Verfahrenstechniken angewandt werden, bis aus Abfällen Sekundärrohstoffe oder Ersatzbrennstoffe werden. Das sind z.B. mechanische, chemische, biologische und thermische Prozesse.

Neben anderen Verfahren kann die Abfallverbrennung einen ersten Teilprozess im gesamten Recyclingprozess sein. Ein Gesamtprozess zur Verwertung, an dessen Anfang die Abfallverbrennung steht, kann für einzelne Sekundärrohstoffe bessere Ergebnisse für das Recycling zeitigen als ein Gesamtprozess mit einem Teilprozess mit mechanischer Aufbereitung am Beginn. Zum Beispiel kann das Ausbringen von Metallschrotten aus der Abfallverbrennung größer als das von Schrotten aus der mechanischen Sortierung von Mischabfällen sein. Auch die Qualität einzelner Schrotte aus der Abfallverbrennung kann höher sein als aus der mechanischen Aufbereitung. Für die aus den Aschen aussortierten Schrotte werden höhere Preise erzielt als für Schrotte aus der mechanischen

Sortierung von gemischten Abfällen, also auch von Leichtverpackungsabfällen. Anders ist die Situation von organischen Verpackungsabfällen zu bewerten. Werden diese verbrannt, werden daraus Wärme und elektrischer Strom gewonnen, der anorganische Anteil des Abfalls fällt als Asche an, die stofflich verwertet werden kann. Auch mit der energetischen Verwertung werden Rohstoffe eingespart.

Jedoch geht der größte Teil des Anlageninputs in die mechanische Aufbereitung als ersten Teilprozess der Behandlung von Leichtverpackungsabfällen in die energetische Verwertung. Nach unterschiedlichen Berechnungsverfahren gelangen nur zwanzig bis dreißig Prozent des Anlageninputs in die stoffliche Verwertung.

Konkurrenz der Verfahren innerhalb von Recyclingprozessen

Es gilt in der öffentlichen Wahrnehmung als feststehende Erkenntnis, dass Gesamtprozesse mit einer mechanischen Aufbereitung als ersten Teilprozess ökologisch und ökonomisch günstiger sind als solche mit einer Abfallverbrennung am Beginn. Das ist nicht in jedem Fall richtig, wie am o.g. Beispiel verdeutlicht wird.

Es ist daher zu fordern, dass Ökobilanzen und wirtschaftliche Vergleiche für konkurrierende Verfahren – z.B. für die Verwertung von Leichtverpackungsabfällen und von gemischten Kunststoffabfällen – regelmäßig unter Beteiligung aller Wettbewerber durchgeführt werden. Ergebnisse derartiger Bilanzen gelten nur für den Zeitpunkt der Durchführung der Untersuchungen. Sie müssen daher bei Entwicklungssprüngen eines der im Wettbewerb stehenden Verfahren wiederholt werden. Wesentliche Verbesserungen können zum Beispiel durch die inzwischen eingeleitete Veränderung des Ascheaustrags aus Abfallverbrennungsanlagen und der Aufbereitung von trocken ausgetragenen Aschen/Schlacken erzielt werden.

Einordnung der Verbrennung in der Abfallhierarchie

Als *sonstige Verwertung* werden in der Abfallhierarchie der EU-Rahmenrichtlinie und des Kreislaufwirtschaftsgesetzes beispielhaft die energetische Verwertung und die Verfüllung bezeichnet. Die Zuordnung dieser beiden Verfahren in die gleiche Hierarchiestufe gibt nicht den ökologischen Stellenwert der Verfahren wieder. Die Verfüllung von Abfällen ist eindeutig geringerwertiger als die energetische Verwertung.

Stellenwert der Abfallverbrennung in Verwertungsprozessen

Für die Bewertung der Abfallverbrennung, die von interessierten Kreisen regelmäßig als minderwertige Alternative zum Recycling bezeichnet wird, bedarf es einer Korrektur. Die Abfallverbrennung weist eine mehr als hundertjährige Entwicklungsgeschichte auf, sie ist mit mehr als vierhundert Anlagen in Europa das höchstentwickelte verfügbare Abfallverwertungsverfahren (Tabelle 3), mit dem organische Schadstoffe zerstört und anorganische Schadstoffe konzentriert und für die sichere Ablagerung ausgeschleust sowie Wärme und elektrischer Strom produziert werden. In der Asche von Abfallverbrennungsanlagen liegen die Metallschrotte in konzentrierter Form vor, so dass sie mit mechanischer Sortierung weitgehend ohne Anhaftung gewonnen und weiteren Teilprozessen mit dem Ziel der stofflichen Verwertung zugeführt werden können.

Die Abfallverbrennung in Deutschland leistet zwar einen geringen, jedoch nicht vernachlässigbaren Beitrag zur Energieversorgung in Deutschland.

Tabelle 3: Profil des Abfallverbrennungsverfahrens

• weitestgehend ausgereiftes Verfahren mit mehr als hundertjähriger Geschichte
• kein Gegensatz zum Recycling, sondern notwendige Ergänzung
• Schadstoffsenke für Schadstoffe im Abfall * Zerstörung der organischen Schadstoffe im Abfall * Konzentration der anorganischen Schadstoffe in den Sekundärabfällen der Abgasreinigung
• Schadstoff-Emissionen liegen im Jahresmittel um den Faktor 100 unter den gesetzlichen Grenzwerten
• Genehmigungswerte müssen wegen der Heterogenität des Abfalls höher liegen (Emissionsspitzen)
• keine Schädigung von Menschen und Schutzgütern
• Hygienisierung des Abfalls
• keine Berührung des Betriebspersonals mit Abfall während des Betriebs
• Standortsicherung einzelner Betriebe durch Abgabe von Prozessdampf und elektrischem Strom
• Versorgung von Wohn- und Gewerbegebieten mit Fernwärme oder Fernkälte
• zurzeit ist kein konkurrenzfähiges Verfahren für Restabfälle verfügbar

In der mehr als hundertjährigen Entwicklung der Abfallverbrennung gab es immer wieder Entwicklungsschübe. Zur aktuellen 6. Generation gehören die ab 2000 in Betrieb gegangenen Anlagen, die hinsichtlich des Stands der Technik bei Feuerung, Dampferzeugung, Abgasreinigung und Energienutzung erhebliche Fortschritte gegenüber der 5. Generation erfahren haben. Diese Entwicklung wurde gefördert durch das politische und wirtschaftliche Umfeld, den weiterentwickelten Stand der Technik und die veränderte Marktsituation für Abfälle:

- Die Ablagerung unbehandelter Abfälle wurde in abfallwirtschaftlich entwickelten Ländern beendet.
- Dank der Konzentration bei den Betreibern konnten weitgehend standardisierte Anlagen gebaut werden. Die Rostfeuerung – zum Teil mit Wasserkühlung – wurde weiter verbessert und ist nun Stand der Technik; die Wirbelschichtfeuerung wurde vereinzelt für die Verwertung von Ersatzbrennstoffen gebaut, durch Cladding der Wände der Dampferzeuger wurden die Reisezeiten erhöht und damit die Verfügbarkeit weiter verbessert.
- Die Grenzwerte für Schadstoffemissionen wurden mehrfach reduziert und konnten dennoch sicher eingehalten werden, meist mit den halben Grenzwerten, obwohl quasitrockene Abgasreinigungsverfahren die nassen Verfahren weitgehend abgelöst haben.
- Die Energieeffizienz wurde deutlich erhöht; die Verstromung ist bei fast allen Anlagen in Deutschland üblich, Kraft-Wärme-Kopplung wurde verstärkt umgesetzt, vorhandene Fernwärmenetze wurden ausgebaut.

Das Verfahren wird weiter optimiert werden. Hinsichtlich der Verwertung der Aschen/Schlacken werden neue Wege beschritten, um die Teilprozesse zur stofflichen Verwertung der Stoffe aus der Abfallverbrennung zu verbessern.

Funktionen von Verpackungen

Monika Kaßmann

Brauchen wir Verpackungen, sind sie nicht nur Mittel zum Zweck, also Beiwerk beim Kauf der Ware? Seit wann gibt es Verpackungen und welchen Anteil haben sie an unserer Wirtschaft? Welche Aufgaben müssen Verpackungen übernehmen?

Auf diese und weitere Fragen sollen die nachfolgenden Ausführungen Antworten geben.

1. Seit wann und warum werden Verpackungen verwendet?

Das Verpacken von Gütern ist eine der ältesten Techniken, die der Mensch erlernt hat, um Gesammeltes transportieren und aufbewahren zu können, um so Raum und Zeit zu überbrücken, Vorräte anzulegen und den Austausch von Produkten zu organisieren. Dazu verwendete er zunächst Naturmaterialien wie Blätter, Zweige, Nussschalen, lernte Matten und Körbe herzustellen, Holz auszuhöhlen. Die Verpackungen wurden mit der weiteren Entwicklung von Handwerk, Handel und Transport, dem Reisen und Entdecken anderer Kulturen immer anspruchsvoller.

Eine für den heutigen Stand des Verpackungswesens wichtige Entwicklung vollzog sich mit der industriellen Revolution und der damit einhergehenden Massenproduktion von Gütern, die auch entsprechende Behältnisse zu ihrem Transport und zur Lagerung notwendig machten, die dann bei dem räumlich und häufig auch zeitlich immer stärkeren Auseinandertriften von Herstellung und Verbrauch der Waren zur richtigen Zeit am rechten Ort in optimaler Qualität zur Verfügung stehen mussten. Wichtige Meilensteine waren dabei die Weiterentwicklung der Packstoffe und der Verpackungstechnologien. Begleitet wurde diese Entwicklung von der Konzentration der Bevölkerung in den Industriezentren, der zunehmenden Berufstätigkeit der Frauen sowie der Veränderung der Bevölkerungs-, insbesondere der Familien-Strukturen, durch Gründung kleinerer Haushalte und Wohngemeinschaften, Zunahme der Rentnerhaushalte und vieles andere mehr. In der Folge musste die Versorgung der Bevölkerung mit anderen Mitteln und Methoden bewältigt werden. Längere Transportwege, veränderte Lagerverhältnisse und andere Verteilersysteme bis zum Endverbraucher, allen voran das Selbstbedienungssystem im Handel, das einen weiterer Entwicklungssprung für das Verpackungswesen darstellte, erforderten geeignete Verpackungen. Sie mussten nun wesentliche Informationen enthalten, die dem Kunden vorher vom Verkaufspersonal übermittelt wurden.

Schließlich brachten größerer Wohlstand und der Wunsch nach mehr Freizeit zusätzliche Anforderungen an die Verpackung mit sich, z.B. Wünsche nach längerer Haltbarkeit von Lebensmitteln, der Verfügbarkeit ausländischer Waren, Zeitersparnis durch kochfertige Speisen in entsprechender Verpackung. Gleichzeitig waren aber Abstriche an Qualität, Hygiene, Werbeaufwand und Preiswürdigkeit der Waren in der wettbewerbsorientierten Gesellschaft unmöglich. Die neuen Herausforderungen mussten mit einer immer rationelleren, konzentrierteren Gestaltung von Produktions-, Verpackungs- und Transporteinheiten einhergehen.

Die Geschichte der Verpackung zeigt, dass nicht nur deren Entwicklung von den Erfindungen und Entdeckungen der Generationen beeinflusst wurde, sondern dass zahlreiche Impulse von ihr ausgingen und sie neben der Erhaltung von Werten auch ihrerseits zum gesellschaftlichen Fortschritt beitrug und sicherlich weiterhin beitragen wird.

2. Das Verpackungswesen als Wirtschaftsfaktor

In der heutigen Gesellschaft mit einer ausgeprägten Arbeitsteilung bei der Produktion und der Bereitstellung der Güter sind Verpackungen ein starker Wirtschaftsfaktor. Dabei ist das Verpackungswesen kein klar abgegrenzter Bereich der Wirtschaft, sondern tangiert fast alle anderen Zweige. Den Hauptanteil des Verpackungswesens bildet die Herstellung von Packstoffen, -mitteln und -hilfsmitteln aller Art sowie von Verpackungsmaschinen und -geräten, gefolgt von den Unternehmensbereichen, die Verpackungen einsetzen. Bei letzteren dominiert die Lebensmittelindustrie mit etwa 50 Prozent am Gesamtverpackungsverbrauch. Hinzu kommen die Bereiche Transport und Logistik sowie Handel und Entsorgung, die ebenfalls zum Gesamtverpackungsaufwand beitragen.

Insgesamt werden gegenwärtig in Deutschland Verpackungen mit einem Produktionswert von 44 Milliarden Euro hergestellt. Hauptakteure bei der Verpackungsherstellung sind vorwiegend kleine und mittelständische Unternehmen mit insgesamt etwa 400.000 Beschäftigten, die trotz Rezession in den vergangenen Jahren zu den stabilen, umsatzstärksten Zweigen zählten. Bei der Verteilung auf die einzelnen Packstoffarten dominiert der Bereich Papier, Karton und Pappe, gefolgt von Kunststoffen, Glas, Metall und weiteren Werkstoffgruppen (wie Holz und Textil mit nur noch geringen Mengen). Der Anteil des Packmittel-Produktionswertes am Bruttoinlandsprodukt beträgt knapp 2 Prozent. Der Pro-Kopf-Verbrauch an Verpackungen bewegt sich in den entwickelten Industrieländern zwischen 320 und 350 Euro, in Afrika und dem Mittleren Osten dagegen nur bei 11 Euro[1]. Damit ist der Verpackungsverbrauch auch ein Maßstab für das Konsumniveau und die Höhe der Warenverluste infolge unzureichender Verpackung,

[1] Pro-Kopf-Verbrauch Westeuropa 352 Euro, Nordamerika 346 Euro, Japan 321 Euro, Osteuropa 91 Euro, Lateinamerika 43 Euro, Asien und pazifischer Raum 33 Euro (Quelle: swisspack international 4/2013, S. 17)

die in den Entwicklungsländern noch bis zu 30 Prozent der geernteten landwirtschaftlichen Erzeugnisse betragen. Das heißt, Verpackung ist ein Indikator für Lebensqualität und Wohlstand, sofern der Grundsatz *so viel Verpackung wie nötig* beachtet wird, also Verpackungen mit optimalen ökonomischen und ökologischen Kennwerten hergestellt und eingesetzt werden.

Das Umfeld der Verpackungsbranche – die verpackende Industrie und der Handel, – aber auch die Packstoff- und Packmittelhersteller selbst sind permanenten Strukturveränderungen unterworfen, verursacht durch die Internationalisierung und Globalisierung der Märkte, durch immer kürzere Innovationszyklen bei gleichzeitig enger werdendem Spielraum für Entwicklungen infolge juristischer und ökonomischer Restriktionen, durch die Verknappung nicht nachwachsender Rohstoffe, die immer deutlicher ins Bewusstsein gebracht wird, aber auch durch verbesserte Informationstechnologien und andere technische Errungenschaften. Auswirkungen sind steigende Anforderungen an die Qualität der Produkte und an die Flexibilität der Zulieferer. Zunehmend dient die Verpackung der Industrie als Marketinginstrument. Dieser Trend, der mit der Einführung des Selbstbedienungshandels begann, hat zu einer immensen Aufwertung der Bedeutung der Informations- und Werbefunktion der Verpackung geführt, allerdings ohne dadurch die Schutz- und Rationalisierungsaufgaben zu vernachlässigen. Diese Tendenz wird weiter bestehen bleiben, denn größer werdende Märkte erfordern, sich auf andere Kundenwünsche einzustellen, weitere Wege mit höheren Transportbelastungen in Kauf zu nehmen, und das alles unter verschärftem Zeit-, Kosten- und Qualitätsdruck, da auch die Wettbewerber ihre Einflusssphären ausweiten.

Blickt man auf die weltweite Entwicklung bei Verpackungen, kann man erkennen, dass vor allem infolge der Erhöhung des Verpackungsniveaus in den BRIC-Staaten mengenmäßig der Verpackungsverbrauch steigen wird, die Rangfolge innerhalb der Werkstoffgruppen (Bild 1) aber im Wesentlichen stabil bleibt.

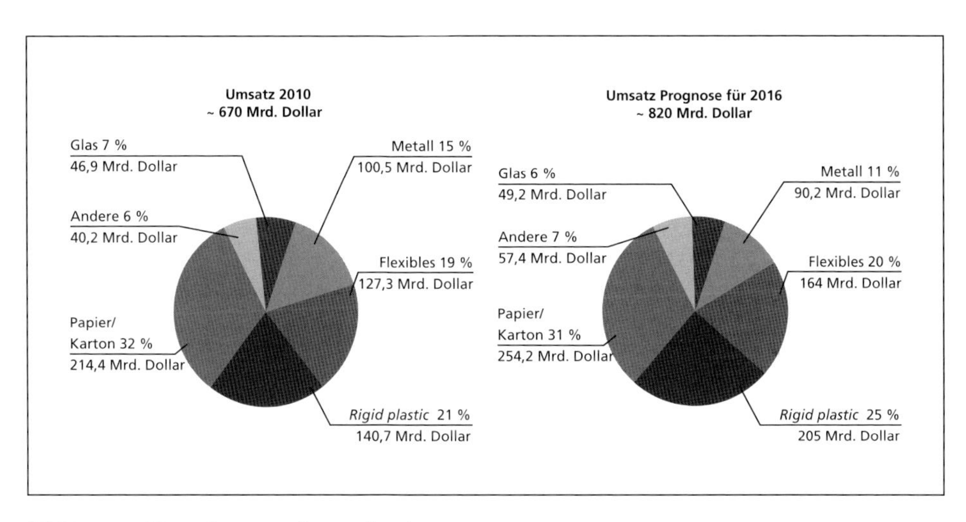

Bild 1: Verpackungsumfang weltweit

Quelle: Kaßmann, M. (Hrsg.): Grundlagen der Verpackung. 2. Aufl., Beuth Verlag, 2013, Abschn. 4.1

Nahezu 90 Prozent aller Warenarten müssen heute verpackt werden, um zur richtigen Zeit, in der erforderlichen Menge und unversehrt zum Endkonsumenten zu gelangen. Gegenwärtig steigt das Welthandelsvolumen trotz gewisser krisenbedingter Einschränkungen etwa doppelt so schnell wie das Bruttoinlandsprodukt der Industrienationen. Der Warenumschlag hat dementsprechend neue Dimensionen erreicht und erfordert die Abstimmung der Erzeugnishersteller und Verpacker mit den beteiligten Dienstleistern und Verkehrsträgern, um ihn reibungslos und effektiv zu bewältigen sowie Warenschäden und -verluste zu vermeiden

Neben der weiter steigenden Bedeutung der Verpackung als Wirtschaftsfaktor sowohl bei der Herstellung von Verpackungsmaterial als auch bei der in alle Industriezweige hineinreichenden Verwendung werden auch gesellschaftliche Prozesse zunehmend von der Verpackung beeinflusst. Aspekte wie der Verbraucherschutz, die Sicherheit von Gefahrgut und die Verwertung gebrauchter Produkte im Rahmen der Kreislaufwirtschaft erfordern bisweilen Regulierungen, die eng mit der Verpackung verbunden sind, durch Behörden und Gesetze.

Die Erwartungen und Forderungen all dieser Partner (Tabelle 1) soll die Verpackung möglichst effektiv erfüllen.

Tabelle 1: Anforderungen an Verpackungen

Logistikpartner	Anforderungen an die Verpackung
Produzent der Ware	optimale Vermarktung der Ware ausreichende Schutzeigenschaften, niedrige Kosten, technisch problemlose Realisierung, verkaufsfördernde Gestaltung
Produzent der Verpackung	optimale Vermarktung der Verpackung niedrige Kosten, technisch problemlose Realisierung, verkaufsfördernde Gestaltung
Transportwesen	optimale Anpassung an das logistische Konzept geringes Gewicht, Beitrag zum rationellen Be- und Entladen, optimale Nutzung des Transport- und Lagerraumes, Widerstandsfähigkeit gegen Belastungen bei Warenumschlag, Lagerung und Transport
Handel	rationelle Handhabung und rascher Umsatz Transportverpackungen: platzsparend, leicht zu öffnen, zu entfernen und zu entsorgen Verbraucherverpackungen: werbewirksam, platzsparend, optimal zu handhaben, diebstahl- und manipulationssicher
Konsument	Unterstützung von Einkauf und Gebrauch (Convenience) rasche Erkennbarkeit der Ware, Übereinstimmung von Inhalt und Gestaltung (keine Mogelpackung), gute Handhabbarkeit, Sicherheit gegenüber äußeren Einflüssen, geringes Gewicht, preiswert, leicht zu entsorgen oder weiterzuverwenden
Behörden	Einhaltung der juristischen und ökologischen Bedingungen keine Verstöße gegen gesetzliche Vorgaben, bei Erfordernis Input für weitere Vorgaben
Entsorgungswirtschaft	rationelle Entsorgung, Nutzung von Ressourcen Beachtung ökologischer Vorgaben

3. Aufgaben und Funktionen von Verpackungen

Aus den Anforderungen leiten sich Funktionen der Verpackung ab, die in der Fachliteratur unterschiedlich gruppiert werden. Im Wesentlichen werden die drei nachfolgend skizzierten Grundfunktionen unterschieden:

Die **Schutzfunktion** schließt die Qualitätssicherungs-, die Haltbarkeits- und die Hygienefunktion ein.

Zur **Rationalisierungs- bzw. Handlingsfunktion** gehören die Lager-, Transport-, Umschlag- und die Portionierungsfunktion.

Aus der Werbe- oder Marketingfunktion und der Informationsfunktion setzt sich die **Kommunikationsfunktion** zusammen.

Bei der Erfüllung der genannten Funktionen sind stets die ökonomischen, ökologischen und gesetzlichen Bedingungen zu beachten.

Voraussetzung zur optimalen Erfüllung der Schutzfunktion ist die Kenntnis und Beachtung der Gut- und der Packstoffeigenschaften sowie möglicher Wechselwirkungen zwischen Gut und Verpackung. Das ermöglicht die Sicherung und Erhaltung der Qualität der Güter und in einigen Fällen sogar deren Qualitätsverbesserung[2].

Während die Verpackungsabmessungen und die Regeln zu ihrer Kennzeichnung in internationalen Normen festgelegt sind (auch wenn vor allem von den Maßfestlegungen sehr häufig abgewichen wird), lassen sich die Anforderungen an die Schutzfunktion nicht in allgemeine Normen fassen. Jede Gutart hat spezifische Eigenschaften, die häufig vom Hersteller nicht in Form einer Belastbarkeitsgröße definiert werden können. Durch die Verpackung, die aus einer breiten Palette unterschiedlicher Packmittel und -hilfsmittel ausgewählt werden muss, kann die Ware mehr oder weniger gut geschützt werden. Das aus Sicht der Erfüllung der Schutzfunktion wesentlichste Kriterium ist bei der Gestaltung der Verpackung neben Form, Gewicht und Abmessungen des Gutes dessen Empfindlichkeit. Sie leitet sich aus den Guteigenschaften einerseits und den auf das Gut einwirkenden äußeren Einflüssen andererseits ab. Die Verpackung wirkt in diesem System als Puffer. Sie hat die Aufgabe, die vorhersehbaren normalen Belastungen aufzunehmen und dadurch Schädigungen des Packgutes zu vermeiden (Bild 2). Andererseits können auch bestimmte Guteigenschaften die Umgebung beeinträchtigen. Hier hat die Verpackung die Aufgabe, die Umwelt vor dem Gut zu schützen. Wichtig ist weiterhin die Beachtung des Zeitfaktors: einige Guteigenschaften sind zeitinvariant, d.h. unter Normalbedingungen treten keine Veränderungen ein. Andere Eigenschaften verändern sich in gewünschter oder unerwünschter Weise nach einiger Zeit bereits unter Normalbedingungen, wobei die Veränderungen zeitabhängig, also dauerhaft (irreparabel) oder vorübergehend (reparabel), sein können. Schadensfälle treten dann auf, wenn die zulässigen Grenzwerte der Eigenschaftsänderungen bzw. der einwirkenden Belastungen überschritten werden.

---

[2] Beispielsweise erhalten einige Käsesorten erst durch den Einsatz von Käsereifungsfolien ihre erwünschte Qualität.

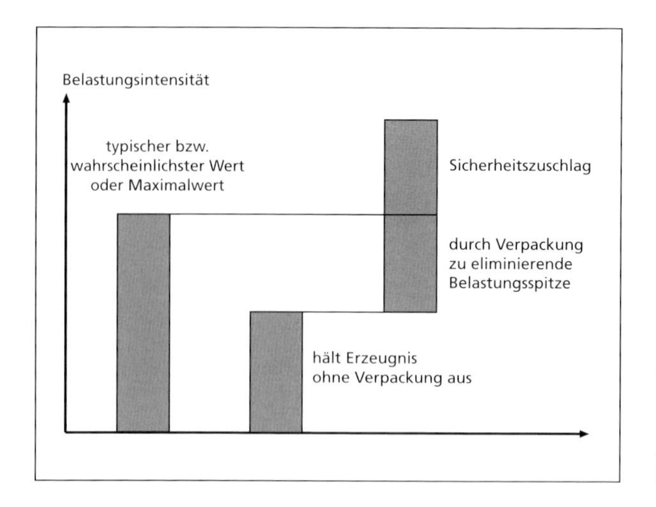

Bild 2:

Ermittlung des notwendigen Schutzes durch die Verpackung

Die höchsten Ansprüche an die Schutzfunktion der Verpackung stellt der wichtigste verpackende Bereich, das Nahrungs- und Genussmittelgewerbe. An zweiter Stelle der Anwendung von Verpackungen steht die Chemie-, Kosmetik- und Arzneimittelbranche, gefolgt von den anderen Bereichen. Sie sind durch technologisch ausgereifte Produktionsbedingungen gekennzeichnet, die eine entsprechende Verteilung der Waren mit fortschrittlichen Verpackungskonzepten erfordern.

Sie haben dementsprechend auch die höchsten Forderungen an die Rationalisierungs- oder Handlingsfunktion. Für einige Warenarten, z.B. für Gase oder Flüssigkeiten, ermöglicht die Verpackung überhaupt erst ihre Handhabbarkeit.

Die problemlose Handhabung der Packung, also des Erzeugnisses mit seiner Verpackung, und deren optimale Passfähigkeit bei der Bildung von Ladeeinheiten, bei der Raumausnutzung in den Transportmitteln bzw. in Groß- und Einzelhandelslagern sind für den Handel und das Logistikgewerbe von entscheidender Bedeutung, um die Ware effektiv weiterleiten zu können. Der vorherrschende Zeit- und Kostendruck sowie die zahlreicher werdenden Transport-, Umschlag- und Lagerungsvorgänge, die infolge der Globalisierung der Märkte auf dem Weg zum Verbraucher zu bewältigen sind, verlangen optimale Handlingeigenschaften der Packungen. Auch die Einsparung von Verpackungsstufen, um das Aus- und Umpacken im Handel zu vermeiden, zählen zu den Rationalisierungsmaßnahmen und sind wichtige Anforderungen an die Verpackungsentwickler.

Der Verbraucher, der auf dem Weg der Ware die letzte, aber entscheidende Stelle ist, erwartet neben der hohen Qualität der Ware ebenfalls eine Verpackung, die sich gut handhaben lässt. Unter dem Begriff Convenience werden allerdings heute noch weitaus mehr Verpackungseigenschaften gefordert. Er beinhaltet neben dem problemlosen Öffnen und ggf. Wiederverschließen der Packung auch das Dosieren, die Restentleerbarkeit, die Haltbarkeitsverlängerung von Lebensmitteln durch schutzbegaste Verpackungen, die Kindersicherheit für Arzneimittel- und Gefahrgutverpackungen, den Aufdruck von Blindenschrift ebenso wie Fälschungssicherheit oder die reibungslose

Entsorgung der Verpackung. Diese grundlegenden Forderungen des modernen Konsumenten widerspiegeln Ansprüche in einer Zeit, in der nicht mehr nur die elementaren Bedürfnisse befriedigt werden müssen, sondern wo zahllose Wettbewerber um die Gunst der Kunden ringen und die Annehmlichkeiten des technischen Fortschritts und wirtschaftlichen Wohlstands den bequemen Einkauf und Konsum selbstverständlich werden lassen.

Die Forderungen nach Blindenschrift oder Fälschungssicherheit sind bereits Elemente einer weiteren Verpackungsfunktion, der Werbe- oder Marketingfunktion und der Informationsfunktion. Hierbei ist zu unterscheiden zwischen der Transportverpackung, die im wesentlichen Versandanschriften, Inhalt und Handhabungszeichen erfordert, und der Verkaufsverpackung, die den Käufer vor allem über den Inhalt, die Menge, das Haltbarkeitsdatum, den Hersteller und über weitere wichtige, gesetzlich vorgeschriebene Kennzeichnungsmerkmale und Sicherheitserfordernisse informieren soll. Beide Verpackungsarten haben heute bereits einige fließende Übergänge. Für die Verkaufsverpackung ist es infolge der großen Produktvielfalt außerdem unerlässlich, dass dem Design der Verpackung, dem Werbeaspekt, die erforderliche Aufmerksamkeit geschenkt wird.

Wie gut mit der Verpackung all diese Aufgaben erfüllt werden, entscheidet der Kunde am Point of Sale. Dort zeigt sich, ob alle Anstrengungen, die unternommen wurden, um das Erzeugnis qualitäts- und termingerecht an den Ort zu bringen, an dem es gebraucht wird, lohnend waren, indem er das Produkt kauft. Dabei wählt er das Produkt häufig, vor allem, wenn er es noch nicht kennt, nur über das Äußere der Verpackung aus, aber er kauft es im allgemeinen trotzdem nicht wegen der Hülle, sondern mit der Hülle. Die Informationsfunktion sollte jedoch nicht unterschätzt werden, denn falsche oder fehlerhafte Botschaften kosten Zeit und Geld und können den Kunden dauerhaft verärgern.

4. Fazit

Obwohl die Verpackung eine wesentliche Voraussetzung für den Schutz der Ware überhaupt darstellt, eine rationelle Distribution bis zur Verwendung beim Endverbraucher ermöglicht und gleichzeitig der Information und Werbung dient, ist sie häufig Gegenstand der öffentlichen Kritik. Verpackungsabfälle haben zwar in Deutschland nur einen Anteil von etwa 5 Prozent des gesamten Abfallaufkommens, aber infolge ihrer massenhaften Verbreitung und ihrer sehr begrenzten Nutzungsdauer dienten sie für die Durchsetzung der Grundsatzforderung des Kreislaufwirtschaftsgesetzes *Vermeiden, Verringern, Verwerten* als Prüfstein. Die Verringerung des Verpackungsaufwandes und die Erzielung eines möglichst hohen Wiederverwendungsgrades ist aus der Sicht der Materialressourcen sinnvoll, darf jedoch nicht zu Lasten der Funktionserfüllung der Verpackung gehen. Stets muss so viel Verpackung wie nötig gewährleistet sein, um Schäden ausschließen. Eine Verpackung so gut wie möglich, das heißt eine für jedes Erzeugnis und jeden Versandweg *maßgeschneiderte* Verpackung ist beim heutigen Stand der Technik durchaus denkbar. Das bleibt jedoch nur eine Option für sehr wertintensive oder nicht wieder beschaffbare Güter, wie Kunstwerke. Für die anderen Güter des täglichen Bedarfs wird auch künftig der Einsatz standardisierter und in großen Stückzahlen auf Hochleistungsanlagen gefertigter Verpackungen vorherrschen. Dabei sollte natürlich die zunehmende Kenntnis der Kundenwünsche und der Forderungen der anderen an der Logistikkette Beteiligten zur immer effektiveren Erfüllung der Verpackungsaufgaben führen.

Wem sollen die Verpackungsabfälle gehören?

Eric Rehbock

Aufgaben und Selbstverständnis der Siedlungs- und Abfallwirtschaft in Deutschland haben sich wie kaum eine andere Branche im Laufe der letzten fünfzehn Jahre verändert. Die Branche stellt sich heute als eine wichtige Industrie mit ausgeprägten Wertschöpfungsketten dar, bei der die moderne Kreislaufwirtschaft im Vordergrund steht.

Die Verpackungsentsorgung in Deutschland kann als Vorreiter der Kreislaufwirtschaft bezeichnet werden. Noch bevor das Kreislaufwirtschafts- und Abfallgesetz 1994 in Kraft trat, hat die von Bundesumweltminister Professor Klaus Töpfer initiierte Verpackungsverordnung schon 1992 eine erste Weichenstellung von der Beseitigungswirtschaft hin zur Kreislaufwirtschaft vorgenommen.

Diese Weichenstellung ist von der privaten Sekundärrohstoff- und Entsorgungswirtschaft von Anfang an unterstützt und mitgetragen worden. Die Unternehmen unseres Verbandes waren und sind seit jeher stoffstromorientiert und daran ausgerichtet, die Bestandteile aus den täglich anfallenden Abfällen, die sich für eine erneute Verwendung oder Verwertung eignen, wieder in den Wirtschaftskreislauf einzuspeisen.

1. Grundüberlegungen aus Sicht der mittelständischen Sekundärrohstoff- und Recyclingwirtschaft

Insbesondere die kleinen und mittelständischen Unternehmen haben sich dabei als Schrittmacher einer Philosophie bewiesen, die den Fokus auf die Verwertung der Wertstoffe im Gegensatz zur Abfallbeseitigung legt.

Die Anwendung innovativer Technologien führt so zu immer besseren und kostengünstigeren Sammel- und Recyclingmethoden mit dem Ziel, die im Abfall enthaltenen Ressourcen stofflich zu verwerten oder die gebundenen Energieinhalte zu nutzen.

Das ist auch von großer Notwendigkeit für ein rohstoffarmes Land wie Deutschland. Als Industrienation und Exportweltmeister sind wir auf Rohstoffe existenziell angewiesen. Wir müssen daher alle Chancen nutzen, unsere Abhängigkeit von Rohstoffimporten zu verringern und die Kosten der primären wie sekundären Rohstoffversorgung in marktgerechten Grenzen zu halten. Unter dem Einfluss der immer knapper werdenden Ressourcen wird die Versorgung mit Rohstoffen zu marktgerechten Preisen schon in nicht allzu ferner Zukunft eine größere Rolle spielen als beispielsweise das Thema Personalkosten.

Sekundärrohstoffgewinnung aus Abfällen darf daher nicht als Entsorgungsproblem gesehen werden, sondern als Teil der Rohstoffversorgung für wichtige Industriezweige, zum Beispiel für die Papierindustrie, für die Stahlindustrie, für die Glas- und Kunststoffindustrie und danach zunehmend auch für das zentrale Problem der Energieversorgung. Erforderlich für eine funktionierende Stoffstromwirtschaft sind jedoch gesicherte Stoffströme hinsichtlich der Quantität und vor allem auch der Qualität und eine Steigerung des Einsatzes von heimischen Sekundärrohstoffen in der gewerblichen und industriellen Produktion.

Richtig ist aber auch, dass die Verpackungsentsorgung in Deutschland nie frei von Problemen war. Sie stand schon in der Vergangenheit vor dem finanziellen Zusammenbruch, hatte mit Monopolstrukturen zu kämpfen, sich mit den europäischen und deutschen Kartellbehörden auseinanderzusetzen, hatte verschiedene Verordnungs-Novellen zu verkraften und litt ständig an Lizenzmengenschwund.

Wir stehen in dieser Legislaturperiode daher wieder vor einer neuen entscheidenden Weichenstellung:

- Sammlung von Verpackungen und stoffgleichen Nichtverpackungen (nicht mehr gebrauchsfähige Produkte),
- Recycling gegenüber energetischer Verwertung stärken,

- Fairer Wettbewerb und Teilhabe des Mittelstandes versus Konzentrations- und Monopolisierungstendenzen,
- Das System der Verpackungsentsorgung muss betrugsfest gemacht und ausreichend finanziert werden.

2. Die 6. Novelle der Verpackungsverordnung als Ouvertüre

Das System der Verpackungsentsorgung ist gegenwärtig im höchsten Maße intransparent, selbst für Insider viel zu kompliziert und entzieht sich auch dadurch einer effektiven Kontrolle durch die Vollzugsbehörden der Länder. Im Ergebnis ist es daher chronisch unterfinanziert.

Die Bundesregierung hat die 6. Novelle politisch auf den Weg gebracht, weil die Verpackungsverordnung an den gegenwärtigen Stand der Richtlinie 94/62/EG des Europäischen Parlaments und des Rates über Verpackungen und Verpackungsabfälle angepasst werden muss.

In den letzten Wochen und Monaten zeichnet sich ab, dass die beschriebene Unterfinanzierung dramatische Auswirkungen annimmt. Wenn der Rückgang der Lizenzierungen nicht zeitnah gestoppt oder zumindest deutlich abgebremst werden kann, steht das System der Verpackungsentsorgung in Deutschland vor dem finanziellen Kollaps.

Insofern scheint es richtig, die 6. Novelle der Verpackungsverordnung zu nutzen, um das System insgesamt wieder auf eine finanziell stabilere Basis zu stellen. Diese kurzfristige Nothilfe ist jedoch nur als Ouvertüre zu verstehen und kann ein neues Wertstoffgesetz nicht ersetzen.

Die angestrebten Änderungen sollen dazu beitragen, dass die Regelungen für die Verpflichteten, die zu einer Befreiung von der Systembeteiligungspflicht führen, interpretationsfrei und prüfbar sind.

Das betrifft einmal die Rücknahme von Verkaufverpackungen beim Einzelhandel selber, die *Point of Sale*-Regel. Diese Rücknahme findet nur in sehr geringen Mengen statt. Aufgrund von Vermischungen mit Transportverpackungen und der Vielfalt der Entsorgungswege ist eine Verwertung dieser Mengen zudem nicht prüfbar. Die Verrechnung von Mengen nach *Art, Form und Größe* gibt Raum für unkontrollierbare Interpretationsspielräume. Aus diesen Gründen soll diese spezifische Form der Eigenrücknahme künftig nicht mehr zur Reduzierung der Verpackungsmengen führen, mit denen sich die Verpflichteten an einem System beteiligen müssen.

Weiterer Ansatzpunkt für Korrekturen sind die *Branchenlösungen*. Diese sollen künftig nur noch in klar definierten Bereichen stattfinden und müssen für jeden einzelnen Verpflichteten für die von ihm in Verkehr gebrachten Mengen nachvollziehbar und prüffähig sein. Für die in Branchenlösungen eingebrachten Mengen muss nachvollziehbar belegt werden, dass die betreffenden Verpackungen erfasst und verwertet werden. Dazu gehört auch, dass jede an der Branchenlösung beteiligte Partei nachweislich informiert ist, dass sie Teil der Branchenlösung ist.

Mit diesen Reparaturmaßnahmen kann eine finanzielle Schieflage des Systems der Verpackungsentsorgung in Deutschland hoffentlich vorerst abgewendet werden. Dadurch sind jedoch längst nicht alle Schwachstellen behoben, geschweige denn die beschriebene Weichenstellung für die Zukunft vorgenommen worden.

3. Koalitionsvertrag von CDU/CSU und SPD

Die Regierungsfraktionen haben die Notwendigkeit einer neuen und grundlegenden Weichenstellung ja durchaus erkannt. Bemerkenswert ist, dass nicht nur die Arbeitsgruppe Umwelt und Verbraucherschutz, sondern auch die Arbeitsgruppe Wirtschaft sich in den Koalitionsverhandlungen mit dieser Problematik auseinandergesetzt haben. Das verdeutlicht, dass die Politik erkannt hat, dass die Sekundärrohstoff-Wirtschaft von Relevanz ist, wenn es um die Versorgung der Industrie mit Sekundärrohstoffen geht, sondern selbst auch integraler und relevanter Bestandteil der Volkswirtschaft ist.

Im Koalitionsvertrag wurde zwischen CDU/CSU und SPD unter anderem vereinbart:

Wir werden in der Sekundärrohstoff-Wirtschaft unsere Politik sowohl an Zielen des Klima- und Ressourcenschutzes als auch an den Bedürfnissen der Wirtschaft ausrichten. Ein fairer Wettbewerb um die effizienteste und kostengünstigste Lösung der Rohstoff-Rückgewinnung und -Aufbereitung ist hierfür ein zentrales Element. Die bestehende Recyclingverantwortung für Verpackungen werden wir auch für Produkte weiterentwickeln und uns dabei an den Aspekten der CO_2-Vermeidung, Verbraucherfreundlichkeit und Kosteneffizienz orientieren. Wir schaffen rechtliche Grundlagen zur Einführung der gemeinsamen haushaltsnahen Wertstofferfassung für Verpackungen und andere Wertstoffe. Anspruchsvolle Recyclingquoten, Wettbewerb und Produktverantwortung werden als Eckpunkte einer modernen Kreislaufwirtschaft gefestigt.

Die Neuregelung der Wertstofferfassung soll also dazu beitragen, das Ziel der Ressourcenschonung besser als bisher umzusetzen, eine verbraucherfreundlichere Wertstofferfassung einzuführen und flexible und wettbewerbliche Lösungen zu realisieren, um die Zielhierarchie des Kreislaufwirtschaftsgesetzes, hier vor allem den Recyclingvorrang, im Bereich der privaten Haushalte praktisch umzusetzen.

4. Zielsetzung und Regelungsinhalt eines neuen Wertstoffgesetzes

Je mehr Sekundärrohstoffe aus Abfällen gewonnen und Primärrohstoffe in der Industrieproduktion ersetzen, desto weniger Energie und Wasser wird verbraucht und desto geringer sind die Eingriffe in die Natur, die nötig sind, um Rohstoffe zu fördern. Gleichzeitig können durch die Verwendung von Sekundärrohstoffen erhebliche Mengen des klimaschädlichen Kohlendioxid vermieden werden. Wenn das Wertstoffgesetz kommt und die Recyclingquoten erhöht werden, könnten bis zu 750.000 Tonnen/Jahr CO_2 eingespart werden.

In den privaten Haushalten fallen erhebliche Mengen an Abfällen an. Diese werden nur teilweise recycelt oder verwertet. Ein zu großer Anteil wird immer noch unbehandelt in Müllverbrennungsanlagen beseitigt und geht damit unwiederbringlich verloren.

Es muss also darum gehen, so viele Wertstoffe wie möglich aus den privaten Haushalten stofflich zu verwerten und in den Wirtschaftskreislauf zurückzuführen oder zumindest als hochwertige Ersatzbrennstoffe energieeffizient energetisch zu verwerten.

5. Sammlung von Verpackungen und stoffgleichen Nichtverpackungen

Ein Wertstoffgesetz kann einen wichtigen Beitrag leisten, um den von der EU-Abfallrahmenrichtlinie gewollten Vorrang des Recyclings durchzusetzen. Bisher werden über den Gelben Sack bzw. die Gelbe Tonne 27,7 kg pro Einwohner/Jahr an Verpackungen einschließlich der Fehlwürfe gesammelt. Deshalb sollten zukünftig auch zusätzlich die stoffgleichen Nichtverpackungen gesammelt und dem Recycling zugeführt werden. Dadurch könnte die Sammelmenge auf etwa 35 kg pro Einwohner/Jahr gesteigert werden. Zusätzliche 570.000 Tonnen/Jahr würden so der Beseitigung entzogen und stünden dem Recycling zur Verfügung.

Allerdings greift es zu kurz, nur eine Mengenbetrachtung anzustellen. Entscheidend ist genauso die Qualität der Sekundärrohstoffe, wenn es darum geht, Primärrohstoffe in der Industrieproduktion zu ersetzen. Der bvse erteilt daher allen Bestrebungen eine Absage, statt der Wertstofftonne eine Mischtonne einzuführen. Trotz vielfältig vorhandener Sortiertechnik, die Vorsortierung durch die Bürgerinnen und Bürger ist ein unverzichtbarer Qualitätsbaustein. Aus diesem Grund sind wir auch strikt dagegen, bestehenden Monosammlungen (z.B. Altpapier, Alttextilien, E-Schrott) aufzugeben. Die Qualität der Sekundärrohstoffe würde deutlich verschlechtert und damit eine hochwertige stoffliche Verwertung erschwert oder unmöglich gemacht.

Diskutiert wird immer wieder, ob nicht auch Elektrokleingeräte in der Wertstofftonne miterfasst werden sollen. Bisher landen diese Geräte statt im kommunalen Wertstoffhof meistenteils im Restabfall, wo sie mit Sicherheit auch nicht hineingehören. Aber eben auch nicht in der Wertstofftonne. Die Entsorgung von Elektrogeräten ist unter anderem auch deshalb in einem eigenen Gesetz geregelt worden, um sicherzustellen, dass die in den Geräten enthaltenen Schadstoffe ordnungsgemäß separiert und schadlos entsorgt werden können.

Bei einer Sammlung in der Wertstofftonne ist eine Schadstoffverschleppung viel zu hoch. In größeren Miethäusern ist darüber hinaus auch die Gefahr groß, dass in den gelben Wertstoffcontainern auf einmal nicht nur Elektrokleingeräte, sondern ganze Fernseher oder Computerbildschirme landen. Das kann nicht der richtige Weg sein. Wir sind deshalb gegen diese Lösung. Der bvse hat vorgeschlagen, dass die Kommunen innovative Rücknahmesysteme ergänzend zu der Wertstoffhofsammlung nutzen. Inzwischen werden schon vereinzelt entsprechende Rücknahmecontainer in der Praxis eingesetzt. Zusätzlich sollte der Handel zur Rücknahme von Elektrokleingeräten verpflichtet werden, wie es die novellierte E-Schrott-Direktive der Europäischen Union auch schon vorsieht.

Dadurch werden garantiert erheblich größere Mengen an Elektrokleingeräten erfasst und damit kann verhindert werden, dass die Geräte im Restmüll landen, eine Schadstoffverschleppung auf andere Sekundärrohstoffe, wie das in der Wertstofftonne der

Fall wäre, findet nicht statt und gleichzeitig ist das eine bürgerfreundliche Erfassungsstruktur, die akzeptiert und genutzt würde. Das Beispiel zeigt auch, dass man das Thema Wertstofftonne nicht überfrachten sollte. Dass man bei allem Willen die Menge zu steigern, Qualitätsgesichtspunkte nie aus den Augen verlieren darf.

6. Recycling gegenüber energetischer Verwertung stärken

Mit einem neuen Wertstoffgesetz müssen insbesondere die Weichen dafür gestellt werden, auch die Recyclingquoten deutlich zu erhöhen, denn die derzeit gültigen Quoten der Verpackungsverordnung haben ihre Lenkungswirkung längst verloren. Sie haben mit den Innovationen der Branche nicht Schritt halten können. Alternativ oder ergänzend sollte auch die Bemessungsgrundlage zur Berechnung der Quoten verbreitert werden. Während derzeit für Verpackungen die lizenzierte Menge als Grundlage dient, sollte zukünftig die erfasste Wertstoffmenge als Berechnungsgrundlage zur Ermittlung der Recyclingquote herangezogen werden. Außerdem spricht sich der bvse für *selbstschärfende Quoten* aus, damit der ständige Anreiz besteht, die Recyclinganstrengungen aufrecht zu erhalten.

7. Wertstoffe sind nicht Eigentum der Dualen Systeme

Die Dualen Systeme beschränken ihre Aktivitäten nicht mehr darauf, Sammlung und Transport sowie Verwertung zu veranlassen, wie es der Verordnungsgeber ursprünglich vorgesehen hatte und es zu Beginn des Verpackungsrecyclings üblich war.

Werfen wir einen Blick auf die Vergangenheit. Zu Beginn der VerpackV gab es zunächst einen auch politisch gewollten Monopolisten, der die Produktverantwortung der Inverkehrbringer umsetzen sollte. In den damaligen Sortierverträgen hatten die Sortierer die Option, entweder eine Eigenvermarktung vorzunehmen oder die Wertstoffe den *Garantiegebern* zur Verfügung zu stellen.

Die Garantiegeber hatten dabei die Verantwortung insbesondere für solche Wertstoffe zu übernehmen, für die es bis dahin keine verlässlichen und technisch belastbaren Verwertungswege gab und auch die Märkte für die Vermarktung der Wertstoffe sich noch entwickeln mussten. Und in der Folge ist auch genau dieses passiert: Es haben sich stabile Märkte entwickelt, die die Wertstoffe aus den haushaltsnahen Wertstoffsammlungen aufgenommen haben. Dies auch für Fraktionen, für die es vorher noch überhaupt keine Technologie gab.

So funktioniert Wirtschaft: Wenn die richtigen Anreize gesetzt werden, kommt es zu technologischen und kaufmännischen Fortentwicklungen in kurzer Zeit und in großen Sprüngen.

Die Absicht des Verordnungsgebers zu Beginn der VerpackV war völlig klar: Die Duale System Gesellschaft sollte die haushaltsnahe Sammlung organisieren, die Verwertung beauftragen, ggf. neue Verwertungswege durch geeignete Maßnahmen initiieren und die Stoffströme in einer Bilanz zusammenfassen. Niemand hatte damals ein Interesse daran, die Wertstoffsammlungen in Deutschland in wenige Hände zu monopolisieren.

Aber genau dazu ist es gekommen. Vor dem Hintergrund, dass die Sammlung von Verpackungen um eine Sammlung von stoffgleichen Nichtverpackungen erweitert werden soll, wird der Stoffstrom, den die Dualen Systeme derzeit in ihren Verträgen für sich reklamieren, noch umfangreicher. Einer solchen Andienungspflicht muss wirksam und schnellstens begegnet werden, will man nicht die mittelständische Struktur der deutschen Entsorgungs- und Recyclingwirtschaft vollends abschaffen.

Die Dualen Systeme beanspruchen inzwischen den alleinigen Zugriff auf die Wertstoffe und damit auf die gesamte Wertschöpfungskette des Recyclings. Die Systemgesellschaften werden dadurch zu Entsorgungsunternehmen, die ihre durch die Verpackungsverordnung geschaffene Oligopolstellung ausnutzen: Sie beauftragen sich mit der Verwertung selber und haben keinen Wettbewerb aus der Entsorgungswirtschaft zu fürchten, können aber ihre Preise unkontrolliert an die Lizenznehmer weitergeben. Die Folge hiervor ist ein Aushebeln aller Wettbewerbsmechanismen und ein Wertstoffmonopol in der Hand der Systemgesellschaften.

Die Auswirkungen dieser Monopolstellung der Dualen Systeme geht allerdings über die reine Preisentwicklung hinaus. In der Praxis ist den Sortier- und Verwerterbetrieben keine Eigenverwertung und -vermarktung mehr möglich. Sie sind faktisch einem Angebotsmonopol ausgeliefert. Technologien und Unternehmen, die die Zustimmung der Dualen Systeme aus welchen Gründen auch immer nicht finden, werden von der Versorgung mit Sekundärrohstoffen ausgeschlossen. Diese Situation führt nicht nur zu gravierenden wirtschaftlichen Verwerfungen, sondern stellt auch ein hochwertiges Recycling in Frage.

Die Dualen Systeme haben ein nachvollziehbares Interesse, die Kosten für die Verpflichteten der VerpackV so weit wie möglich zu senken. Ein Produktinteresse, ein Interesse an hochwertigem Recycling, ein Interesse an technischen Innovationen besteht zumindest erstrangig nicht.

Gesucht sind möglichst große und kapazitätsstarke Verwertungsanlagen, die in möglichst einfachen Prozessen die Mindestanforderungen der VerpackV an die Verwertung erfüllen. In der Praxis führt es dazu, dass seit Jahren weniger Kunststoff verwertet wird als möglich wäre. Kosteneffizienz bedeutet in diesem Zusammenhang möglichst hohe Durchsatzleistung mit möglichst wenig Aufwand.

Folgerichtig haben die Sortieranlagen Sortiervorschriften einzuhalten, die über die ganze Bundesrepublik hinweg gleich sind und definierte Stoffströme abliefern. Die Möglichkeit, dass ein Verwerterbetrieb durch bilaterale Abstimmung mit einem nahegelegenen Sortierbetrieb eine für ihn geeignete Fraktion herstellt, die dieser nun wiederum für Produktinnovation benötigt, besteht nicht mehr.

8. Das Resultat des Status Quo

Das Resultat des Status Quo ist in folgenden Fakten zusammenzufassen:

1. Ökonomische Zwänge veranlassen die Stroffstrommonopolisten, die gesammelten Wertstoffe in Anlagen mit hoher Durchsatzkapazität, einfachen und standardisierten Sortierprozessen und möglichst schlichten Verwertungswegen zu leiten.

2. Kleine und mittlere und insbesondere neue Verwertungsbetriebe haben keinen eigenen Zugang zu für sie geeigneten Stoffströmen, da sie nur bei den Systembetreibern einkaufen können und daher auf deren Wohlwollen angewiesen sind.
3. Sortierer sind nicht in der Lage, alternative Sortiervorgänge anzuwenden, die spezifische Stoffströme für innovative Verwertungswege vorsehen, da sie an die Sortierrichtlinien der Dualen Systeme ausnahmslos gebunden sind.

Der bvse wehrt sich daher gemeinsam mit dem BDE gegen diese Monopolstrukturen und setzt sich für eine Deregulierung ein. Die Eigentumsfrage ist der Schlüssel dazu, die Dualen Systeme wieder auf ihre ursprüngliche Gewährleistungsfunktion zurückzuführen.

Geschieht hier nichts, kommen wir dem Ziel nach mehr Recycling und besseren Qualitäten mit neuen Technologien und Verfahren nicht näher. Zwar haben mittlerweile zwei Rechtsgutachten den Eigentumsanspruch der Dualen Systeme an den Wertstoffen verneint, doch diese Frage ist juristisch dennoch hochumstritten. Von daher kann nur ein neues Wertstoffgesetz den Zugriff auf die Wertstoffe wieder für den Markt öffnen und die Dualen Systeme auf ihre ursprüngliche Gewährleistungsfunktion beschränken.

9. Fairer Wettbewerb und Teilhabe des Mittelstandes versus Konzentrations- und Monopolisierungstendenzen

Kommunale oder private Monopole schaffen nicht die Voraussetzungen, die notwendig sind, um aus privaten Haushalten möglichst hohe Sekundärrohstoffmengen in guter Qualität zu erfassen. Entscheidend ist daher, dass die Einführung der Wertstofftonne nicht dazu führt, dass bei einer privatwirtschaftlichen Lösung wenige Duale Systeme den Markt unter sich aufteilen oder bei einer Kommunalisierung den Kommunen der alleinige Zugriff auf die Haushaltsentsorgung zufällt.

Das neue Wertstoffgesetz muss deshalb Wettbewerb auf allen Wertschöpfungsebenen (Sammlung, Sortierung, Verwertung) sicherstellen. Das bisherige System konnte und kann das nicht leisten und hat sich zudem als nicht reformierbar erwiesen.

Dabei muss auch berücksichtigt werden, dass in der Wertstofftonne die bisherigen Leichtverpackungen und stoffgleiche Nichtverpackungen gemeinsam erfasst werden sollen. Letztere werden dann der öffentlich-rechtlichen Beseitigungstonne entzogen. Schon allein das macht deutlich, dass ein vernünftiger Ausgleich zwischen kommunalen und gewerblichen Interessen hergestellt werden sollte. Gelingt das nicht, können keine dauerhaft stabilen Rahmenbedingungen gewährleistet werden, die gerade auch für private Unternehmen und deren Investitionsbereitschaft erforderlich sind.

Nach den Vorstellungen des bvse soll der öffentlich-rechtliche Entsorgungsträger zukünftig die Ausschreibungen für Sammlung und Transport, Sortierung und Verwertung neutral durchführen. Die derzeitige Rechtslage lässt eine ausschreibungsfreie Inhouse-Vergabe der Kommunen zu, die jedoch nicht den erforderlichen Wettbewerb aushebeln darf.

Es sind deshalb Vereinbarungen zu treffen, wie auch Inhouse-Vergaben zumindest mittelbar dem Markt unterworfen werden (z.B. Standardkostenmodell). Um eine starke Beteiligung regionaler und mittelständischer Unternehmen zu ermöglichen und echten Wettbewerb sicherzustellen, sollten die Ausschreibungen eine Vertragslaufzeit von mindestens fünf Jahren haben, darüber hinaus sind die Ausschreibungen regional, kleinteilig und zeitlich differenziert zu gestalten.

Mittelfristig strebt der bvse Gesetzesänderungen an, die kommunale Entsorgungsleistungen grundsätzlich von der Möglichkeit der Inhouse-Vergabe herausnehmen. Vor dem Hintergrund funktionierender und belastbarer Märkte sind ausschreibungsfreie Vergaben der öffentlichen Hand ordnungspolitisch nicht zu rechtfertigen. Dem Subsidiaritätsprinzip ist auch in der Entsorgungswirtschaft umfänglich Geltung zu verschaffen. Den Kommunen kommt damit eine Gewährleistungsverantwortung zu, jedoch keine Durchführungsverantwortung.

10. Das System der Verpackungsentsorgung muss betrugsfest gemacht und ausreichend finanziert werden

Die Anwendung legaler und illegaler Umgehungstatbestände hat dazu geführt, dass die Lizenzierungsquote von Verpackungsabfällen stetig sinkt und damit die Finanzierung des gesamten Erfassungs- und Verwertungssystems in Frage gestellt wird. Die bisherige Kontrolle aus dem Zusammenspiel von Bundesländern, der *Gemeinsamen Stelle* der Dualen Systeme und dem DIHK ist gescheitert.

Auch eventuelle Korrekturen, wie sie möglicherweise im Zusammenhang mit der 6. Novelle der Verpackungsverordnung vorgenommen werden sollen, werden an dieser Problematik voraussichtlich nichts ändern.

11. Zentrale Stelle gegen Trittbrettfahrer

Der bvse unterstützt daher die Kontrolle durch eine neutrale Zentrale Stelle. Diese Zentrale Stelle, an der die Entsorgungswirtschaft auf gleicher Augenhöhe mit allen übrigen Beteiligten beteiligt sein muss, sollte hoheitliche Kompetenzen besitzen, damit nicht nur eine wirksame Kontrolle ausgeübt wird, sondern auch Systemverstöße rechtssicher geahndet werden können. Branchenlösungen würden durch die Zentrale Stelle geprüft, genehmigt und ebenfalls kontrolliert.

12. Solide Finanzierung

Die zukünftige gemeinsame Erfassung und Verwertung von Verpackungen und stoffgleichen Nichtverpackungen muss solide und effektiv erfolgen. Daher sollten die vorhandenen Strukturen genutzt werden. Der Verpackungsanteil wird wie bisher aus Lizenzentgelten gedeckt und die stoffgleichen Nichtverpackungen werden anteilig aus den kommunalen Abfallgebühren finanziert.

Die Verwertung des prozentualen Anteils der stoffgleichen Nichtverpackungen obliegt den Kommunen, die an der Einhaltung von Verwertungsquoten und des Prinzips des Vorrangs der stofflichen Verwertung gebunden sind.

13. Fazit

Mit diesen Vorschlägen kann ein neues System der Wertstoffentsorgung in Deutschland realisiert werden, das am Ende mehr Wettbewerb, mehr Effizienz erreichen und größere Mengen an Sekundärrohstoffen in guter Qualität zu generieren vermag. Es sind Vorschläge, die auf einem gemeinsamen Verbändepapier gründen, das 2010 sowohl vom damaligen VKS wie auch von Vertretern Dualer Systeme erarbeitet und vorgestellt wurde. An diesen gemeinsamen Willen eine zukunfts- und allgemeinwohlorientierte Lösung auf den Weg zu bringen, sollte angeknüpft werden, um die dringend notwendigen Weichenstellungen in einem neuen Wertstoffgesetz endlich vorzunehmen.

Die Rolle der Kommunen und der Hersteller im Rahmen der Produktverantwortung

Holger Thärichen

Die Produktverantwortung ist seit zwei Jahrzehnten fester Bestandteil europäischer und deutscher Abfallgesetzgebung. Verschiedene Stoffströme sind vom Gesetzgeber der Produktverantwortung unterworfen worden. Sowohl auf deutscher wie auf europäischer Ebene wird aktuell verstärkt über die Fortentwicklung der Produktverantwortung diskutiert. Hierbei rückt auch die Bedeutung der Produktverantwortung für die Abfallvermeidung in den Fokus der Debatte.

1. Grundgedanke der Produktverantwortung

Der Grundgedanke der Produktverantwortung im Bereich der Abfallwirtschaft ist, dass nach dem Verkauf von Produkten nicht länger die Nutzer, der Staat oder die *Gesellschaft* für die Entsorgung dieser Produkte verantwortlich sein sollen, sondern die Entwickler, Produzenten und Vertreiber. Historisch hat diese Sichtweise auch damit zu tun, dass sich die Einsicht durchsetzte, dass in den Konstruktions- und Distributionsabteilungen der Industrie die Grundlagen für die Art und Menge der später anfallenden Abfälle gelegt werden und dass es konkreter Pflichten wie ökonomischer Anreize bedarf, dass die Produkte möglichst abfallarm, wiederverwendbar bzw. in recyclingfähiger Weise gestaltet werden.

Kurz gefasst dient die Produktverantwortung folgenden Zwecken:

- Entwicklung eines umweltfreundlicheren Produktdesigns mit dem Effekt geringerer Abfallmengen und Schadstoffgehalte (d.h. Abfallvermeidung sowohl im Rahmen der Produktion, der Nutzungsphase wie bei der Entsorgung);
- Steigerung der stofflichen und/oder energetischen Verwertung (*Förderung des Rohstoffkreislaufs*);
- Spezielle Anforderungen an die Entsorgung von Altprodukten mit gefährlichen Inhaltsstoffen, um den allgemeinen Abfallstrom zu entlasten (*Getrennterfassung gefährlicher Abfallprodukte*).

2. Ausgestaltung der Produktverantwortung

Europäischer Rechtsrahmen

Die europäische Abfallgesetzgebung hat Regelungen der Produktverantwortung in den letzten zwei Jahrzehnten für bestimmte Stoffströme, namentlich Verpackungen, Elektroaltgeräte, Altfahrzeuge, Batterien, formuliert. Der europäische Rechtsrahmen beschränkt sich im Wesentlichen darauf, für die genannten Stoffströme Sammel- und/oder Verwertungs- und Recyclingquoten festzulegen, die von den Herstellern zu erreichen und nachzuweisen sind. Hierbei bleibt die operative Umsetzung dieser Ziele der Regelung durch die Mitgliedstaaten vorbehalten.

Darüber hinaus enthält die europäische Gesetzgebung vor allem Regelungen mit Appellcharakter zum Produktdesign – etwa zur Rezyklierbarkeit (etwa Art. 4 WEEE-Richtlinie, Art. 4 Verpackungs-Richtlinie). Diese Bestimmungen sind – auch in ihrer Umsetzung in deutsches Recht - nicht direkt vollzugsfähig. Eine Ausnahme bieten in diesem Zusammenhang Verbote bzw. Beschränkungen gefährlicher Stoffe in Produkten, wie sie insbesondere durch Schwermetall-Beschränkungen in der RoHS-Richtlinie, der Altfahrzeugrichtlinie, der Batterierichtlinie oder der Verpackungsrichtlinie enthalten sind. Diese Vorschriften zeitigen – ins nationale Recht umgesetzt - deutliche (qualitative) Abfallvermeidungseffekte.

Operative Ausgestaltung der Produktverantwortung in Deutschland

Das deutsche Recht bildet – in Umsetzung der genannten für die Produktverantwortung relevanten EU-Richtlinien – den Rahmen für die operative Ausgestaltung der Produktverantwortung in Deutschland, insb. für die Arbeitsteilung zwischen öffentlich-rechtlichen Entsorgungsträgern und Herstellern/Vertreibern bzw. den von diesen getragenen kollektiven Systemen. Diese Arbeitsteilung variiert je nach Stoffstrom und wird im Folgenden nach Gruppen kategorisiert:

Umfassende Produktverantwortung für Hersteller/Vertreiber

Die Fälle der *umfassenden* Produktverantwortung verpflichten die Hersteller bzw. Vertreiber, sowohl für die Sammlung/Rücknahme als auch für die Verwertung und das Recycling Sorge zu tragen. Diese Variante der Produktverantwortung ist in Deutschland in unterschiedlicher Ausprägung im Detail für die Abfallströme Verkaufsverpackungen, Altfahrzeuge sowie Batterien realisiert.

In diesem Rahmen werden im Allgemeinen von den Herstellern/Vertreibern finanzierte und/oder von diesen selbst geschaffene kollektive Systeme bzw. Netzwerke gegründet, die die Rücknahme/Sammlung und die Verwertung der Abfallströme organisieren und koordinieren. Daneben bleibt auch die Option für Hersteller/Vertreiber, individuelle Rücknahmesysteme zu gründen.

Geteilte Produktverantwortung

Eine weitere Variante ist die sog. geteilte Produktverantwortung. Hierbei werden die Hersteller bzw. die Vertreiber nur für einen Teilbereich der Entsorgung verpflichtet.

Namentlich ist diese Variante bei der Entsorgung von Elektro- und Elektronikaltgeräten (EAG) verwirklicht. Hierbei sind die Kommunen verpflichtet, flächendeckende Sammelsysteme für EAG zu etablieren. Die Sammlung erfolgt als hoheitliche Aufgabe und wird über Abfallgebühren finanziert. Die Hersteller selbst sind nur zur Abholung der an den kommunalen Sammelstellen bereitgestellten EAG und zur weiteren Verwertung der EAG verpflichtet. Optional können die kommunalen Entsorger aber auch die Behandlung bzw. Wiederverwendung einzelner Gruppen von EAG selbst vornehmen (Optierung) und über diesen Weg die Sammelkosten für EAG refinanzieren.

Kommunale Verantwortung unter finanzieller Beteiligung der Hersteller

Die Verwertung von Papier, Pappe und Kartonagen stellt organisatorisch eine Mischform zwischen hoheitlicher Hausmüllentsorgung (z.B. Zeitungspapier) und gewerblicher Entsorgung (Verkaufsverpackungen aus Papier) dar. Da Verkaufsverpackungen aus Papier nur etwa 25 % der kommunal erfassten Papiermenge ausmachen, bedient die PPK-Tonne im Rahmen der kommunalen Hausmüllentsorgung die Verkaufsverpackungen aus Papier mit. Die privaten Verpackungssysteme müssen sich an der Finanzierung beteiligen, insoweit sind Finanzierungsvereinbarungen über diese Mitbenutzung zwischen örE und private Systeme nötig.

3. Bewertung des Produktverantwortungsansatzes

Abfallvermeidende Aspekte der Produktverantwortung

Der VKU unterstützt ausdrücklich die Zielsetzung der Produktverantwortung, dass Produkte langlebiger und reparaturfreundlicher designt werden und hierbei der *geplanten Obsoleszenz*, d.h. der bewusst herbeigeführten Kurzlebigkeit von Produkten, entgegen gewirkt wird. Dies würde die Abfallvermeidung maßgeblich befördern.

Jedoch ist der Einfluss von Produktverantwortungsregelungen auf die Abfallvermeidung in der Praxis in verschiedener Hinsicht zu relativieren.

In der politischen Debatte wird Produktverantwortung oft mit der Verpflichtung der Hersteller und Händler, Produkte nach Gebrauch zurückzunehmen und entsprechend den gesetzlichen Vorgaben zu verwerten, gleichgesetzt. Hieraus wird eine konkrete Motivation für die Hersteller abgeleitet, Produkte möglichst abfallsparend und gut verwertbar zu gestalten, da die Hersteller im Folgenden ja mit der Entsorgungsverantwortung konfrontiert werden.

In der Praxis erweisen sich diese Vorstellungen jedoch eher als Theorie. Wie die oben aufgeführten Beispiele der operativen Umsetzung der Produktverantwortung zeigen, beziehen sich die Verpflichtungen der Hersteller oder Händler in der Regel auf die bloße Finanzierung von kollektiven Systemen zur Organisation der Rücknahme und Verwertung bestimmter Stoffströme. Somit sind die einzelnen Hersteller nicht direkt mit der Entsorgung *ihrer* Produkte konfrontiert, damit entfällt auch der Anreiz zur Materialeinsparung. Des Weiteren berücksichtigen etwa die Lizenzentgelte für Verkaufsverpackungen, über die die kollektiven Systeme zur Verpackungsverwertung finanziert werden, nicht die ökologischen Aspekte der jeweiligen Verpackungsart, sondern sind rein privatrechtliche Entgelte, die im Wettbewerb ermittelt werden. Eine ökologische Steuerung als Kerngedanke der Produktverantwortung findet gar nicht statt.

Eine Folge davon ist, dass die derzeit bestehenden Regelungen für Produktverantwortung in der Praxis allenfalls sehr untergeordnet zu Abfallvermeidung geführt haben[1]. Das kürzlich verabschiedete Abfallvermeidungsprogramm des Bundes erkennt in diesem Zusammenhang an, dass *die Effekte der Produktverantwortung zugunsten der Abfallvermeidung in den einzelnen Regelungsbereichen unterschiedlich und zudem nur schwer quantifizier- sowie empirisch kaum belegbar sind*[2].

Auf dieser Erkenntnis aufbauend spricht sich der VKU dafür aus, dass die Produktverantwortungsdebatte den Schwerpunkt stärker auf die Themen Produktdesign und Abfallvermeidung als unmittelbarer Ausdruck von *Produktverantwortung* legt und die Vorschriften für das Produktdesign im Sinne einer ressourcen- und abfallsparenden Produktion weiterentwickelt werden. Präzisierend ist hier zu sagen, dass das Abfallrecht, d.h. §§ 23ff Kreislaufwirtschaftsgesetz, nicht unbedingt der richtige Ort zur Festlegung von Produktdesignanforderungen ist. Vorgaben für eine materialsparende Produktgestaltung könnten etwa in der Ökodesign-Richtlinie und ihren direkt wirkendenden Durchführungsverordnungen festgelegt werden. Produktsteuern und im Einzelfall auch Produktverbote sind weitere Instrumente zur Förderung eines ressourcenschonenden und abfallarmen Produktdesigns.

Bewertung der Produktverantwortung in Deutschland als Instrument zur Förderung des Recyclings und der Verwertung

Wesentlicher Inhalt von Produktverantwortungssystemen sind die getrennte Sammlung und die Erreichung einer Mindestrecycling/-verwertungsquote mit Blick auf spezifische Stoffströme. Somit dient die Produktverantwortung als ein Instrument, um Abfälle möglichst weitgehend dem Recycling zuzuführen.

Der VKU unterstützt das Ziel, eine möglichst hohe Recycling- und Verwertungsquote für Siedlungsabfälle im Einklang mit der Abfallhierarchie des Kreislaufwirtschaftsgesetzes zu erreichen. Allerdings können zur Erreichung einer *Recyclinggesellschaft* unterschiedliche Wege beschritten werden. Produktverantwortungssysteme sind hierfür nur ein Instrument neben anderen. Daher muss im Einzelfall und gemessen am in Frage stehenden Abfallstrom geprüft werden, ob die Etablierung von spezifischen Produktverantwortungssystemen empfohlen werden kann.

Aus kommunaler Sicht ist insbesondere zu fragen, inwieweit die Vorgaben der Produktverantwortung mit dem etablierten und erfolgreichen kommunalen Abfallentsorgungssystem für Siedlungsabfälle kompatibel sind und des Weiteren ob sie ökonomisch zumutbar und ökologisch vorteilhaft sind.

[1] Dies stellt auch das Abfallvermeidungsprogramm des Bundes unter Beteiligung der Länder vom 31. Juli 2013 (siehe dort auf S. 34) fest.

[2] Abfallvermeidungsprogramm des Bundes unter Beteiligung der Länder vom 31. Juli 2013, S. 48.

Als erster wesentlicher Punkt muss angeführt werden, dass die Etablierung von Produktverantwortungssystemen einschließlich der Sammlung gerade bei Abfällen aus Haushalten zu einer Zersplitterung von Entsorgungsvorgängen und -zuständigkeiten führen kann, die in vielen Fällen nicht durch etwaige ökologische Gewinne gerechtfertigt ist; etwa werden durch zusätzliche Sammel- und Verwertungssysteme eine ganzheitliche Tourenplanung erschwert und Transportvorgänge oftmals unnötig erhöht. Somit muss bei jedem einzelnen Stoffstrom kritisch gefragt werden, ob der prognostizierte Aufwand durch zusätzliche Systeme die ökologischen und ggf. ökonomischen Ziele rechtfertigt. Nur in dem Fall, dass separate Systeme durch ökologischen Mehrwert gerechtfertigt sind, sind sie diskutabel.

In diesem Zusammenhang muss bei jedem Stoffstrom auch die Frage gestellt werden, ob eine separate Erfassung von bestimmten Stoffströmen zur Erreichung einer hochwertigen Verwertung bestimmter Stoffströme überhaupt notwendig ist. Im Einzelfall können die Stoffströme auch im Rahmen der regulären Hausmüllerfassung und -verwertung, ggf. auch im Zuge der Restmüllentsorgung (z.B. Metalle), erfolgen – sofern diese flächendeckend hohe Standards erfüllt.

Bei der Schaffung von separaten Produktverantwortungssystemen im Bereich der Sammlung und Verwertung ist auch zu fragen, ob diese im Interesse einer Internalisierung der Entsorgungskosten von Produktströmen nötig sind. Namentlich bei Fraktionen, die auf dem Markt ohnehin Erlöse erzielen, die die Entsorgungskosten übersteigen, schaffen eigene Produktverantwortungssysteme einen Aufwand für die Schaffung von Infrastrukturen wie für die Überwachung und den Vollzug, der nicht aus ökologischen Gründen gerechtfertigt ist. Eine Getrenntsammlung und -verwertung würde ohnedies schon aus ökonomischen Gründen erfolgen. Dies ist etwa im Bereich der Glas- und PPK-Sammlung der Fall.

Aus Sicht des VKU sollte die Entsorgungsverantwortung für Abfälle aus Haushalten in aller Regel bei den öffentlich-rechtlichen Entsorgungsträgern bleiben. Mit Blick auf die operative Ausgestaltung von Produktverantwortungssystemen sind zwingende Vorgaben, dass die Sammlung und/oder Entsorgung bestimmter Stoffströme ausschließlich durch private Herstellersysteme – d.h. in Abgrenzung zur regulären kommunalen Hausmüllentsorgung–vollzogen werden müssen, in aller Regel weder aus ökologischer noch aus ökonomischer Sicht zielführend. Die deutsche Umsetzung der Verpackungsrichtlinie durch die Verpackungsverordnung sieht z.B. ein eigenes Sammel- und Verwertungssystem in Abgrenzung von der allgemeinen kommunalen Hausmüllsammlung und -verwertung (*duales System*) vor. Dieses System hat sich in der Praxis nicht bewährt, da es durch enormen Verwaltungsaufwand, starke Unterlizenzierung (hohe Trittbrettfahrerquoten), schlechte Recyclingquoten sowie sehr hohen Konkurrenzdruck zu Lasten ökologisch innovativer Lösungen geprägt ist, großflächige Lösungen begünstigt und kaum ökologische Lenkungswirkung erzeugt (etwa hin zu verpackungsarmen Produkten). Die Anordnung des Bundeskartellamts, dass mehrere miteinander konkurrierende Systeme der Verpackungserfassung und -verwertung zugelassen werden müssen, hat den Konkurrenzdruck weiter erhöht und war ökologischen Erwägungen nicht zuträglich.

Produktverantwortungssysteme müssen mit der kommunalen Siedlungsabfallentsorgung harmonieren. Es muss bei jedem Stoffstrom, der der Produktverantwortung unterstellt werden soll, beurteilt werden, ob dieser ggf. im Rahmen des etablierten kommunalen Siedlungsabfallmanagements (z.B. im Sinne einer *geteilten* Produktverantwortung) mitbedient werden kann. Dies ermöglicht es den Kommunen, ihrer Verantwortung für die Sammlung von Haushaltsabfällen umfassend nachzukommen und als einheitlicher Ansprechpartner der Bürger für Belange der Abfallsammlung agieren zu können. Eigene Sammel- und Verwertungssysteme für bestimmte Stoffströme müssen auch für die Bürger als Endkunden nachvollziehbar sein. Eine hohe Akzeptanz der Bürger muss hierbei erreicht werden sowie ein gutes Verständnis, für welche konkreten Abfälle das jeweilige Sammelsystem zugelassen ist. Gerade der Bereich der Verkaufsverpackungen gibt Anlass für eine Vielzahl von Unsicherheiten mit Blick auf die Abgrenzung von Verkaufs- und Nicht-Verkaufsverpackungen sowie von lizensierten und nicht lizensierten Verpackungen. Eine hohe Fehlwurfquote ist im Bereich der Verpackungssammlung an der Tagesordnung und behindert die Verwertungsprozesse.

Wesentlich für die Effektivität von Produktverantwortungs-Mechanismen ist des Weiteren die wirksame Sanktionsmöglichkeit von Fehlverhalten (d.h. abgestufte Sanktionen angepasst an die Schwere der Regelverstöße) sowie die Vollzugsfähigkeit der getroffenen Regelungen.

Produktverantwortung ist somit kein Selbstzweck, sie ist vielmehr ein Instrument neben anderen, um Abfallvermeidung, Recycling und hochwertige Verwertung bestimmter Abfallströme zu fördern. Es ist klar hervorzuheben, dass Deutschland insbesondere mit dem Verbot der Deponierung von unbehandelten Siedlungsabfällen im Jahr 2005 die Voraussetzung dafür geschaffen hat, dass die Verwertung und das Recycling von Siedlungsabfällen wesentlich gesteigert wurden und die Deponierung von Haushaltsabfällen – auch nach Behandlung – auf ein Minimum gesunken ist. Somit konnte die Förderung von Recycling und Verwertung auf eine – im Vergleich zur Produktverantwortung – sehr breite Grundlage gestellt werden.

Bewertung der Produktverantwortung auf europäischer Ebene

Mit Blick auf die aktuelle Diskussion zur Fortentwicklung der Produktverantwortung auf europäischer Ebene gilt ebenso, dass die Regelungen der Produktverantwortung kein Selbstzweck sind, sondern in ihrer konkreten Ausgestaltung geeignet sein müssen, Abfallvermeidung zu fördern und die Kreislaufwirtschaft zu stärken.

Wesentlich ist auf europäischer Ebene der Ausbau von Instrumenten der Produktverantwortung, die zu Abfallvermeidung und ressourcenschonendem Design von Produkten führen. Mit Blick auf diese Zielrichtung plädiert der VKU dafür, dass verpflichtende Anforderungen an das Design von Produkten mit Blick auf abfallarmes/ressourcenschonendes Material in der EU-Ökodesign-Richtlinie bzw. ihren Umsetzungsverordnungen festgelegt werden.

Mit Blick auf die Erhöhung der Recycling- und Verwertungsquote für Siedlungsabfälle wären neben der Produktverantwortung andere Instrumente zu prüfen, die womöglich umfassender und mit weniger Aufwand als Produktverantwortungssysteme das

Recycling und die Verwertung über alle Abfallströme hinweg fördern könnten. Hier sei erneut der Weg Deutschlands erwähnt, ein Deponierungsverbot für unvorbehandelte Siedlungsabfälle zu statuieren. Ferner hat die Abfallrahmenrichtlinie mit der Einführung von generellen Sammel- und Recycling-/Verwertungsquoten für einzelne Siedlungsabfallströme, wie Papier, Glas, Kunststoffen und Metallen aus Haushalten, ebenfalls alternative und komplementäre Wege zur Statuierung von EPR-Systemen beschritten.

Sofern europäische Regelungen der Produktverantwortung zur Förderung von Recycling und Verwertung in Frage stehen, sollten sich diese auf die Festlegung von Verwertungs-/Recyclingzielen für bestimmte quantitativ relevante Stoffströme beschränken und keine Vorgaben für die operative Erreichung dieser Ziele (z.B. im Rahmen zwingend privater Systeme, die neben die öffentliche Abfallentsorgung treten) machen.

Allgemeine Regelungen zur Finanzierung von Produktverantwortungssystemen könnten ggf. auf europäischer Ebene getroffen werden. Es bestehen verschiedene Instrumente zur Finanzierung der Entsorgung von Stoffströmen, die unter die Produktverantwortung fallen. Für den Fall, dass die Entsorgung etwa – eingepasst in das System der allgemeinen Hausmüllentsorgung – exklusiv durch die Kommunen stattfindet, sind Modelle, die von Sonderabgaben auf Produkte bis zu staatlich genehmigten und von den Produzenten zu begleichenden Tarifen für die Entsorgung dieser Abfälle reichen, denkbar. Zur Berechnung der Tarife und zur Verteilung der Beiträge der Produzenten auf die Kommunen wäre die Einrichtung einer zentralen Stelle denkbar. Eine zusätzliche Variante besteht in Abgaben auf Produkte, die oftmals den öffentlichen Raum infolge von *Littering* belasten. In diesem Fall würden auch Straßenreinigungskosten durch die Hersteller abgedeckt werden.

Einer Ausweitung der EPR im Sinne eigener Sammel-/Verwertungssysteme auf weitere Stoffströme, d.h. über die derzeit auf europäischer Ebene der Produktverantwortung unterfallenden hinaus, steht der VKU kritisch gegenüber. Grundsätzlich erzeugt jedes neue System für einen weiteren Abfallstrom zusätzlichen logistischen wie informatorischen Aufwand, ohne dass die Erreichung ökologischer Zielsetzungen garantiert wäre.

4. Fazit

Als Fazit zur Beurteilung der Produktverantwortung durch den VKU können folgende Punkte angeführt werden:

- Die Produktverantwortung ist – anders als oftmals in der aktuellen politischen Diskussion – nicht gleichzusetzen mit der Privatisierung der Entsorgung, sondern soll die Hersteller insbesondere auch dazu verpflichten, *Verantwortung* für ihre Produkte im Sinne eines umwelt- und recyclingfreundlichen Ökodesign und einer ressourcen- und abfallsparenden Produktionsweise zu übernehmen;
- Regelungen zur Produktverantwortung müssen, um ihre Wirkung entfalten zu können, so ausgestaltet sein, dass sie konkrete Anreize für die Abfallvermeidung und das Recycling setzen;

- Produktverantwortungssysteme sind anhand der konkreten Stoffströme, für die sie geschaffen werden sollen, zu prüfen und an deren Besonderheiten anzupassen;
- Die Schaffung von Produktverantwortungssystemen ist bei solchen Stoffströmen nicht angebracht, für die am Markt Erlöse erzielt werden können, die die Entsorgungskosten übersteigen;
- Grundsätzlich ist vor der Schaffung von Produktverantwortungssystemen immer mit Blick auf die in Frage stehenden Stoffströme zu prüfen, ob die zusätzlichen Regulierungs- und Transaktionskosten durch ökologische Effekte gerechtfertigt sind;
- Die Kommunen sollen grundsätzlich der zentrale Ansprechpartner der Bürger und Akteur im Bereich der Entsorgung von Haushaltsabfällen bleiben, insbesondere die Auslagerung der Sammlung ist nicht sinnvoll;
- Verschiedene Finanzierungsinstrumente sind im Rahmen der Produktverantwortung denkbar, inklusive einer Abgabe auf Produkte, die überproportional für *Littering* verantwortlich sind (Finanzierung der Stadtsauberkeit durch Hersteller).

Kosten der Verpackungsentsorgung

Sven Schulze

Die Entsorgung von Verpackungen wird in Deutschland seit längerer Zeit intensiv diskutiert. Zuletzt hat die Debatte im Zuge der angestrebten flächendeckenden Einführung einer Wertstofftonne bis zum Jahr 2015 wieder an Schärfe zugenommen. Das ist darauf zurückzuführen, dass sich vermehrt ein Streit über mögliche Rekommunalisierungstendenzen sowie deren Chancen und Risiken entsponnen hat. Dies deutet darauf hin, dass sich sowohl öffentliche als auch private Akteure von einer Entsorgung und Vermarktung beziehungsweise Verwertung der Wertstoffe, und in diesem Sinne im Wesentlichen Verpackungen, Vorteile und/oder Gewinne versprechen. Gleichzeitig geht es aber wohl auch darum, die künftige Marktverfassung, also den Zugriff auf die betreffenden Wertstoffe, langfristig zu beeinflussen.

Dann stellt sich zwangsläufig die Frage, welche Kosten denn bei der Entsorgung von Verpackungen anfallen. Es ist dabei von entscheidender Bedeutung, nicht nur die Kostenarten bzw. deren Bestandteile zu kennen, sondern auch einzel- und gesamtwirtschaftliche Kosten zu unterscheiden. Dies kann einige der anhaltenden Diskussionen und die verschiedenen Argumentationslinien verdeutlichen, denn es spielt zugleich eine Rolle, wer die jeweiligen Kosten trägt und wer von möglichen Erlösen entlang der Wertschöpfungskette profitiert.

Im Folgenden werden deshalb die relevanten einzel- und gesamtwirtschaftlichen Kostenarten dargestellt. Während hiervon einige gut untersucht sind, ohne dass allerdings ein systematischer Zugang zu den Daten bestünde, befindet sich die Bewertung der gesamtwirtschaftlichen Kosten noch in einer frühen Untersuchungsphase. Anschließend werden einige offene Fragen angesprochen, bevor ein kurzes Fazit gezogen wird.

1. Kosten der Verpackungsentsorgung

1.1. Im Allgemeinen

Die einzelwirtschaftlichen Kosten der Verpackungsentsorgung sind bei Weitem nicht so einfach anhand von Literatur- oder Datenrecherchen zu ermitteln, wie man anfangs denken könnte. Während zu Mengenströmen, der Abfallzusammensetzung und Ähnlichem umfangreiche Informationen vorliegen, ist dies für die Entsorgungskosten, zumal differenziert nach einzelnen Abfallarten beziehungsweise -fraktionen, bei Weitem nicht der Fall.

Gängige Lehrbücher (z.B. Kranert & Cord-Landwehr [5]) unterscheiden zunächst die Kostenarten Sammlung und Transport. Entlang der Wertschöpfungskette hin zur gesetzlich gewünschten Verwertung kommen bei Verpackungen noch die Sortierung, gegebenenfalls die Aufbereitung, und die Verwertung (rohstofflich, werkstofflich, energetisch) hinzu.

Die Höhe der einzelnen Kosten sowie der Gesamtkosten ist dabei von einer Vielzahl lokal meist höchst unterschiedlich ausgeprägter Parameter abhängig. Für die Sammlung sind die Art des Systems (Hol- oder Bringsystem), die Behälter, die Fahrzeuge und das eingesetzte Personal relevant. Für den Transport sind vor allem der Personaleinsatz sowie die zurückzulegenden Strecken von Bedeutung. In der Sortierung ist vornehmlich die notwendige Technologie kostenrelevant. Sie hat sich einerseits in den letzten Jahren merklich weiterentwickelt und ist dabei zunehmend komplexer geworden. Andererseits ist dies infolge der angelieferten Mengen aus der Fraktion der LVP auch notwendig, die aus dem Haushaltsbereich vornehmlich Verbundstoffe ausmachen und sich häufig durch Verunreinigungen sowie Fehlwürfe auszeichnen können. Dies ist bei PPK und Glas, die getrennt gesammelt werden, weit weniger oft der Fall. Für die Qualität und die Quantität von erfassten Wertstoffen gelten in diesem Zusammenhang die schon von Christiani et al. (2001) [10] aufgeführten Parameter als bedeutsam (Tabelle 1). Sie haben entsprechende Kostenwirkungen in Abhängigkeit von den lokalen Ausprägungen der einzelnen Kategorien. Die grundsätzliche Stärke ist mit ++ (sehr stark), + (stark) und = (nicht eindeutig bzw. schwach) gekennzeichnet.

Oberkategorie	Unterkategorie		Wirkung[1]
1. Siedlungsstruktur	a.	Land/Stadt	++
	b.	Bebauung	++
	c.	Anschluss Industrie/Gewerbe	+
2. Sozioökonomie	a.	Sozialstruktur/Einkommen	++
	b.	Umweltbewusstsein	+
3. Restmüllerfassung	a.	Behältergröße	=
	b.	Abholfrequenz	=
	c.	Gebührensystem	=
4. Wertstofferfassung	a.	LVP-Erfassung	++
	b.	PPK-Erfassung	++
	c.	Glaserfassung	+
	d.	Biotonne	+

[1] teilweise verändert im Vergleich zu Christiani et al. (2001) [10]w

Tabelle 1:

Einflussfaktoren auf die Qualität und Quantität von Wertstoffen

1.2. Im Speziellen

Wenn hier von Entsorgungskosten im Speziellen die Rede ist, so sind damit vornehmlich die Kosten einer dualen Entsorgung sowie der damit einhergehenden Organisation im Sinne gesamtwirtschaftlicher Kosten gemeint.

Folgende Kosten sind relevant und werden anschließend diskutiert:

- Investitionen beziehungsweise Aufbaukosten
- Laufende Kosten
- Bürokratiekosten
- Politische Kosten
- Opportunitätskosten

Es ist darauf hinzuweisen, dass die Kostenarten nicht immer klar voneinander zu trennen sind und bestimmte Kategorien zu verschiedenen Kostenarten gehören können. So fällt beispielsweise ein Teil der laufenden Kosten gleichzeitig unter die Bürokratiekosten, denn ohne parallele Erfassung von Verpackungen fielen beide in der Entsorgungswirtschaft nicht an.

Investitionen und Aufbaukosten

Die Etablierung einer dualen Abfallwirtschaft hat anfangs Aufbau- und im Laufe der Zeit Erhaltungsinvestitionen entlang der Wertschöpfungskette aus Erfassung, Sortierung und Aufbereitung sowie Verwertung ausgelöst. Neben den verschiedenen Tonnensystemen und den notwendigen Fahrzeugen gehören dazu vor allem die Kosten des Anlagenbaus, vornehmlich in der Sortierung. Aus heutiger Perspektive handelt es sich bei den Aufbaukosten um versunkene Kosten. Zugleich haben sie ebenso wie Ersatzinvestitionen, wirtschaftliche Multiplikatoreffekte über die Branchenumsätze und Auswirkungen im Hinblick auf neue und /oder verbesserte Anlagentechnologien.

Laufende Kosten

Unter den laufenden Kosten seien hier diejenigen des Betriebs eines parallelen Erfassungssystems verstanden. Dazu gehören zunächst die allgemeinen Kosten wie sie zuvor beschrieben wurden. Unternehmen dürften diese nur auf sich nehmen, wenn die Gesamtkosten durch die Erlöse aus der Vermarktung von Sekundärrohstoffen aus Verpackungen gedeckt sind. Andernfalls sind zusätzliche Mittel notwendig, um den parallelen Betrieb zu gewährleisten. Die Relation zwischen laufenden Kosten und Erlösaussichten gilt bei Fraktionen wie PPK und Glas eher als günstig, während dies bei Kunststoffen und Verbunden kaum der Fall ist. Insofern bieten sich aus dieser Perspektive zwar eine separate Rückholung und Verwertung von PPK und Glas an, wohingegen dies bei den Kunststoffen und Verbunden weder gegenwärtig noch auf absehbare Zeit der Fall ist. Zur dauerhaften Aufrechterhaltung ihrer getrennten Erfassung zwecks anschließender Verwertung sind also erstens entsprechende Vorschriften (wie das Kreislaufwirtschaftsgesetz und die Verpackungsverordnung) und zweitens finanzielle Mittel notwendig, um die Differenz zwischen Kosten und tatsächlichen Erlösen auszugleichen. Dies wiederum mündet in zusätzliche administrativen Aufwand, der sich auch in der Existenz dualer Systeme und von Branchenlösungen manifestiert. Dies bedeutet umgekehrt aber nicht, dass deren Abschaffung oder andere Lösungen in der Lage wären, diesen Aufwand komplett zu eliminieren.

Näherungsweise kann man für die gesamten laufenden Kosten die Umsätze der dualen Systeme ansetzen. Gemäß Sektoruntersuchung des Bundeskartellamtes [1] lagen die Umsätze aller dualen Systeme im Jahr 2011 bei insgesamt 941 Mio. Euro. Davon entfielen 824 Mio. Euro auf die Entsorgungskosten. Die Differenz entspricht den Managementkosten und der Gewinnmarge aller dualen Systeme.

Die operativen Entsorgungskosten für das Duale System Deutschland zwischen 1993 und 2003 sowie für alle dualen Systeme im Jahr 2011 finden sich in Bild 1.

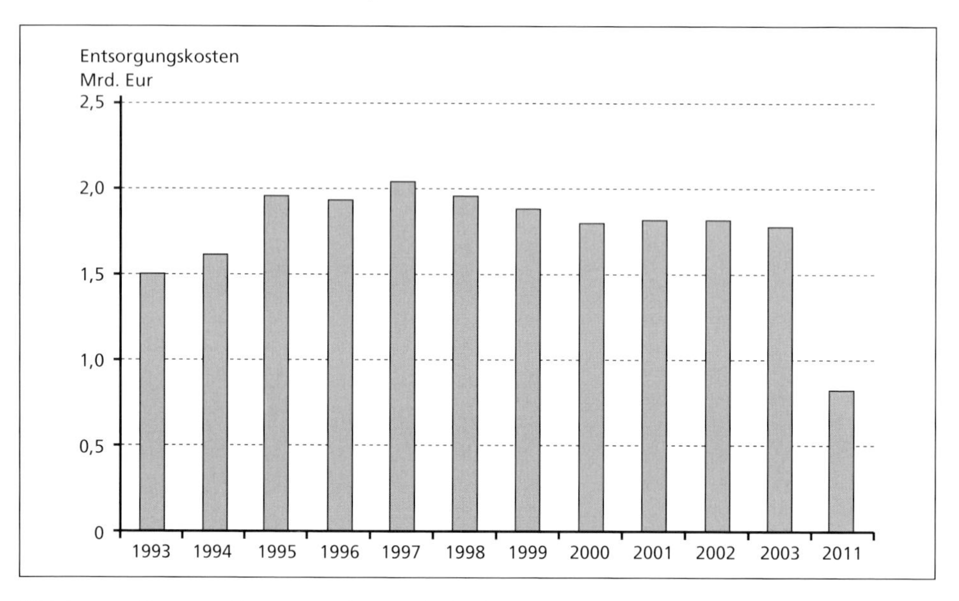

Bild 1: Operative Entsorgungskosten dualer Systeme, 1993 bis 2003 und 2011

Die Entsorgungskosten haben sich nach der Wettbewerbsöffnung im Vergleich zum Maximum des Jahres 1997 mehr als halbiert, wobei diese Entwicklung besonders seit 2002 in Gang gekommen ist. Die operativen Entsorgungskosten sind dabei zwischen 2003 und 2011 deutlich von 1,8 auf 0,8 Mrd. Euro gesunken. Dabei gingen die Kosten für die Erfassung von etwa 918 auf 517 Mio. Euro zurück. Die Kosten für die Sortierung und Verwertung sanken deutlich von etwa 715 auf 173 Mio. Euro, während die Nebenentgelte nur leicht von 144 auf 133 Mio. Euro zurückgingen. Diese Beobachtungen sind klare Anzeichen dafür, dass die Wettbewerbsöffnung den gewünschten Effekt hatte, denn die Kosten sind merklich zurückgegangen, so dass im Umkehrschluss die Konsumentenwohlfahrt gestiegen ist, auch wenn den Verbrauchern in Deutschland gut 10 Euro pro Jahr und Kopf als nicht wahrgenommene Kosten verbleiben. Unabhängig davon ist eine wettbewerbliche Marktorganisation demnach zu favorisieren.

Ein Vergleich der einzelnen Fraktionen im Jahr 2011 ist in Tabelle 2 abgetragen. Wie stets moniert sind auch in jenem Jahr die LVP die kritische Fraktion gewesen. Sie verursachten 663 Mio. an Entsorgungskosten, also 80 % der gesamten operativen Kosten. Während sie in der Erfassung für fast 64 % der Kosten verantwortlich waren, lag der Wert in der Sortierung und Verwertung über 100 %, weil die LVP erstens einen hohen

Aufwand verursachen und zweitens – im Vergleich zu PPK und Glas – hieraus wenig hochwertiges oder marktfähiges Material gewonnen wird. Auf sie entfielen ferner fast 80 % der Nebenentgelte.

Tabelle 2: Operative Entsorgungskosten der dualen Systeme im Jahr 2011

Fraktion	Erfassung		Sortierung und Verwertung		Nebenentgelte		Summe	Anteil
	Mio. EUR	%	Mio. EUR	%	Mio. EUR	%	Mio. EUR	%
LVP	328	63,5	229	132,4	105	79,0	663	80,5
Glas	101	19,5	-24	-13,9	12	9,0	89	10,8
PPK	88	17,0	-32	-18,5	16	12,0	72	8,7
Summe	**517**	**100**	**173**	**100**	**133**	**100**	**824**	**100**
Anteil	62,7 %		21,0 %		16,3 %		**100 %**	

Anzumerken ist, dass diese Kosten im Wesentlichen auf die Dualität im Sinne getrennter Abfallströme zurückzuführen sind. Zwar könnten noch Einsparpotentiale bei den einzelnen Fraktionen vorhanden sein. Nach den Entwicklungen der letzten Jahre dürften sie jedoch nicht allzu groß ausfallen. Demzufolge könnte man die Entsorgungskosten nur dann merklich verringern, wenn man auf die (flächendeckende) Getrenntsammlung der LVP verzichtet. Abhängig von den regionalen Gegebenheiten mag sie mancherorts sogar wirtschaftlich möglich sein. Insgesamt dürften die Kosten aber schwer durch einen wie auch immer gearteten Gewinn an Umweltqualität zu rechtfertigen sein. Der offenkundige Nachteil LVP nicht mehr zwingend getrennt zu sammeln bestünde darin, dass vor allem Sortieranlagen auf die heutigen Gegebenheiten ausgerichtet sind und sie entweder modifiziert oder stillgelegt werden müssten. Allerdings eröffnet dies wiederum Möglichkeiten für andere Anlagentypen, deren Einsatz weniger stark auf die deutschen Besonderheiten ausgerichtet ist.

Bürokratiekosten

Eine duale Entsorgung von Verpackungen führt zu Bürokratiekosten, weil sie infolge der Umweltziele zwangsläufig mit Gesetzen und Verordnungen einhergeht, die die Entsorgung regeln. Die gegenwärtig geltende Verpackungsverordnung nach der 5. Novelle macht hier keine Ausnahme. Vielmehr steht sie schon geraume Zeit wegen des damit verbundenen Aufwandes bei allen Beteiligten in der Kritik. Mittlerweile hat sich in diesem Zusammenhang der Begriff der Transaktionskosten eingebürgert. Sie entstehen bei Wirtschaftstätigkeiten, oftmals in Vertragszusammenhängen, und zwar für die Suche und die Informationssammlung, die Entscheidung und Vereinbarung, die Kontrolle und Sanktionierung sowie die Anpassung und Beendigung (siehe zum Beispiel Furubotn/Richter [2]). Im Folgenden werden kurz zwei Methoden angesprochen, die ihre Größenordnung erahnen lassen – auch in Relation zu den zuvor behandelten Entsorgungskosten.

Das Statistische Bundesamt weist für das Jahr 2012 auf Grundlage der Standardkostenmethode Kosten in Höhe von gut 66 Mio. Euro aus (Tabelle 3). Hiermit werden die Kosten gemessen, die infolge von Informationspflichten durch die Verpackungsverordnung entstehen. Der größte Anteil entfällt mit 82,3 % auf die Nachweispflichten.

Tabelle 3: Bürokratiekosten der dualen Entsorgung nach Standardkostenmodell im Jahr 2012

Bezeichnung der Informationspflicht	Gesamtkosten EUR
Aufstellung von Hinweisschrifttafeln durch Vertreiber von Umverpackungen über das Recht zur unentgeltlichen Rücklassung der Verpackungen	1.170.000
Nachweis über die Erfüllung der Rücknahme- und Verwertungsanforderungen bei Verkaufsverpackungen schadstoffhaltiger Füllgüter	3.850.000
Antrag auf Systemfeststellung nach § 6 Abs. 5 Satz 1 VerpackV	957.000
Ausstellung von Bestätigungen über Systembeteiligungen gegenüber Herstellern und Vertreibern	113.000
Nachweis der Mengen erfasster und stofflich/energetisch verwerteter Verpackungen nach Ländern und den festgelegten Anforderungen nach Nr. 2 Abs. 3 des Anhang I	28.631.000
Nachweis des Umfangs von Herstellern und Vertreibern in das System eingebrachter Verkaufsverpackungen	859.000
Nachweis der Erfüllung der Rücknahme und Verwertungsanforderungen von Verkaufsverpackungen, die bei privaten Endverbraucher anfallen (Mengenstromnachweis) durch Branchenlösungen	4.242.000
Abgabe und Hinterlegung einer Vollständigkeitserklärung hinsichtlich der Menge der in Verkehr gebrachten Verpackungen	13.925.000
Archivierung und öffentliche Bekanntmachung der abgegebenen Vollständigkeitserklärungen durch IHK sowie Gewährung der Einsichtnahme	348.000
Nachweis der Erfüllung der Rücknahme und Verwertungs-anforderungen von Verkaufsverpackungen, die bei privaten Endverbraucher anfallen (Mengenstromnachweis), zur Rückerstattung von Lizenzgebühren	11.479.000
	65.675.000

Anmerkung: Posten < 100.000 EUR wurden gelöscht

Mit der aktuellen Verpackungsverordnung sind aber nicht nur Informations- sondern auch Handlungspflichten verbunden. Demnach böte sich im Prinzip für eine genauere Schätzung die Regulierungskostenmethode an, welche beispielsweise Schatz et al. [6] in einem anderen Zusammenhang nutzen. Allerdings wäre der Aufwand unverhältnismäßig hoch, wenn man dies auf die Verpackungsverordnung oder gar auf hypothetische Alternativmodelle übertragen wollte. Schlitte et al. [7] nutzen deshalb eine grobe Abschätzung, deren Ergebnis sich in Tabelle 4 findet. Das Gesamtergebnis von etwa 168 Mio. Euro zeigt, dass die Regulierungs- beziehungsweise Bürokratiekosten im weiteren Sinne merklich höher liegen als auf Basis der Standardkosten.

Führt man sich die Höhe der genannten Bürokratiekosten vor Augen, so wird deutlich, dass sie unabhängig von der Methode nicht vernachlässigt werden können oder sollten. Die geschätzten Kosten sind diejenigen der aktuellen Marktorganisation und lassen sich durch Änderungen des Systems nicht komplett vermeiden. Vor Systemänderungen ist folglich zu prüfen, inwieweit sie Einfluss auf die Transaktionskosten haben. Grundsätzlich werden sie umso kleiner, je 1. weniger Vertragsbeziehungen vorliegen, 2. einfacher und transparenter die Regelungen sind und 3. leichter eine Kontrolle stattfinden kann.

Um genauere Aufschlüsse über Verbesserungspotentiale zu erhalten, wäre es wichtig, die geschätzten Transaktionskosten auf die einzelnen Verpackungsfraktionen zu verteilen. Allerdings bietet sich dafür kein naheliegender Verteilungsschlüssel an. In

Tabelle 4: Bürokratiekosten der dualen Entsorgung nach Regulierungskostenmodell im Jahr 2011

		Summe/a EUR
Unternehmen	Inverkehrbringer	65.419.000
	Hersteller von Verpackungsmitteln	15.509.000
	Kommunale Entsorgungsunternehmen	13.786.000
	Private Entsorgungsunternehmen	30.672.000
	Duale Systeme und Branchenlösungen	32.379.000
	Wirtschaftsprüfer und Sachverständige	4.313.000
	Industrie- und Handelskammern, DIHK	94.000
	Andere Dienstleister (Hilfe bei der Pflichterfüllung, IT-Anbieter, Forschung etc.)	247.000
	Verbände	628.000
Öffentliche Verwaltung	Ministerien des Bundes	4.000
	Ministerien der Länder	141.000
	Behörden des Bundes	4.000
	Behörden der Länder	141.000
	Gemeinden	5.012.000
	Gremien zwischen Ministerien und föderalen Ebenen	60.000
		168.408.000

Frage kommt zwar eine Verteilung anhand der Anteile der Fraktionen LVP, PPK und Glas gemäß ihren Entsorgungskosten, den Verpackungsmengen in dualen Systemen oder proportionale Schlüssel mit oder ohne fixe Bestandteile. Ohne genauere Kenntnis des assoziierten Verwaltungsaufwandes bei den Akteuren kann dies aber nur Approximationen darstellen.

Politische Kosten

Die Diskussion zur Entsorgung von Verpackungen wird mit scharfer Klinge gefochten, wobei sich vielfältige Interessen gegenüberstehen. Politökonomisch sind viele Auseinandersetzungen mit dem Phänomen des sogenannten rent-seeking zu erklären. Dieses besagt, dass die Einflussnahme auf politische Prozesse in dem Ausmaß betrieben wird, wie die Erlösaussichten größer sind als die entstehenden Kosten. Mit anderen Worten bestehen Anreize, für das Erlangen ökonomischer Renten zum Beispiel mittels staatlicher Wettbewerbseinschränkungen, finanzielle Mittel in eben dieser Höhe aufzuwenden. Dies ist zwiespältig zu beurteilen. Einerseits erfüllen Interessenverbände und Lobbygruppen durchaus eine Informationsfunktion, andererseits können sich Partikularinteressen leichter beziehungsweise günstiger organisieren und Entscheidungen in ihrem Sinne beeinflussen. Gesamtwirtschaftlich wäre dies aus zwei Gründen problematisch. Zum einen ist nicht unbedingt davon auszugehen, dass die Interessen kleiner, gut organisierter Gruppen dem Gemeinwohl zuträglich sind. Zum anderen versinken die Kosten von all denjenigen Interessengruppen, die im politischen Prozess nicht in ihrem Sinne erfolgreich sind.

Demzufolge entstehen politische Kosten vornehmlich beim Kampf um den Markt, der vor allem auf juristischem Wege und mittels Lobbyarbeit erfolgt. Volkswirtschaftlich wünschenswert ist dagegen ein Kampf im Markt, bei dem Anbieter über Kosten und Preise sowie organisatorische und technologische Lösungen konkurrieren. Dies hat zwei Implikationen. Erstens führt ein andauerndes Aufschieben grundsätzlicher Entscheidungen von Seiten des Gesetzgebers zu weiter anwachsenden politischen Kosten. Zweitens sollten wettbewerbsorientierte Ansätze favorisiert werden, um den Kampf im Markt aufrechtzuerhalten oder zu fördern.

Opportunitätskosten

Die gefühlte Weltmeisterschaft im Mülltrennen verleitet viele deutsche Verbraucher dazu, die individuellen Kosten nicht zu hinterfragen. Neben der Tatsache, dass das System in welcher Ausprägung auch immer letztlich von den Konsumenten finanziert wird, ist zu beachten, dass nicht nur in jedem Haushalt Platz für die Getrennthaltung vorgehalten werden muss, sondern das Sortieren an sich Zeit in Anspruch nimmt. Demnach fallen in jedem deutschen Haushalt, sofern er sich denn an der Mülltrennung beteiligt, Opportunitätskosten an. Diese umschreiben die Möglichkeit, dass Ressourcen auch anderweitig verwendet werden könnten. Insofern nehmen Verbraucher Opportunitätskosten des Wohnraumes und der Zeit in Kauf, ohne dafür unmittelbar kompensiert zu werden.

Das folgende einfache Rechenexempel mag die Größenordnung dieser Kostenarten verdeutlichen (Tabelle 5). In Deutschland gab es im Jahr 2012 40,656 Mio. Haushalte. Angenommen von diesen haben 60 % sich an der Abfalltrennung nach bestem Wissen beteiligt. Dann verbleiben 24,39 Mio. Haushalte. Für die Opportunitätskosten des Raumes nehmen wir an, dass folgende Flächen in der Wohnung beziehungsweise im Haus der Haushalte (nur) für die Trennung verwendet werden: LVP 0,25 m², Glas 0,1 m² und PPK 0,2 m². Bewertet mit einer monatlichen Nettokaltmiete im deutschen Durchschnitt von 6,13 Euro laut Mietspiegelindex ergeben sich daraus jährliche Opportunitätskosten von 449 Mio. Euro für LVP, 179 Mio. Euro für Glas und 359 Mio. Euro für PPK. Für die Opportunitätskosten der Zeit sei unterstellt, dass für das Sortieren pro Jahr und Haushalt bei den LVP und den PPK jeweils 3 und beim Glas 1,5 Stunden anfallen. Bewertet man diese Stunden mit einem Nettostundensatz von 12,21 Euro zur Bestimmung des Wertes einer Stunde Freizeit, so erhält man in der Summe für LVP und PPK jeweils 893 Mio. und für Glas 447 Mio. Euro pro Jahr. Insgesamt lägen die Opportunitätskosten dann bei über 3 Mrd. Euro, wobei man diese Zahl nicht unbedingt für bare Münze nehmen sollte. Vielmehr verdeutlicht sie, welchen Beitrag private Haushalte im Grunde genommen über die eigentliche Finanzierung hinaus leisten.

Diese kleine Illustration zeigt aber zwei Aspekte eindringlich auf. Bedenkt man erstens den Aufwand, den private Haushalte für eine Vorsortierung leisten, so ist dies insoweit irrational, wie es sich nicht anderweitig amortisiert. In vielen Fällen mag dafür aber das gute Gewissen herhalten, denn Umfragen deuten darauf hin, dass die häusliche Mülltrennung als wesentlicher Beitrag zum Umweltschutz wahrgenommen wird. Zweitens treten diese Kosten beim Verbraucher auf, während die Erlöse aus den sortierten Verpackungen der Abfallwirtschaft zugutekommen. Individuell oder in bestimmten Regionen könnte sich dies zwar für Haushalte in einer Gebührenersparnis für die Restmüllentsorgung niederschlagen. Es ist aber zu bezweifeln, dass hierdurch der Aufwand der Haushalte aufgewogen wird. Damit können sogenannte Fehlwürfe also durchaus das Ergebnis (unbewussten) ökonomischen Kalküls sein.

	Opportunitätskosten des Raumes Mio. EUR/a	Opportunitätskosten der Zeit Mio. EUR/a	Gesamte Opportunitätskosten Mio. EUR/a
LVP	449	886	1.342
Glas	179	443	626
PPK	359	886	1.252
Summe	**987**	**2.216**	**3.220**

Tabelle 5:

Opportunitätskosten der häuslichen Mülltrennung

2. Offene Fragen

Die vielfältigen Kosten der Verpackungsentsorgung sind weder erschöpfend darstellbar noch präzise zu quantifizieren. Trotzdem ist klar, dass die reinen Entsorgungskosten nicht die gesamten Kosten einer Dualisierung der Abfallwirtschaft abbilden. Auch wenn man insbesondere bei der Fraktion der LVP bezweifeln darf, ob der betriebene Aufwand gerechtfertigt ist, müssen die per Verordnung festgelegten Verwertungsziele als Nebenbedingung akzeptiert werden. Dann sollte man zumindest erwarten dürfen, dass die Organisation der Verpackungsentsorgung effektiv gestaltet wird, wenn Effizienz keine Rolle spielt. Wie lautet also die Antwort auf die Frage nach der in diesem Sinne optimalen Ausgestaltung? Sind duale Systeme überflüssig? Können es die Kommunen besser oder gar am besten? Die Antwort ist ebenso einfach wie ernüchternd, denn ein pauschales Urteil ist unter den aktuellen Gegebenheiten nicht zu fällen. Es ist aber offenkundig, dass die Verpackungsentsorgung in Deutschland nicht durch weitere kleine Änderungen verbessert werden kann, sondern eines grundlegenden Neustarts bedarf. Dabei ist es nicht Aufgabe des Verordnungsgebers, vorab über den besten Anbieter zu entscheiden. Vielmehr ist dies dem Wettbewerbsmechanismus zu überlassen. Trotzdem können sicher viele Prozesse deutlich vereinfacht werden. Dies mag dann bestimmte Akteure in ihrer gegenwärtigen Funktion überflüssig machen. Sofern damit die aktuelle Umverteilung ökonomischer Renten von Konsumenten zu Produzenten und Dienstleistern mit gleichzeitiger Kostenwirkung reduziert wird, ist das aus gesamtwirtschaftlicher Perspektive durchaus zu begrüßen.

Wichtigster Gradmesser für den Sinn oder Unsinn einer Entsorgung von Verpackungen sollte deren Verwertbarkeit und mithin die Situation auf den Sekundärrohstoffmärkten sein. Sobald das dortige Preisniveau über einen längeren Zeitraum genug Anreize zur Erfassung, Aufbereitung und Verwertung setzt, werden Regelungen über einen allgemeinen Rahmen hinaus überflüssig. Mit einer zunehmenden Knappheit von Primärrohstoffen wird dies künftig immer stärker der Fall sein, so dass beispielsweise Glas und PPK sowohl von der Kosten- als auch von der Erlösseite derzeit und in Zukunft unproblematisch sein dürften. Nur wenn auch Umweltziele greifen, müssen Regelungen jenseits der Preissignale eingeführt werden. Dies gilt bei der Verpackungsentsorgung wie zuvor gezeigt eindeutig für die LVP, die vor allem bei den Kosten schlecht abschneiden. Die Erlössituation ließe sich verbessern, indem besser marktfähige Sekundärmaterialien gewonnen würden. Zugleich setzt dies an der Kostenseite an, denn derzeit fehlt es an den technologischen Möglichkeiten, die zugleich wirtschaftlich sind, um dies zu gewährleisten. Die Lösung hierfür kann dann nur darin bestehen, die Anstrengungen in der Forschung und Entwicklung in diese Richtung zu lenken, anstatt die Existenz von Märkten zu subventionieren.

In einem gewissen Maße ist die deutsche Verpackungsentsorgung organisatorisch und technologisch in einem Dilemma: Es wurden ökonomische Renten kreiert, um die regelmäßig gestritten wird, ohne dass dies dem Fortschritt der Entsorgung oder der Umwelt nützen würde. Darüber hinaus wurden Investitionen unternommen, die bei massiven Änderungen in der Verpackungsentsorgung teilweise entwertet würden. Trotzdem sollte dies nicht der Maßstab für Verbesserungen in der Zukunft sein, da auch hiermit neue Investitionen einhergehen könnten.

3. Fazit

Es besteht in Deutschland das Ziel, eine umfassende Kreislaufwirtschaft zu etablieren. Für Verpackungen wurde hierfür frühzeitig die Verpackungsverordnung eingeführt. In den vielen Jahren ihrer Existenz ist trotz verschiedener Novellen die Unzufriedenheit mit ihr gewachsen. Dies hängt auch damit zusammen, dass meist wohlmeinenden ökologischen Argumenten der Vorzug vor ökonomischen Überlegungen gegeben wurde. Die (aktuellen) Kosten der Verpackungsentsorgung sind in enger Betrachtung dabei zwar noch gut zu quantifizieren. Wenn man jedoch die Folgewirkungen anschaut und mithin eine weiter gefasste Perspektive einnimmt, stößt man schnell auf weitere Kostenarten, die die Gesamtkosten schnell (weiter) in die Höhe treiben. Bemerkenswert dabei ist, dass es eine deutliche Diskrepanz zwischen denjenigen gibt, die die Kosten zu tragen haben und denjenigen, denen die Erlöse zufließen. Im Wesentlichen entstehen die Kosten bei Verbrauchern, den Unternehmen aus Industrie und Handel sowie der öffentlichen Verwaltung, während die Erlöse vor allem Unternehmen in der Wertschöpfungskette der Verpackungsentsorgung zugutekommen. Man wird dieses Dilemma zwar nicht gänzlich auflösen können, jedoch spricht es zumindest für das Ziel einer möglichst kostenminimalen Verpackungsentsorgung. Für die künftige Lösung ist also die vorbehaltlose Prüfung alternativer Modelle und Weiterentwicklungen unter gesamtwirtschaftlichen und umweltökonomischen Aspekten nötig.

4. Quellen

[1] Bundeskartellamt: Sektoruntersuchung duale Systeme – Zwischenbilanz der Wettbewerbsöffnung, Bericht gemäß §32e GWB, Dezember 2012, http://www.bundeskartellamt.de/wDeutsch/download/pdf/Publikationen/2012-12-03_Abschlussbericht_Sektoruntersuchung_Duale_Systeme.pdf

[2] Furubotn, E. G.; Richter, R.: Neue Institutionenökonomik: eine Einführung und kritische Würdigung, Mohr Siebeck, Tübingen, 2003

[3] Forschung und Beratung für Wohnen, Immobilien und Umwelt: Mietspiegelindex 2012, http://www.f-und-b.de/templates/news/hNews_0_64.htm, 2013

[4] Gesetz zur Förderung der Kreislaufwirtschaft und Sicherung der umweltverträglichen Bewirtschaftung von Abfällen (Kreislaufwirtschaftsgesetz – KrWG); Artikel 1 G. v. 24.02.2012 BGBl. I S. 212 (Nr. 10); Geltung ab 01.06.2012

[5] Kranert; Cord-Landwehr (Hrsg.): Einführung in die Abfallwirtschaft, 4. Auflage, Wiesbaden, 2010

[6] Schatz, M.; Schiebold, M.; Kiefer, S.; Riedel, H.: Handbuch zur Messung der Regulierungskosten, Version 1.0, im Auftrag der Bertelsmann Stiftung von KPMG AG Wirtschaftsprüfungsgesellschaft, 2009

[7] Schlitte, F.; Schulze, S.; Straubhaar, T.: Liberalisierungspotenziale bei der Entsorgung gebrauchter Verpackungen aus Papier, Pappe und Karton, HWWI Policy Paper 67, 2012

[8] Statistisches Bundesamt: Web-SKM, https://www-skm.destatis.de/webskm/menu, 2013

[9] Verordnung über die Vermeidung und Verwertung von Verpackungsabfällen (Verpackungsverordnung – VerpackV), Ausfertigungsdatum: 21.08.1998, letzte Änderung: 09.11.2010 http://www.gesetze-im-internet.de/bundesrecht/verpackv_1998/gesamt.pdf

[10] Christiani, J.; Griepentrog, U.; Weber, H.; Giegrich, J.; Detzel, A. Breuer, L.: Grundlagen für eine ökologisch und ökonomisch sinnvolle Verwertung von Verkaufsverpackungen, Forschungsbericht 29833719 in Auftrag des Umweltbundesamtes, Berlin 2001

Recht und Praxis der Verpackungsentsorgung in Österreich

Christoph Scharff und Heribert Löcker

Die Novelle 2013 *Verpackung* [1] des Abfallwirtschaftsgesetzes (AWG) [2] und die zu Redaktionsschluss als Entwurf notifizierte, aber noch nicht kundgemachte Neufassung der Verpackungsverordnung (VerpackVO)[1], mit der die geltende VerpackVO 1996[2] abgelöst wird, bringen spätestens ab 1. Januar 2015 wesentliche Neuerungen für die Entpflichtung, Sammlung und Verwertung von Verpackungen in Österreich.

---

1 Verordnung des Bundesministers für Land- und Forstwirtschaft, Umwelt und Wasserwirtschaft über die Vermeidung und Verwertung von Verpackungsabfällen und bestimmten Warenresten (Verpackungsverordnung 2014), Notifizierungsentwurf Oktober 2013

2 Verordnung des Bundesministers für Land- und Forstwirtschaft, Umwelt und Wasserwirtschaft über die Vermeidung und Verwertung von Verpackungsabfällen und bestimmten Warenresten (Verpackungsverordnung 1996), BGBl. Nr. 648/1996 idgF

Änderungen ergeben sich in erster Linie für die verpflichteten Inverkehrsetzer, Sammel- und Verwertungssysteme (kurz SVS), für Städte, Gemeinden und Abfallwirtschaftsverbände als Gebietskörperschaften sowie für Entsorger in der Haushalts- und Gewerbesammlung. Betreiber von Sortieranlagen und Verwerter sind betroffen, wenn infolge der Neuregelung regionale Sammelsysteme oder die Anforderungen an die Verwertung geändert werden.

Den Novellen sind fast fünf Jahre Verhandlungen vorangegangen. Diese lange Entwicklungsphase, in deren Verlauf unterschiedliche Modelle entwickelt und wieder verworfen wurden, legt die Frage nach der Ausgangssituation und dem konkreten Änderungsbedarf nach 20 Jahren Umsetzung der EU VerpackRL [3] nahe.

1. Die ersten zwanzig Jahre

Die Produzentenverantwortung für Verpackungen wurde in Österreich in ihrer vollen Ausprägung am 1. Oktober 1993 eingeführt und danach durch mehrere Novellen von AWG und VerpackVO nachjustiert. Dabei wurden insbesondere Zulassungsverfahren und Regelungen für SVS und quantifizierte Ziele für die Erfassung und stoffliche Verwertung erlassen.

Die konkrete Umsetzung erfolgte zu Beginn sowohl im Haushalts- als auch im Gewerbebereich durch das ARA System. Es erhielt ab 1996 im Entpflichtungsmarkt für gewerbliche Abfälle Konkurrenz, während im Haushaltsbereich nur die Öko-Box Sammel GmbH hinzugetreten ist, die ein dediziertes SVS für Getränkeverbundkartons betreibt [4].

1.1. Effektivität

Seit Inkrafttreten der ersten VerpackVO wurde die Erfassungsleistung des ARA Systems um 34 Prozent von etwa 620.000 t/a auf über 830.000 t/a gesteigert [5]. Österreich hat damit die Vorgaben der EU VerpackRL deutlich übererfüllt und liegt bei stofflicher und energetischer Verwertung von Verpackungen im Spitzenfeld der EU Mitgliedsstaaten [6].

Das im Auftrag der EU Kommission, DG Environment, durchgeführte Screening der Siedlungsabfallwirtschaft reiht Österreich gemeinsam mit den Niederlanden an erste Stelle in der EU. Österreich zählt zu den Mitgliedsstaaten mit den höchsten Recyclingraten [7].

Durch die getrennte Sammlung und Verwertung der Verpackungen werden jährlich etwa 630.000 t CO_2-Äquivalente eingespart. Verpackungsrecycling leistet damit einen wesentlichen Beitrag zum Klimaschutz.

Darüber hinaus hat die ARA seit 2004 Abfallvermeidungsmaßnahmen mit mehr als 3,5 Millionen EUR gefördert und damit über 300 Abfallvermeidungsprojekte im Bereich von Kommunen, Wissenschaft und Forschung und bei KMU mit einem Gesamtvolumen von über 10 Millionen EUR unterstützt.

Aus dem Gesichtspunkt der Effektivität ließ sich somit kein Novellierungsbedarf von AWG und VerpackVO ableiten.

1.2. Effizienz

Die Lizenztarife der ARA konnten seit 1994 bei einer um 34 Prozent gesteigerten Sammel- und Verwertungsleistung um etwa 60 Prozent gesenkt werden. Inflationsbereinigt beträgt die Reduktion 73 Prozent.

Das wirtschaftsgetragene Modell für Produzentenverantwortung durch SVS im Eigentum von Verpackungsherstellern, Abfüllern und Handel hatte sich offenkundig bewährt und nachhaltig niedrige Kosten für Unternehmen und – mittelbar – für Konsumentinnen und Konsumenten ermöglicht.

Das Institut für Höhere Studien (IHS), Wien, untersuchte 2006 mit ökonometrischen Methoden, ob die österreichische Marktsituation der Verpackungsentpflichtung zu volkswirtschaftlich effizienten Ergebnissen führt. Dabei zeigte sich, dass das ARA System aufgrund seiner Non-Profit-Orientierung und des Eigentümerinteresses an niedrigen Lizenztarifen eine Preis-Mengen-Kombination erreicht, die mit der unter vollständigem Wettbewerb weitgehend ident ist und die dem Pareto-Optimum größenordnungsmäßig nahe kommt [8].

Auch aus dem Gesichtspunkt der Effizienz drängte sich somit kein Novellierungsbedarf auf.

1.3. Akzeptanz

Die ARA AG wurde – im Übrigen als einziges SVS – durch das zuständige Umweltministerium[3] verpflichtet, die Verpackungsmarktmengen alle drei Jahre zu erheben und in den anderen Jahren durch Hochrechnungen feststellen zu lassen. Diese aufwändigen Erhebungen durch TB Hauer, Nielsen und ÖIV ergeben stabil einen Lizenzierungsgrad im Haushaltsbereich von 90 bis 91 Prozent, d.h. der Trittbrettfahreranteil – einschließlich legaler Nichtentpflichtung, z.B. durch Kofferraumimporte oder Komplementärmengenlizenzierung – liegt bei etwa zehn Prozent [9]. Er befindet sich damit in der Höhe des Umsatzsteuerschwundes [10] und lässt auf eine hohe Solidarität der verpflichteten Wirtschaft zur Umsetzung und Finanzierung der Produzentenverantwortung für den Verpackungsbereich schließen.

Die Akzeptanz der getrennten Verpackungssammlung in der Bevölkerung steigt seit Jahren kontinuierlich: Ende 2012 fanden 92 Prozent der Befragten (Bevölkerung über 14 Jahre) die getrennte Verpackungssammlung in Österreich sehr gut oder gut. 96 Prozent sammeln Verpackungsabfälle getrennt. Nur noch 30 Prozent empfinden die getrennte Sammlung als zusätzlichen Zeitaufwand (1995: 45 Prozent). Mülltrennung ist erkennbar zum integralen Bestandteil des Alltags geworden [11].

Die hohe Akzeptanz bei der verpflichteten Wirtschaft und in der Bevölkerung zeigte auch aus diesem Gesichtspunkt keine unmittelbare Notwendigkeit einer Neuregelung.

[3] Bundesministerium für Land- und Forstwirtschaft, Umwelt und Wasserwirtschaft (BMLFUW)

1.4. Wettbewerb

Die positive volkswirtschaftliche Beurteilung ist laut IHS vor allem das Ergebnis der genossenschaftsähnlichen Organisation der ARA, die ihren Kunden durch konsequente Kostenminimierung – z.B. durch regelmäßige Ausschreibung, Vergabe und Verhandlung von Sammlung, Sortierung und Verwertung – dient. Sie nutzt damit die wirtschaftlichen Vorteile des Wettbewerbs auf allen Wertschöpfungsstufen.

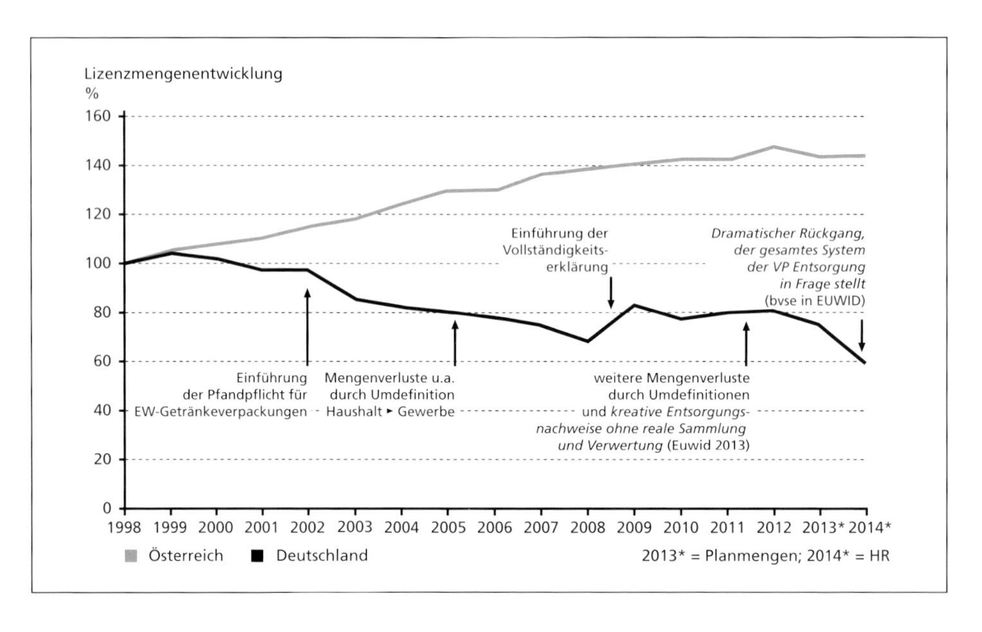

Bild 1: Vergleich der Lizenzmengenentwicklung im Haushaltssystem Österreich – Deutschland 1998 bis 2012

Quelle: EUWID; GVM; DSD; ARA AG (Lizenzmengen HH)

Dessen ungeachtet sind in der Verpackungsentpflichtung seit einigen Jahren massive Wettbewerbsverzerrungen durch andere SVS und sogenannte, SVS nahestehende, Entpflichtungsmakler eingetreten, denen bis heute weder in Legislative noch Vollzug wirksam begegnet wurde:

- SVS akzeptieren, um ihren Kunden Preisvorteile anbieten zu können, typische Haushaltsverpackungen als Gewerbeverpackungen, verzichten aber gleichzeitig darauf, derartige Verpackungen tatsächlich zu sammeln und/oder die damit verbundenen Kosten zu übernehmen. Dies wird dadurch deutlich, dass betroffenen Anfallstellen derartiger Verpackungen gar keine geeignete Entsorgungslogistik zur Verfügung gestellt wird. Die Verpackungen werden daher – mangels Alternative – in die Haushaltssammlung des ARA Systems und zu dessen Lasten eingebracht.
- Manche der am Markt tätigen Entpflichtungsmakler, die als Bevollmächtigte der verpflichteten Inverkehrsetzer tätig werden, reduzieren die ihnen vom Inverkehrsetzer bekannt gegebenen Mengen im Zuge der Lizenzmeldungen an die SVS, die sie namens der Inverkehrsetzer vornehmen. Durch den so erreichten

geringeren Marktanteil des betroffenen SVS wird gleichzeitig der durch das SVS zu übernehmende Kostenanteil ungerechtfertigt verringert. Die Trittbrettfahrermengen steigen und die Kosten tragen die korrekt agierenden SVS bzw. deren Kunden.

- SVS erfüllen ihre Erfassungs- und Verwertungsquoten durch Wiegescheinkauf ohne die Erbringung realer Sammel- und Verwertungsleistungen an Verpackungen.

Solche Problemstellungen sind seit Jahren aus Deutschland bekannt und haben dort seit Eintreten der Mitbenutzung 2005/06 zu einem deutlichen Lizenzmengenrückgang beigetragen, der bis 2012 gegenüber Österreich auf über 30 Prozent angewachsen ist.

Eine ähnliche negative Entwicklung der Finanzierungsbasis für die getrennte Verpackungssammlung soll in Österreich verhindert werden. Voraussetzung dafür sind eine für alle Beteiligten verbindliche Abgrenzung von Haushalts- und Gewerbeverpackungen und ein wirksamer Vollzug.

2. Die Ziele einer Neuregelung der Produzentenverantwortung für Verpackungen?

Die Bilanz der ersten zwanzig Jahre Verpackungsverordnung ist auch im Vergleich respektabel. Warum also eine Novellierung? Drei Motive lassen sich erkennen:

- Der politische Wunsch, es sollten ungeachtet des bewährten existierenden Modells auch im Haushaltsbereich mehrere SVS die Entpflichtung von Verpackungen anbieten. Mit der Novelle soll vor allem vor dem Hintergrund der lehrreichen Erfahrungen in Deutschland ein fairer Wettbewerb dieser Systeme ermöglicht werden; Wettbewerbsverzerrungen und Marktzutrittsschranken sollen verhindert werden.
- Eine Voraussetzung dafür ist zur Rechtssicherheit von Primärverpflichteten, SVS und Entsorgern, eine klarere und vor allem einheitliche rechtliche Abgrenzung von Haushalts- und Gewerbebereich zu schaffen.
- Die Erläuterungen zur AWG-Novelle nennen als weiteres Problem, die Produzentenverantwortung umfasse derzeit nicht alle in Verkehr gesetzten Verpackungen, ohne allerdings jemals wieder auf dieses Thema einzugehen. Mit Ausnahme der wenigen und unveränderten technisch bedingten Ausnahmen des § 7 VerpackVO 2014 wurde der Geltungsbereich auch nicht verändert. Es ist anzunehmen, dass damit ein Anknüpfungspunkt für die *100-%-Verantwortung* konstruiert werden sollte.[4]

Weitgehendes Einvernehmen bestand unter den Verhandlern über einzelne Randbedingungen des Prozesses:

- Hohes Niveau der getrennten Verpackungssammlung sicherstellen [12].

[4] Städte und Gemeinden nutzten die Gunst der Novellierungsstunde mit der Forderung, die Verantwortung der Wirtschaft über die Ziele der EU VerpackRL und der Erfassungsquoten der VerpackVO hinaus auf alle Verpackungen auszuweiten. Die Produzentenverantwortung solle sich nach dieser *100-%-Verantwortung* auch auf alle Verpackungen erstrecken, die von den Konsumenten nicht getrennt gesammelt, sondern über den Restmüll entsorgt wurden.

- Bequemlichkeit für Bevölkerung und Unternehmen erhalten: Auch künftig sollen die hohe Bequemlichkeit für die Bevölkerung und die gut ausgebaute Infrastruktur für die Verpackungssammlung aus Haushalten und Gewerbe erhalten bleiben.
- Wirtschaftlichkeit gewährleisten: Verpackungen sollen, soweit dies wirtschaftlich sinnvoll ist, auch weiterhin getrennt gesammelt und verwertet werden. Die Erfassungsziele werden entsprechend angepasst.

Von diesen Hauptmotiven abgesehen sind im Entstehungsprozess Nebenziele aufgetaucht, etwa der verstärkte kommunale Einfluss auf die Gestaltung der getrennten Verpackungssammlung oder spezifische Regelungen zur Förderung von Mehrwegverpackungen für Getränke.[5]

3. Wesentliche Änderungen durch die AWG-Novelle 2013

Die AWG-Novelle 2013 ist mit zahlreichen Bestimmungen am 17. September 2013 in Kraft getreten. Die Zulassung und der Betrieb von SVS nach den neuen Regelungen des AWG und der erwarteten VerpackVO 2014 ist ab 1. Jänner 2015 zu erwarten.

3.1. Wer muss in Zukunft Verpackungen entpflichten?

Änderungen greifen vor allem im Haushaltsbereich. Nach § 13g AWG müssen Primärverpflichtete in Zukunft ihre Verpackungen bei einem SVS entpflichten, dh es besteht künftig die Pflicht zur Systemteilnahme. Als Primärverpflichtete gelten dabei Abpacker, Importeure, Eigenimporteure und Versandhändler sowie Hersteller und Importeure von Serviceverpackungen, wenn sie einen Sitz oder eine Niederlassung in Österreich haben. Auch der ausländische Versandhandel ist Primärverpflichteter.

Kunden von Primärverpflichteten (z.B. Handelsunternehmen) können die Entpflichtung bei einem SVS nicht mehr übernehmen. Damit entfällt hier auch das Instrument der *Rechtsverbindlichen Erklärung* im Sinn einer *Nachlizenzierungserklärung* für Haushaltsverpackungen, mit dem bisher der Kunde dem Lieferanten die Systemteilnahme bestätigt hat.

Lieferanten von Primärverpflichteten (z.B. Verpackungshersteller, Lieferanten von Serviceverpackungen oder ausländische Lieferanten) hingegen können nach § 8 (2) VerpackVO 2014 die Entpflichtung von Haushaltsverpackungen einvernehmlich vorgelagert übernehmen. Sie müssen dies mit dem primärverpflichteten Unternehmen abstimmen und ihm mit Rechtsverbindlicher Erklärung – hier als *Vorlizenzierungsbestätigung* – bestätigen. Der Primärverpflichtete bleibt allerdings verwaltungsrechtlich verantwortlich.

---

[5] Ein im Dezember 2009 verteilter Entwurf der SPÖ für eine Novelle des AWG enthielt weitreichende Regelungen für Getränkeverpackungen und Mehrwegquoten und brachte die Verhandlungen mit der Wirtschaft für längere Zeit zum Stillstand. Das Thema wurde schließlich aus dem Komplex AWG/VerpackVO herausgelöst und durch eine Nachschärfung der Nachhaltigkeitsagenda für Getränkeverpackungen und die von der Wirtschaft organisierte und finanzierte Anti-Littering-Initiative *Reinwerfen statt Wegwerfen* auf Sozialpartnerebene bereinigt.

Für den Handel entfällt also die Verantwortung, für die Entpflichtung der Verpackungen inländischer Lieferanten zu sorgen, weil diese Unternehmen selbst Primärverpflichtete sind. Handelsunternehmen gelten nur für ihre importierten Verpackungen als Primärverpflichtete. Sie können die Verpackungen wie bisher vom ausländischen Lieferanten vorentpflichtet beziehen.

Ein Primärverpflichteter kann seine Verpackungen bei einem, aber auch bei mehreren SVS entpflichten. Entscheidend ist, dass das SVS über eine Genehmigung für die betreffende Sammelkategorie (Papier-, Glas-, Metall- oder Leichtverpackungen) verfügt. Ein Wechsel zwischen SVS ist nur zum Quartalsende möglich.

Die bisherige Möglichkeit, Haushaltsverpackungen selbst zurückzunehmen und zu verwerten, entfällt. Für Gewerbeverpackungen wird das nach § 10 VerpackVO 2014 jedoch weiterhin möglich sein. Dies bedeutet, dass Gewerbeverpackungen bei SVS entpflichtet oder selbst zurückgenommen werden können. Im Übrigen bleiben die Regeln für die Entpflichtung von Gewerbeverpackungen – mit Ausnahme eines neuen Definitionsbereichs aufgrund veränderter Abgrenzungsmethodik zum Haushaltsbereich – aufrecht. Insbesondere bleibt jede der beteiligten Wirtschaftsstufen verwaltungsrechtlich verantwortlich, wenn die Rücknahme oder Entpflichtung durch Systemteilnahme unterbleibt. Anders als im Haushaltsbereich kann auch die nachfolgende Wirtschaftsstufe diese Verpflichtungen erfüllen und sie der vorgelagerten bestätigen.

SVS sind gem § 9 (2) und § 13 (2) VerpackVO 2014 zur Gleichbehandlung aller Kunden verpflichtet und haben allgemein gültige Tarife je Tarifkategorie anzubieten; Rabatte sind unzulässig.[6] Die Tarife und eine Liste der Kunden sind im Internet zu veröffentlichen und monatlich zu aktualisieren.

§ 9 (2) Z 3 und § 13 (2) Z 3 VerpackVO 2014 ermöglichen Erleichterungen für Unternehmen mit sehr kleinen Verpackungsmengen, indem sie vereinfachende Pauschallösungen gestatten.

Mit der Überprüfung der korrekten Systemteilnahme der Kunden soll gem § 30a AWG ab 1.1.2015 für alle SVS eine neue Verpackungskoordinierungsstelle betraut werden, als deren Träger die Wirtschaftskammer Österreich vorgesehen ist. Die Vertretung der Wirtschaft hat generisches Interesse an wirksamen Kontrollen der Primärverpflichteten, da durch Hintanhalten von Ausweichverhalten die individuelle Belastung der gesetzeskonform agierenden Unternehmen minimiert wird. Durch die übergreifende Kontrolle sollen Trittbrettfahren minimiert und Wettbewerbsnachteile für korrekte Unternehmen ausgeschlossen werden.

3.2. Wie werden Haushalts- und Gewerbeverpackungen definiert?

Die AWG-Novelle trifft in § 13h AWG erstmals eine für alle Unternehmen und alle SVS einheitliche und verbindliche verwaltungsrechtliche Abgrenzung von Haushalts- und Gewerbeverpackungen.

[6] Diese Bestimmung ist aus dem Gesichtspunkt der Missbrauchsaufsicht nachvollziehbar, ist angesichts des angestrebten vermehrten Wettbewerbs dennoch auffallend.

Die Zuordnung von Verpackungen oder Mengen ins Haushalts- oder Gewerbesystem sollte somit nicht mehr als Vertriebsargument von SVS genutzt werden können. Haushaltsverpackungen werden ab 1. 1. 2015 durch zwei kumulative Kriterien definiert:

1. Größe

- Fläche bis zu 1,5 m^2 oder
- Nennfüllvolumen bis einschließlich 5 Liter oder
- bei EPS (z.B. Styropor) eine Masse bis einschließlich 0,15 kg pro Verkaufseinheit

2. Art der Anfallstelle

- Die Verpackung muss üblicherweise in privaten Haushalten oder bei Unternehmen anfallen, die hinsichtlich der anfallenden Verpackungen mit Haushalten vergleichbar sind. Als solche vergleichbare Anfallstellen gelten Gaststätten, Hotels, Kantinen, Trafiken, Verwaltungsgebäude, Kasernen, Krankenhäuser, Arztpraxen, Bildungseinrichtungen, Kanzleien von Rechtsanwälten, Notare, Beratungsunternehmen und Wirtschaftstreuhänder, karitative Einrichtungen, Kinos, Theatergebäude, Opernhäuser und Museen, Ferienanlagen, Parkanlagen, Sportstätten, Freibäder, Solarien, Fitnesscenter, Raststätten, öffentliche Plätze und sonstige Kleinstunternehmen.

Papierverpackungen sind ein Sonderfall: Wie bisher sind Verkaufsverpackungen aus Papier, Pappe, Karton und Wellpappe dem Haushaltsbereich, Transportverpackungen dem Gewerbebereich zuzurechnen. Jedenfalls als Haushaltsverpackungen gelten Serviceverpackungen, Tragetaschen und Knotenbeutel.

Als gewerblich gilt eine Verpackung, wenn sie keine Haushaltsverpackung ist. Jedenfalls gewerbliche Verpackungen sind Paletten sowie Umreifungs- und Klebebänder.

Ein Hinweis: Die Bestimmungen der VerpackVO 2014 über die Einstufung von Verpackungen (Anhang 2 des notifizierten Entwurfs) treten als Umsetzung der EU VerpackRL voraussichtlich schon vor 1.1.2015 in Kraft.

3.3. Was sind *Branchenlösungen*?

Bisher boten die Branchenlösungen der ARA zur Verwaltungsvereinfachung eine innerhalb einer bestimmten Branche standardisierte Aufteilung einer Verpackung auf Haushalt und Gewerbe. Künftig muss das Umweltministerium derartige Aufteilungsschlüssel – abweichend von der allgemeinen Einstufung nach Größe und Anfallstelle (s.o.) – in einer eigenen Verordnung nach § 13h (2) AWG regeln. Das hat den Vorteil, dass die prozentuelle Aufteilung von Verpackungen zu Haushalt oder Gewerbe zweifelsfrei und jedenfalls für alle Unternehmen verbindlich ist.

3.4. Wie werden Verpackungen in Zukunft gesammelt?

Nach breitem Konsens soll sich für die Bürgerinnen und Bürger in der haushaltsnahen Sammlung möglichst wenig ändern. Dennoch gibt es auch in der getrennten Verpackungssammlung Optimierungspotenziale, die untersucht und – wenn sinnvoll – genützt werden sollen, z.B. durch eine weitere Umstellung der herkömmlichen Leichtverpackungssammlung auf die Plastikflaschensammlung in Kombination mit der Nutzung der Restmüllsammlung.[7] Außerdem kann die Verpackungssammlung regional vereinheitlicht werden.

Die Eckpunkte für die künftige Verpackungssammlung werden in einem Stakeholderdialog unter der Führung des Umweltministeriums festgelegt. Der vorgesehene Teilnehmerkreis umfasst Vertreter der Sozialpartner, der Bundesländer, des Städte- und Gemeindebundes, der Entsorgungswirtschaft, der SVS und der neuen Verpackungskoordinierungsstelle. Im Stakeholderdialog sollen die Vorgaben für die Ausgestaltung der getrennten Verpackungssammlung ab 2018 definiert und darauf aufbauend in einer eigenen Verordnung gem § 36 Z6 AWG vom Umweltministerium umgesetzt werden.

Verpackungsabfälle aus rund 70.000 kleinen Gewerbebetrieben werden weiterhin im Rahmen der Haushalts- bzw. Kleingewerbesammlung abgeholt.

3.5. Was bedeutet und wie erfolgt die *Mitbenutzung*?

Die AWG-Novelle untersagt in § 29c (6) die bisher mögliche sogenannte Duplizierung von Sammeleinrichtungen für Haushaltsverpackungen.[8] SVS für Haushaltsverpackungen dürfen somit keine eigenen neuen Sammeleinrichtungen aufbauen, sondern müssen die regional vorhandene Sammlung mitbenutzen. Das umfasst sowohl die bestehende getrennte Verpackungssammlung des ARA Systems (einschließlich des Glassammelsystems der Austria Glas Recycling) und der Öko-Box als auch die Altstoffsammelzentren, Altpapier- und Restmüllsammlung der Gemeinden und Gemeindeverbände.

Zwei Formen der Mitbenutzung sind im Haushaltssystem möglich:

Mitbenutzung auf Systemebene (§ 30 AWG)

- Hier schließt ein SVS einen Vertrag mit einem bestehenden SVS, das bereits eine vorhandene Haushaltsammlung auf der Basis direkter Verträge mit Kommunen und Entsorgern betreibt, und erlangt dadurch in einem Schritt die Flächendeckung. Für die Gemeinden und Entsorger ändert sich nichts. Mengenübergabe und Rechnungslegung erfolgen wie bisher an das mitbenutzte SVS (z.B. an die ARA).

[7] Die Anrechnung von Verpackungen im Restmüll auf die Erfassungsquoten der SVS war unter bestimmten Voraussetzungen (vgl. § 11 (7) VerpackVO) bereits seit 1996 möglich. Sie war die Grundlage für die weiträumige Einführung der Plastikflaschensammlung anstelle der gemischten Leichtverpackungssammlung im Zuge des Ablagerungsverbots für unbehandelte Abfälle gem. Deponieverordnung ab 2004. Seither werden in den betroffenen Einzugsgebieten von Müllverbrennungsanlagen gezielt stofflich verwertbare Kunststoffverpackungen getrennt gesammelt und alle anderen Leichtverpackungen im Einvernehmen mit der Gemeinde über den Restmüll erfasst und mit diesem thermisch verwertet. Durch die Kostenabgeltung seitens ARA an die Gemeinden bleibt die Produzentenverantwortung ohne Doppelbelastung der Konsumenten gewahrt.

[8] Im Verhandlungsprozess bestand Einvernehmen, dass parallele Sammelstrukturen unerwünscht seien. Sie wurden vom BMLFUW bei anderer Gelegenheit – allerdings ohne Beleg – als *theoretisch möglich, aber volkswirtschaftlich und ökologisch nicht zweckmäßig* beurteilt. Ungeachtet dessen hat das Umweltministerium das Sammelsystem der Öko-Box, das auf mehreren parallelen Sammelschienen fußt, zugelassen und damit die auch praktische Genehmigungsfähigkeit bestätigt.

Mitbenutzung durch Direktverträge mit Entsorgern und Gemeinden (§ 29c AWG)

- Hier schließt ein SVS selbst Verträge mit Gemeinden, Städten und Abfallverbänden sowie den betroffenen Entsorgern ab, die bereits Vertragspartner eines bestehenden SVS sind und für dieses die Haushaltssammlung durchführen. Kommunen sind wie Entsorger zum Vertragsabschluss und zur Gleichbehandlung verpflichtet. Preisunterschiede sind nur möglich, wenn sie sachlich gerechtfertigt sind. Insofern partizipiert das neue System am Vertragsbestand des bestehenden Systems. Die Verrechnung erfolgt durch die Kommunen und Entsorger monatlich zu den jeweiligen Marktanteilen direkt an die Systeme.

In beiden Varianten der Mitbenutzung haben Entsorger und kommunale Sammler sämtliche Sammelmengen im Verhältnis der monatlich verlautbarten Marktanteile an definierten Übergabestellen an alle am Markt tätigen SVS zu übergeben. Der zugrunde zu legende Marktanteil ist gem § 29b (4) AWG auf der Basis monatlicher Meldungen der entpflichteten Mengen der SVS vom Umweltministerium zu veröffentlichen.[9]

SVS haben die Sammelmengen je Sammelkategorie (das sind Papier-, Glas-, Metall- und Leichtverpackungen) entsprechend ihrem monatlichen Marktanteil zu übernehmen und sind für die weitere Sortierung und Verwertung dieser Mengen verantwortlich.

Alle SVS tragen die Kosten aliquot zu ihren Marktanteilen. Dies betrifft:

Sammelinfrastruktur

- Öffentliche Sammelbehälterstandplätze, Sammelbehälter, Beschaffung und Verteilung von Sammelsäcken.

Sammelleistungen

- Altstoffsammelzentren und Leistungen der Gemeinde, soweit sie als vertraglicher Sammler tätig ist oder einen solchen selbst beauftragt (z.B. im Fall der Altpapiersammlung).

Erfassung von Verpackungen mit dem Restmüll

- Ab 2015 werden die Erfassungsziele in der VerpackVO 2014 deutlich angehoben. Um sie zu erreichen, müssen die SVS den Gemeinden und Städten vermehrt Verpackungen abgelten, die mit dem Restmüll erfasst und thermisch verwertet werden. Dies ist heute schon in Regionen mit Plastikflaschensammlung der Fall. Auch für andere Verpackungen im Restmüll und ihre Abgeltung zur Quotenerfüllung gilt künftig die Kostenteilung nach Marktanteil.

Öffentlichkeitsarbeit

- Die Öffentlichkeitsarbeit und die finanzielle Abgeltung von Leistungen der Gemeinden und Städte und Abfallwirtschaftsverbände (z.B. AbfallberaterInnen) durch die SVS werden künftig von der Verpackungskoordinierungsstelle gem. § 30a AWG koordiniert.

[9] Dieses Prinzip ist in § 29d AWG in gleicher Weise für gewerbliche Verpackungen vorgesehen. Künftig sollen auch die an verschiedenen regionalen Übergabestellen gesammelten gewerblichen Verpackungen in allen Sammelregionen entsprechend ihrem Marktanteil auf die SVS aufgeteilt werden. Dazu wird die VerpackVO 2014 auch für gewerbliche Verpackungen Sammelkategorien festlegen. Eine Abgeltung von Sammelleistungen und Altstofferlösen ist zwischen Sammelpartner und SVS zu vereinbaren.

Abfallvermeidung

- Die Mittel zur Förderung von Abfallvermeidung, die SVS gem § 29 (4) Z 4 AWG aufzuwenden haben, wurden von 0,3 Prozent auf 0,5 Prozent der Entpflichtungseinnahmen angehoben und sind künftig für alle SVS gemeinsam durch einen beauftragten Dritten nach Richtlinien des Umweltministeriums zu vergeben.

Wenn neue SVS das bestehende ARA System auf Systemebene mitbenutzen, ändert sich die Verrechnung durch die Sammelpartner und Kommunen nicht.[10] Bei Mitbenutzung durch Direktverträge der neuen Systeme mit Entsorgern und Kommunen haben diese ihre Leistungen und Kosten monatlich zu den aktuellen Prozentsätzen auf alle SVS aufzuteilen und zu verrechnen. Details sind im Mitbenutzungsvertrag zu regeln.

Sortierung und Verwertung sind nicht vom Mitbenutzungsmodell betroffen. Das bedeutet, dass alle SVS eigene Verträge über diese Leistungen abschließen müssen, die auch unterschiedliche Sortierfraktionen, Qualitätskriterien und Konditionen enthalten können.

3.6. Verlosung von Sammelregionen und Ausschreibung der Sammelleistungen ab 2018

Eine Mitbenutzung des bestehenden Sammelsystems ohne gestaltende Eigenleistungen der mitbenutzenden SVS – sei es nach § 29c oder § 30 AWG – sorgt als *totale Mitbenutzung* mit Gleichbehandlungsgebot und Kontrahierungszwang in dieser dominierenden Wertschöpfungsstufe nicht für den erwünschten Wettbewerbsdruck: Ein Betreiber der Sammelinfrastruktur hat keinen Anreiz, sich um eine effiziente Ausgestaltung der Sammlung zu bemühen, da es keine Vorteile gegenüber den Mitbenutzern bringt.

Aus diesem Grund kommt das deutsche Bundeskartellamt in seiner Sektoruntersuchung zum Ergebnis, dass eine totale Mitbenutzung mit Art 101 AEUV unvereinbar wäre [13]. Um den Anforderungen des europäischen Wettbewerbsrechts zu entsprechen, müsse jedes System der Mitbenutzung einer einzigen Haushaltssammelinfrastruktur einen Mechanismus vorsehen, durch den gewährleistet ist, dass alle Entpflichtungssysteme und nicht nur der Incumbent mit den Risiken und Chancen einer effizienten Systemgestaltung konfrontiert sind. Um dem zu entsprechen, hat die deutsche Wettbewerbsbehörde – gemeinsam mit den Entpflichtungssystemen – ein Verlosungssystem entwickelt, bei der die Verantwortung für den Betrieb der Infrastruktur räumlich unter allen Marktteilnehmern aufgeteilt wird.

Das AWG sieht in § 29c (8) – (11) ein Verlosungssystem ähnlich dem deutschen Modell vor, um die Effizienz der Sammlung weiterhin sicherzustellen: Für den Leistungszeitraum ab 2018 ist eine Neuvergabe der Leistungs- bzw. Sammelverträge nach Ausschreibung vorgesehen. Dazu verlost das Umweltministerium im Jahr 2016 die rund 100 Sammelregionen auf die SVS nach ihrem Marktanteil des Jahres 2015.

[10] Ein standardisierter Mitbenutzungsvertrag gem § 30 AWG wird zurzeit in einer Arbeitsrunde aller zugelassenen SVS unter Einbeziehung des BMLFUW, der Wirtschaftskammer und der Bundeswettbewerbsbehörde verhandelt.

Daraus ergibt sich für jede der vier Sammelkategorien Papier-, Glas-, Metall- und Leichtverpackungen das in einer bestimmten Region verantwortliche SVS. Die zuständigen SVS müssen 2017 in den ihnen zugelosten Regionen die Ausschreibung durchführen und ab 2018 die neuen Sammelverträge abschließen; sie sind ab 2018 für fünf Jahre für die laufende Abstimmung des Sammelsystems mit Gebietskörperschaften und Entsorgern zuständig. Die jeweils anderen SVS sind in diesen Regionen zur Mitbenutzung verpflichtet.

Gemeinden wird insofern ein Vorrang eingeräumt, als sie den Vertragsabschluss in Bezug auf die von ihnen bereits angebotenen Sammlungen ohne Ausschreibung verlangen können.

4. Bewertung

Misst man die vorliegende Neuregelung am Regelungsbedarf und den gesteckten Zielen, lassen sich jedenfalls signifikante Verbesserungen gegenüber dem Status quo feststellen. Ungeachtet dessen wird der Erfolg von entschlossenem Vollzug und wirksamer Kontrolle der Primärverpflichteten und SVS durch die Verpackungskoordinierungsstelle und die Aufsichtsbehörde abhängen.

4.1. Abgrenzung Haushalt und Gewerbe

Wer den Haushaltsentpflichtungsmarkt neu regeln will, muss Klarheit darüber schaffen, wo dieser Markt beginnt und wo er endet. § 13h AWG schafft nun die notwendige praktikable Abgrenzung von Haushalts- und Gewerbeverpackungen.

Dies setzt voraus, dass *Verpackung*, der Zielsetzung einer für alle Verkehrskreise einheitlichen Definition folgend, hier wohl nur so zu verstehen ist, dass die allgemeine und typische Anwendung einer Verpackung (z.B. AF-Getränkedose, Joghurtbecher) und nicht das spezifische Verwendungsprofil eines individuellen Primärverpflichteten bzw. das Füllgut (Erdbeerjoghurt 250 g des Herstellers X) relevant ist. Gleichzeitig sind gem § 13h (1) Z 2 AWG *üblicherweise* im Haushaltsbereich anfallende Verpackungen zur Gänze und nicht etwa nur zu einem bestimmten Anteil diesem zuzurechnen. Anderenfalls wäre eine einheitliche Kenntnis von Verteilungsschlüsseln und deren Anwendung nicht zu bewerkstelligen und das Regelungsziel verfehlt. Das Umweltministerium wäre gut beraten, dann so rasch wie möglich durch eine Verordnung gem § 13h (2) AWG für Klarheit zu sorgen.

4.2. Voraussetzungen für Marktzutritt und Wettbewerb

Wettbewerb stellt erkennbar ein zentrales Ziel der Novelle und den größten Teil deren Inhalts dar. Das Modell erscheint plausibel und umsetzbar, die Wahlfreiheit zwischen zwei Formen der Mitbenutzung ist sinnvoll. Dennoch darf nicht übersehen werden, dass zwar von einer Liberalisierung im Sinne einer Erweiterung des Entpflichtungsangebots gesprochen werden kann, hingegen kaum von einer Deregulierung. Das rechtliche Korsett für SVS ist enger als je zuvor.

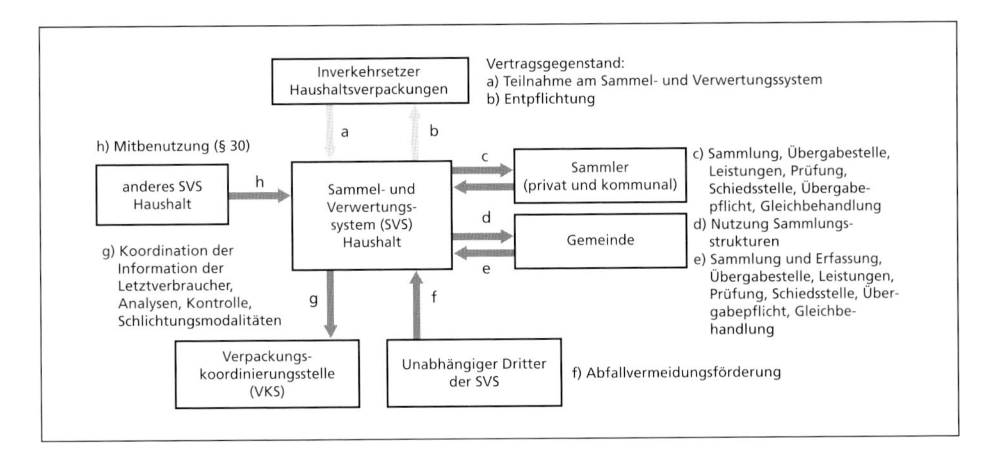

Bild 2: Kontrahierungszwänge gemäß AWG bei Mitbenutzung

Der Leistungswettbewerb ist durch die gesetzlich angeordnete Mitbenutzung, Kontrahierungs- und Gleichbehandlungspflichten der SVS, Entsorger und Gemeinden sowie durch das Verbot eigener Sammlung zumindest im Bereich der Erfassung im Grunde ausgeschlossen. Preiswettbewerb wird durch das Differenzierungs- und Rabattverbot gegenüber Primärverpflichteten weitgehend minimiert.

Aus einiger Entfernung betrachtet drängt sich die Frage auf, ob nicht mit großem Aufwand ein Wettbewerb simuliert wird, der in der Realität nur durch Umgehungsverhalten stattfinden kann.

Eine in diesem Zusammenhang auffallende und unverständliche Lücke im Melde- und Kontrollkonzept ist, dass SVS zwar monatlich die bei ihnen entpflichteten Mengen melden müssen, um die Berechnung der Marktanteile zu ermöglich, sie aber keine Verpflichtung haben, auch die monatlichen Sammel- und Erfassungsmengen bekannt zu geben. Erst am 10. April des Folgejahres wird in der Meldung gem § 9 (6) VerpackVO 2014 deutlich, ob SVS ihre zentrale Verpflichtung gem. § 29b (6) AWG überhaupt erfüllt haben. Für Nachbesserungen ist es dann aber erkennbar zu spät.

4.3. Neuausrichtung der getrennten Sammlung

Das Umweltministerium ist nun ermächtigt, nach § 29 (4d) und § 36 Z6 AWG die Form der getrennten Verpackungssammlung im Detail anzuordnen. Dies engt den Spielraum der SVS bei ihrer Aufgabe, die Sammlung sparsam, wirtschaftlich und zweckmäßig zu gestalten, spürbar ein. Zudem stellt sich die Frage, nach welchen Gesichtspunkten und wessen Interessen die behördlich angeordnete Ausgestaltung der Sammlung in Zukunft erfolgen wird.[11]

[11] Die Zusammensetzung des Stakeholderdialogs mit – unter anderem – 13 vertretenen Institutionen aus Bund, Ländern und Gemeinden und lediglich drei Institutionen aus dem Bereich der Primärverpflichteten und damit der zahlenden Wirtschaft lässt eine gewisse Schräglage erkennen.

Im Bereich der getrennten Verpackungssammlung hat die verpflichtete Wirtschaft ihre gestaltende und bislang kostendämpfende Funktion weitgehend eingebüßt. Diese Neuerung macht deutlich, was seitens des Gesetzgebers bedauerlicherweise neuerdings unter Produzentenverantwortung verstanden wird: Während es sich zwanzig Jahre lang bewährt hat, der Wirtschaft als Ziel- und Kostenverantwortlichen auch die dafür notwendigen Gestaltungsmöglichkeiten einzuräumen, wird – nach der behördlichen Vorgabe von Erfassungs- und Verwertungsquoten – nun mit der Form und Dimensionierung der getrennten Sammlung der letzte und größte Teil der Kostengestaltung de facto verstaatlicht und die ehemals gestaltende Wirtschaft auf die Funktion des Financiers kommunaler Sammelsystemwünsche reduziert.

Das Verlosungsmodell erscheint als sinnvoller Weg, für Effizienz im Bereich der Vergabe und Sammlung zu sorgen und die Gemeinkosten des Systembetriebs fair auf die SVS zu verteilen. Das Umweltministerium hat in der Endphase der Verhandlungen zugesagt, die dringende Forderung der Wirtschaft nach einem wirksamen Effizienzanreiz in der Vergabe bis zur ersten Ausschreibungsrunde 2016 nachzubessern. Wunschmodell ist – im Einklang mit der Forderung des Bundeskartellamtes – eine Hauptkostenverantwortung des regional federführenden SVS.

Bemerkenswert ist in diesem Zusammenhang die freiwillige Initiative aller SVS zur Erarbeitung von Branchenstandards für die getrennte Sammlung im Rahmen eines Public-Social-Responsibility-Clusters, um die Qualität des Sammelsystems auch ab 2018 bei mehreren regional verantwortlichen SVS aufrecht zu erhalten [14].

4.4. Kosten

Gemeinhin wird mit einer Marktöffnung die Erwartung sinkender Preise verbunden. Dies ist im Gefolge von AWG-Novelle 2013 und VerpackVO 2014 jedoch nicht zu erwarten, im Gegenteil:

Die operativen Kosten für Sammlung und Verwertung werden maßgeblich durch die den SVS vorgeschriebenen Quoten für die Erfassung – nunmehr als Subziel auch für die getrennte Sammlung – und für die stoffliche Verwertung bestimmt. Während das Zielniveau der VerpackVO 2014 für die stoffliche Verwertung den erreichten Ist-Zustand widerspiegeln dürfte, liegen die künftigen Ziele für die in einer eigenen Verordnung gem § 29b (5) AWG festgelegte Erfassung deutlich über dem Status quo. Damit erfüllt das Umweltministerium als Verordnungsgeber weitgehend die kommunale Forderung nach einer *100-%-Verantwortung* der Wirtschaft.

Die Mehrkosten der höheren Erfassungsquoten für alle Packstoffe liegen bei etwa zwanzig Millionen EUR jährlich. Dem stehen jedoch weder ökologische Verbesserungen noch ein erhöhtes Aufkommen an Sekundärrohstoffen gegenüber, da es sich bei dieser Abgeltung kommunaler Restmüllkosten um eine reine Transferzahlung ohne Änderung der Massenströme handelt.

Bestehende Systeme mit unveränderten Mengen werden durch mehrere SVS mitbenutzt und ab 2018 auch organisiert. Es ist daher zu erwarten, dass dadurch und durch die neu einzurichtende Verpackungskoordinierungsstelle auch die Transaktionskosten zunehmen werden.

5. Quellen

[1] AWG-Novelle Verpackung. In: BGBl I Nr. 193/2013

[2] Abfallwirtschaftsgesetz. In: BGBl. I Nr. 102/2002 idgF

[3] EU Verpackungsrichtlinie RL 94/62/EG idF RL 2004/12/EG

[4] Scharff, C.: Das österreichische Verpackungssystem – Stand, Perspektiven und Unterschiede zum Dualen System Deutschland. In: Thomé-Kozmiensky, K. J., Beckmann, M. (Hrsg.): Optimierung der Abfallverbrennung 2. Berlin, 2005

[5] Altstoff Recycling Austria AG. In: Leistungsreport 2012. Wien, 2013

[6] http://epp.eurostat.ec.europa.eu/portal/page/portal/waste/key_waste_streams/packaging_waste

[7] BiPRO: Screening of waste management performance of EU Member States. Report submitted under the EC project "Support to Member States in improving waste management based on assessment of Member States' performance". Report prepared for the European Commission, DG ENV, Juli 2012, S. 12

[8] Dornetshumer; Grafeneder; Grohall; Hanreich; Herren; Schuh; Weissteiner: Das ARA System. Volkswirtschaftliche Bewertung und Zukunftsperspektiven, Studie des IHS. Wien, 2006

[9] TB Hauer; Nielsen; ÖIV: Verpackungsaufkommen in Österreich, Marktmengenerhebungen 2010 und Fortschreibung für 2011. Wien, 2012

[10] Schneider, F.: Schattenwirtschaft, Sozialbetrug und Korruption in Österreich: Wer gewinnt? Wer verliert?. Salzburg, 2012

[11] IMAS. In: Meinungen zum Thema Mülltrennung. Linz, 2012

[12] Faulstich M.; Baum H.-G.; Franke M.; Reh K.: Vergleichende Analyse der Entsorgung von Verpackungsabfällen aus haushaltsnahen Anfallstellen auf Basis der Verpackungsverordnungen in Deutschland und Österreich. Clausthal-Zellersfeld, 2013

[13] Bundeskartellamt. In: Sektoruntersuchung duale Systeme. Bonn, 2012

[14] http://www.psr-institut.at/wp/sammel-verwertungssysteme/

Ökoeffizienz in der Kunststoffverwertung

Matthias Franke, Katharina Reh und Peter Hense

Im Integrierten Energie- und Klimaprogramm der Bundesregierung aus dem Jahr 2007 wurde eine Reduzierung der nationalen Treibhausgasemissionen bis 2020 im Vergleich zu 1990 um vierzig Prozent festgehalten. Im Vergleich der Quellkategorien wurde bisher die stärkste anteilige Senkung der Emissionen mit fast 75 Prozent im Abfallbereich erreicht [18]. Dies ist hauptsächlich auf die Einführung des Ablagerungsverbotes für unbehandelte Abfälle sowie die Gasfassung und -verwertung bei Deponien zurückzuführen. Doch die Abfallwirtschaft trägt auch heutzutage durch Recycling und die energetische Nutzung von Abfällen weiterhin bedeutend zu Ressourcenschonung und Einsparung von Treibhausgas (THG)-Emissionen bei. Im Folgenden wird die Ökoeffizienz von Verwertungswegen am Beispiel der Kunststoffabfälle betrachtet, da dieser Abfallstrom sowohl stofflich als auch energetisch genutzt werden kann.

Der überwiegende Teil der Kunststoffe wird aus Erdöl hergestellt – insgesamt wurden im Jahr 2007 etwa fünf Prozent des weltweiten Mineralölverbrauchs zur Herstellung von Kunststoffen benötigt. Der Großteil des Verbrauchs ist jedoch auf die Bereiche Verkehr und Heizung zurückzuführen (Bild 1).

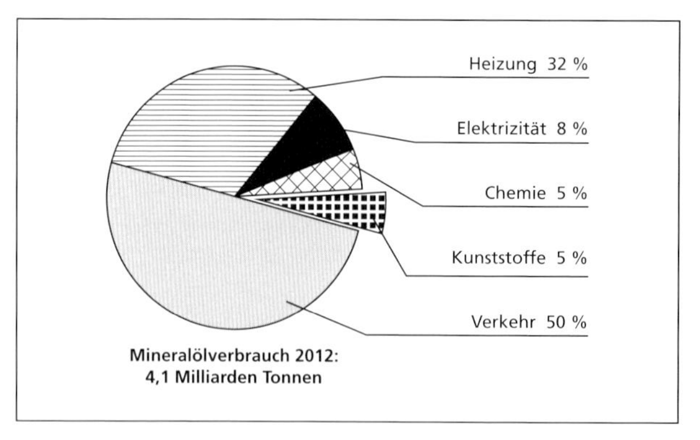

Bild 1: Globaler Mineralölverbrauch in verschiedenen Sparten

Quellen:

Exxon Mobil und Wintershall: Weltweiter Mineralölverbrauch 2005.

Erdöl-Vereinigung: Welt-Erdölverbrauch nach Regionen in 2012.

Daraus folgt, dass der Kunststoffsektor im Vergleich zu den großen Verbrauchssektoren Wärme und Mobilität nur einen sehr kleinen Hebel für THG-Einsparungen darstellt. In Deutschland wurden im Jahr 2011 etwa 10 Millionen Tonnen Kunststoffe für die Produktherstellung verbraucht. Dabei gingen etwa 30 Gew.-% des Verbrauchs auf den Verpackungsbereich zurück [4]. Da die Produkte im Verpackungsbereich vergleichsweise kurzlebig sind, hatten diese an den jährlich anfallenden post-consumer-Kunststoffabfällen mit 61 Gew.-% aber den höchsten Anteil (Bild 2). Nachfolgend sollen deshalb die Verpackungskunststoffe genauer beleuchtet werden.

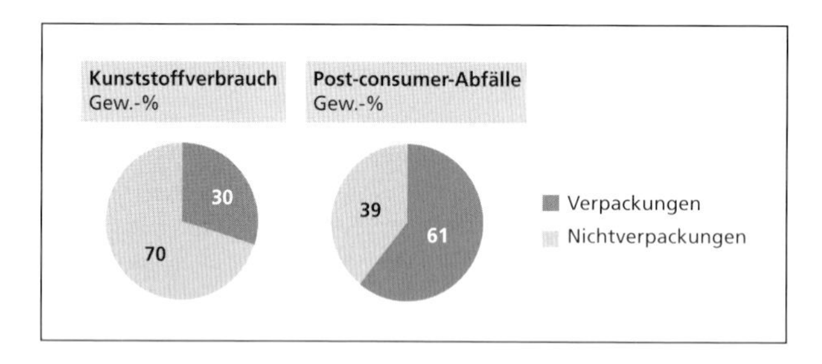

Bild 2: Anteil der Verpackungskunststoffe am Kunststoffverbrauch und den Post-consumer-Kunststoffabfällen in Deutschland 2011

Quelle:

Consultic Marketing & Industrieberatung GmbH: Produktion, Verarbeitung und Verwertung von Kunststoffen in Deutschland 2011.

Wie die Verwertung und Erfassung dieser Kunststoffverpackungsabfälle am sinnvollsten gestaltet werden kann, wird in der Fachwelt kontrovers diskutiert. Es stellt sich die Frage, ob aus ökologischer Sicht eine Steigerung der stofflichen Kunststoffverwertung forciert werden sollte, oder im Gegenzug der energetisch verwertete Anteil zu erhöhen ist. Die dafür erforderliche Organisation der Erfassung und Verwertung sollte dabei auch volkswirtschaftlich effizient ausgerichtet sein. Die gemeinsame Betrachtung von ökologischen und ökonomischen Aspekten wird unter dem Begriff Ökoeffizienz zusammengefasst.

1. Ökoeffizienz und CO_2-Vermeidungskosten

Mit dem Begriff Ökoeffizienz wird die Kosten- beziehungsweise Erlössituation eines Produktes, eines Prozesses oder einer umweltbezogenen Maßnahme im Verhältnis zum erforderlichen Ressourceneinsatz und/oder den entstehenden beziehungsweise eingesparten THG-Emissionen betrachtet. Als CO_2-Vermeidungskosten ausgedrückt wird die Reduzierung von Umweltbelastungen – hier: durch eine Verwertung von Kunststoffabfällen – den damit verbundenen Kosten gegenübergestellt. Im Bereich der erneuerbaren Energien liegen die CO_2-Vermeidungskosten zwischen etwa 20 EUR je Tonne CO_2-Äquivalenten (Wind onshore) und 151 EUR je Tonne CO_2-Äquivalenten (Photovoltaik) [5, 11, 22]. In diesem Kontext stellt sich daher die Frage, zu welchen Kosten die CO_2-Vermeidung durch Kunststoffrecycling realisiert werden kann.

2. Kunststoffverwertung am Beispiel der Verpackungskunststoffe

Für Verpackungen gilt seit Inkrafttreten der Verpackungsverordnung die Produktverantwortung für Inverkehrbringer. Die Gestaltung des durch die Verpflichteten organisierten Systems zur Entsorgung der Verpackungsabfälle sowie die bestehenden Missstände werden in [2, 3, 12, 21] umfassend beschrieben. Pfandpflichtige Einweggetränkeverpackungen (Ewgv) sind nicht dem dualen System sondern dem Pfandsystem zugeordnet.

2.1. Erfassung

In Deutschland wurden im Jahr 2011 etwa 2,36 Millionen Tonnen LVP-Abfälle mit der Sammlung der dualen Systeme erfasst. Die erfasste und lizenzierte Menge an LVP sowie die bepfandete Verpackungsmenge sind, mit darin enthaltenem Kunststoffanteil, in Bild 3 dargestellt.

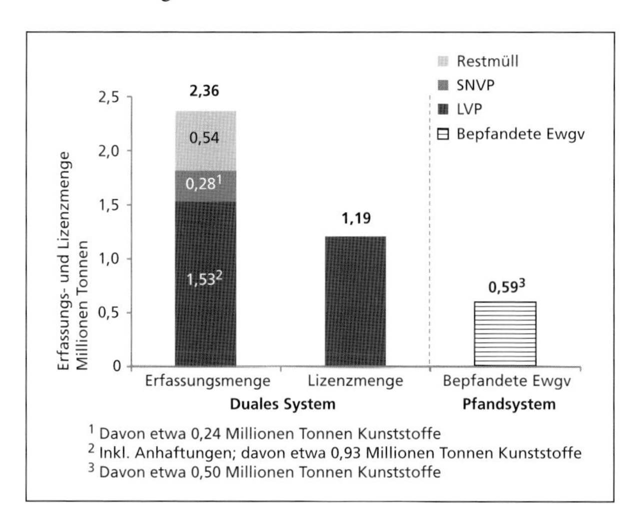

Bild 3: Durch duale Systeme erfasste und lizenzierte Mengen an LVP in Deutschland im Jahr 2011 mit darin enthaltenem Kunststoffanteil sowie Pfandmengen im Jahr 2010

Quellen:

Bundeskartellamt: Sektoruntersuchung duale Systeme.

Bünemann, A.; Rachut, G.; Christiani, J.; Langen, M.; Wolters, J.: Planspiel zur Fortentwicklung der Verpackungsverordnung. Teilvorhaben 1: Bestimmung der Idealzusammensetzung der Wertstofftonne.

Schüler, K.: Wirksamkeit der 5. Novelle der Verpackungsverordnung – die Lizenzierung von Verkaufsverpackungen.

Der Fehlwurfanteil in der getrennten Erfassung der dualen Systeme beträgt etwa 35 Gew.-%. Die Fehlwürfe bestehen etwa zu zwei Dritteln aus Restmüll (23 Gew.- %) und zu einem Drittel aus stoffgleichen Nichtverpackungen (12 Gew.-%) [3] (Bild 3 und 4a).

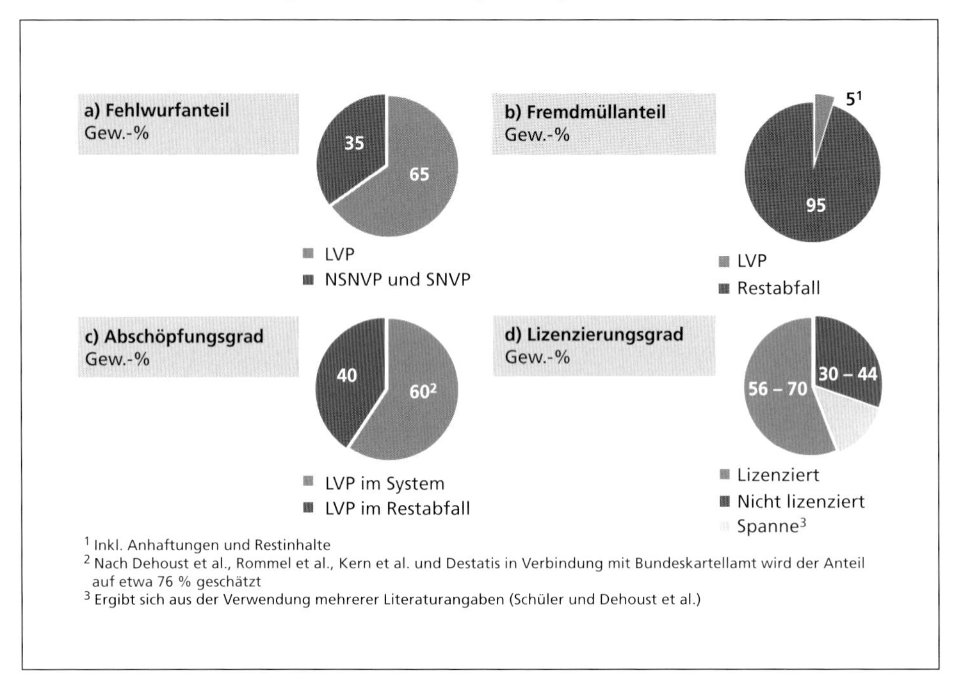

Bild 4: a) Fehlwurfanteil nach Bundeskartellamt und Dehoust et al., b) Fremdmüllanteil nach Rommel et al. und Kern et al., c) Abschöpfungsgrad nach Dehoust et al., d) Lizenzierungsgrad nach Schüler und Dehoust et al.

Bundeskartellamt: Sektoruntersuchung duale Systeme. Zwischenbilanz der Wettbewerbsöffnung.

Kern, M.; Siepenkothen, J.: Wertstoffe im Hausmüll – Potenziale für die Wertstofftonne. .

Rommel, W.; Hertel, M.; Meyer, S.; Nordsieck, H.; Schipf, R.: Wertstoffpotenziale im Restmüll in Bayern – Konsequenzen für eine optimale Erfassung.

Schüler, K.: Wirksamkeit der 5. Novelle der Verpackungsverordnung – die Lizenzierung von Verkaufsverpackungen.

Dehoust, G.; Christiani, J.: Analyse und Fortentwicklung der Verwertungsquoten für Wertstoffe. Sammel- und Verwertungsquoten für Verpackungen und stoffgleiche Nichtverpackungen als Lenkungsinstrument zur Ressourcenschonung.

Statistisches Bundesamt: Bevölkerung auf Grundlage des Zensus 2011.

Des Weiteren befinden sich LVP-Mengen nicht nur in der getrennten Erfassung, sondern als Fremdmüllanteil auch im Restabfall (Bild 4b). Das Potenzial im Restabfall wird durchschnittlich auf etwa 0,6 bis 1 Million Tonnen geschätzt [13, 15, 20]. Dem stehen 1,53 Millionen Tonnen LVP in der getrennten Erfassung gegenüber. Aufgrund des LVP-Anteils im Restabfall werden also, je nach Literaturquelle, insgesamt nur etwa 60 bis 76 Gew.-% der LVP in die getrennte Erfassung abgeschöpft, obwohl diese flächendeckend angeboten wird [3, 13, 15, 20, 24] (Bild 4c). Sowohl die Höhe des Fehlwurf- als auch des Fremdmüllanteils beeinträchtigen die ökoeffiziente Systemgestaltung und lassen den Rückschluss zu, dass die Akzeptanz des Systems bei den Bürgern gering ist.

Zur Akzeptanz des dualen Systems bei den Inverkehrbringern stellt der Lizenzierungsgrad einen Anhaltspunkt dar. Nach [16] und [20] sind lediglich etwa 30 bis 44 Gew.-% der in Verkehr gebrachten Verpackungen bei Systembetreibern lizenziert (Bild 4d). Nach Auffassung des Bundeskartellamtes ist der Anteil an Unterlizenzierung demgegenüber deutlich geringer. Die Differenz zwischen erfasster und lizenzierter Menge (Bild 3) soll nur mit den enthaltenen Anhaftungen begründbar sein. Diese Einschätzung basiert jedoch auf der Annahme, dass die gesamte lizenzierte LVP-Menge der getrennten Erfassung zugeführt wird. In der Realität findet sich aber ein erheblicher Anteil des Materials im Restabfall wieder (Bild 4b und c). Daraus ist abzuleiten, dass ein deutlicher Anteil der Verpackungen nicht lizenziert wird. Es besteht also sowohl auf Seiten der Verbraucher als auch auf Seiten der Inverkehrbringer ein Akzeptanzproblem. Als Ursachen für die Unterlizenzierung werden unter anderem die in der VerpackV vorhandenen *definitorischen Unschärfen* gesehen, welche eine behördliche Kontrolle erschweren. Auch die Totalverweigerung der Lizenzierung durch einige Inverkehrbringer, pauschale Abzüge bei den Lizenzmengen oder Spielräume bei der Verpackungsdefinition werden in diesem Zusammenhang genannt [16].

2.2. Vorbehandlung und Verwertung

Etwa 50 Gew.-% der getrennt gesammelten LVP-Menge besteht aus LVP- und SNVP-Kunststoffen [19]. Zur stofflichen Verwertung werden aus dem LVP-Material 11 Gew.-% an sortenreinen Kunststoffen sowie 10 Gew.-% an gemischten Kunststoffen aussortiert. Etwa die gleiche Menge an Kunststoffen wird als MKF-Fraktion energetisch verwertet (23 Gew.-%) (Bild 5). Zudem beinhaltet auch der energetisch verwertete Sortierrest einen bestimmten Anteil an Kunststoffen.

Für die Ermittlung der Verwertungsquoten des dualen Systems werden die Inputmengen des Verwertungsschrittes herangezogen. Wie Bild 5 zeigt, sind jedoch im Recyclingprozess zum Teil erhebliche Verluste durch den Feuchtegehalt und den aus der Stofflichen nachträglich in die energetische Verwertung abgesteuerten Mengen zu verzeichnen. Bei den Mischkunststoffen werden beispielsweise lediglich zwei Drittel des Verwertungsinputs tatsächlich wiedereingesetzt. Außerdem wird hier durch das Recyling zu etwa 60 Prozent kein Primärkunststoff, sondern Holz und Beton als Baumaterial ersetzt. Die Ursachen für die vergleichsweise hohen Verluste im Recyclingprozess sind in der zu geringen Qualität der Inputmaterialien zu sehen. Mögliche Gründe für die Ausbringung minderwertiger Stoffströme für das Recycling sind zum einen der Kostendruck auf Seiten der Lohnsortierer, die in der Folge ihre Anlagen überlasten [17]. Zum anderen werden die Fraktionen teilweise nicht witterungsgeschützt gelagert, was einen hohen Feuchteverlust in der Verwertung nach sich zieht. Da nur durch einen möglichst verlustarmen Verwertungsschritt eine hohe Ökoeffizienz für das Gesamtsystem erreicht werden kann, sind Anstrengungen für eine bessere Qualität des Inputmaterials erforderlich. Dies kann jedoch durch die derzeit gemessen am gesamten Anlageninput ermittelte Verwertungsquote nicht erreicht werden. Hier wird der Fokus auf die Menge, nicht aber auf die Qualität gelegt, weshalb durch diese Quote auch keine Lenkungswirkung hin zu höheren Wiedereinsatzmengen besteht.

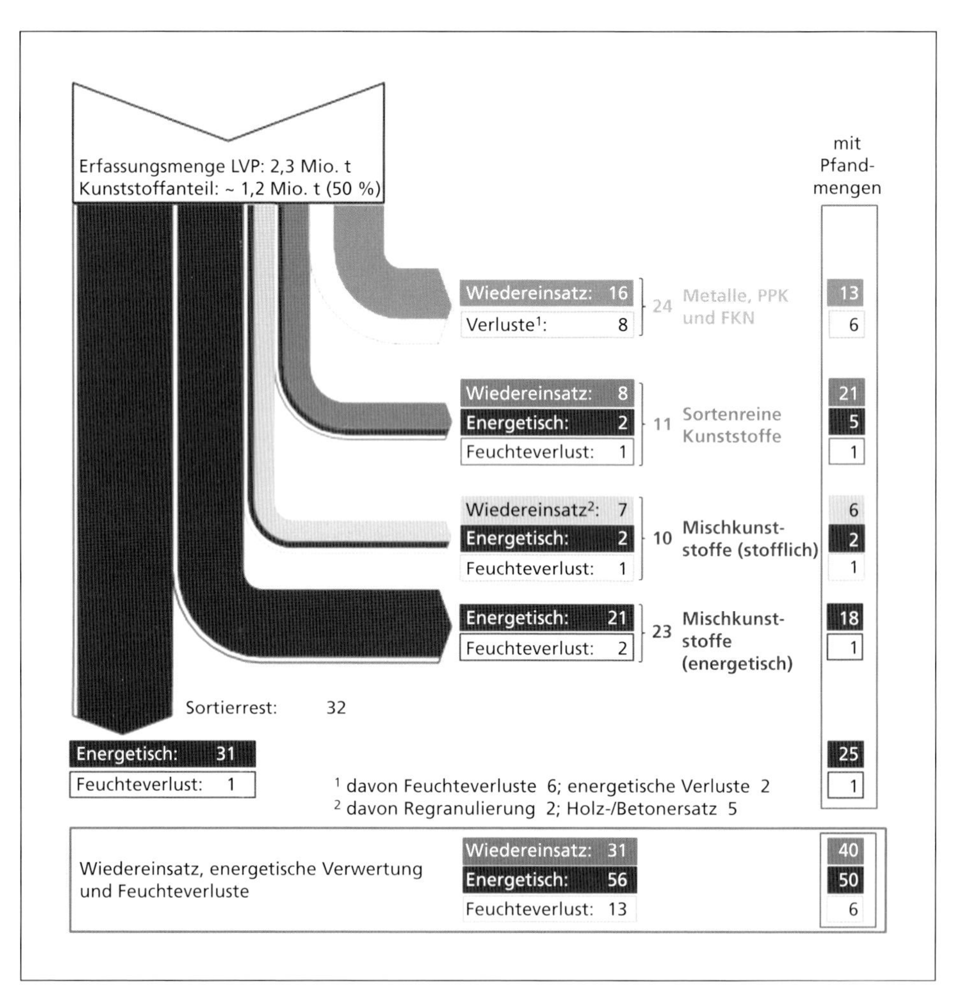

Bild 5: Durch Sortierung gewonnene Fraktionen zur Verwertung aus getrennt erfassten LVP in Deutschland mit Verlusten im Verwertungsschritt in Gew.-%.

Eigene Darstellung nach:

Bünemann, A.; Rachut, G.; Christiani, J.; Langen, M.; Wolters, J.: Planspiel zur Fortentwicklung der Verpackungsverordnung. Teilvorhaben 1: Bestimmung der Idealzusammensetzung der Wertstofftonne.

Dehoust, G.; Christiani, J.: Analyse und Fortentwicklung der Verwertungsquoten für Wertstoffe. Sammel- und Verwertungsquoten für Verpackungen und stoffgleiche Nichtverpackungen als Lenkungsinstrument zur Ressourcenschonung.

3. Ökologische Betrachtung

Zur Beurteilung der ökologischen Effizienz der Prozesskette der Erfassung und Verwertung von Kunststoffverpackungen werden nachfolgend die THG-Emissionen herangezogen. Da bei hohen THG-Emissionen meist auch andere ökologische Wirkungskategorien schlecht bewertet werden, ist diese Vereinfachung gegenüber einer ganzheitlichen Ökobilanz gerechtfertigt. Das für die THG-Bilanzierung verwendete Berechnungsmodell ist methodisch an die DIN EN ISO 14040 angelehnt und umfasst die Prozessschritte Erfassung, Transport, Vorbehandlung, Nachtransport und Verwertung. Dabei beinhaltet die Erfassung den Transport des Materials bis zu einer Umschlagstelle. Für das Bringsystem Wertstoffhof werden die Emissionen, die aus dem Eigentransport resultieren, vernachlässigt. Der Transport bepfandeter Ewgv von Rücknahmestelle zu Umschlagplatz wird nicht berücksichtigt. Der Prozessschritt Transport umfasst, für den Fall dass ein Umschlag stattfindet, den Transport von Umschlagstelle zur Vorbehandlung. Im Nachtransport werden Mengen von Vorbehandlung zur Verwertung transportiert. Innerhalb der Verwertung werden nachgelagerte Schritte, wie die Schlackenaufbereitung zur Metallrückgewinnung aus Verbrennungsprozessen, mit betrachtet. Die in den Prozessschritten auftretenden Belastungen und Gutschriften sind in Bild 6 dargestellt.

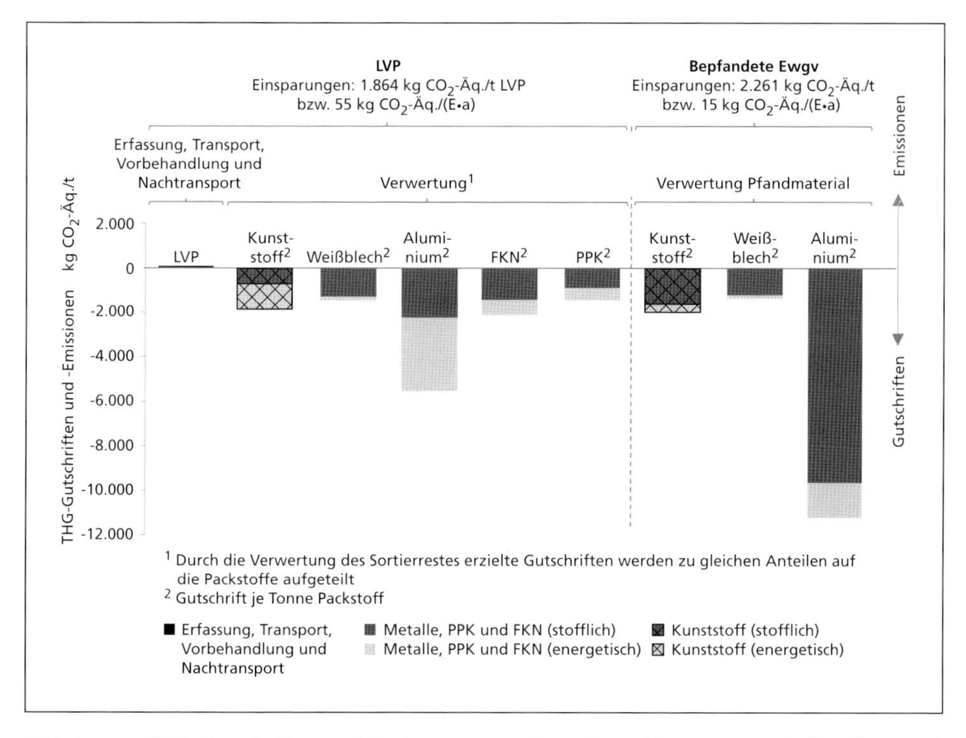

Bild 6: THG-Gutschriften und Emissionen von Sammlung, Transport, Vorbehandlung und Verwertung von LVP sowie Verwertung von Pfandmaterial

Eigene Berechnung nach:

Bundeskartellamt: Sektoruntersuchung duale Systeme. Zwischenbilanz der Wettbewerbsöffnung.

Dehoust, G.; Christiani, J.: Analyse und Fortentwicklung der Verwertungsquoten für Wertstoffe. Sammel- und Verwertungsquoten für Verpackungen und stoffgleiche Nichtverpackungen als Lenkungsinstrument zur Ressourcenschonung.

Für LVP-Material sind die durch Erfassung, Transport, Sortierung sowie Nachtransport verursachten Emissionen gegenüber den durch energetische und stoffliche Verwertung der einzelnen Packstoffe erzielten Gutschriften gering. Die durch die Verwertung von Kunststoffen erreichten Einsparungen sind im Vergleich zu den Packstoffen Weißblech, Flüssigkeitskartonagen (FKN) und Papier, Pappe und Kartonagen (PPK) vergleichbar hoch.

Da etwa die Hälfte der enthaltenen Kunststoffe für eine energetische Verwertung aussortiert wird und zusätzlich Mengen aus der stofflichen Verwertung aufgrund zu geringer Qualität nachträglich energetisch verwertet werden (Bild 5), ist der Anteil der durch das Recycling erzielten Gutschriften an den gesamten Gutschriften je Tonne Kunststoff relativ gering. Im Vergleich der Packstoffe ist einzig für Aluminium eine deutlich höhere spezifische Einsparung möglich, da der Primärherstellungsprozess für dieses Metall mit einem sehr hohen Energieverbrauch verbunden ist. Bei Betrachtung der bepfandeten Kunststoffverpackungen zeigt sich, dass die Einsparungen spezifisch im Vergleich zu den LVP-Kunststoffmengen etwas höher sind. Das bepfandete Material besteht größtenteils aus PET-Flaschen, die sortenrein und relativ wenig verschmutzt vorliegen. Damit ist hierfür ein hoher Anteil an stofflicher Verwertung möglich, welche für PET gegenüber der energetischen Verwertung mit höheren Einsparungen verbunden ist (Bild 7).

Ob hinsichtlich der THG-Emissionen eine stoffliche oder eine energetische Verwertung von Kunststoffen günstiger ist, hängt von der Kunststoffart sowie den Wirkungsgraden der energetischen Verwertung ab (Bild 7).

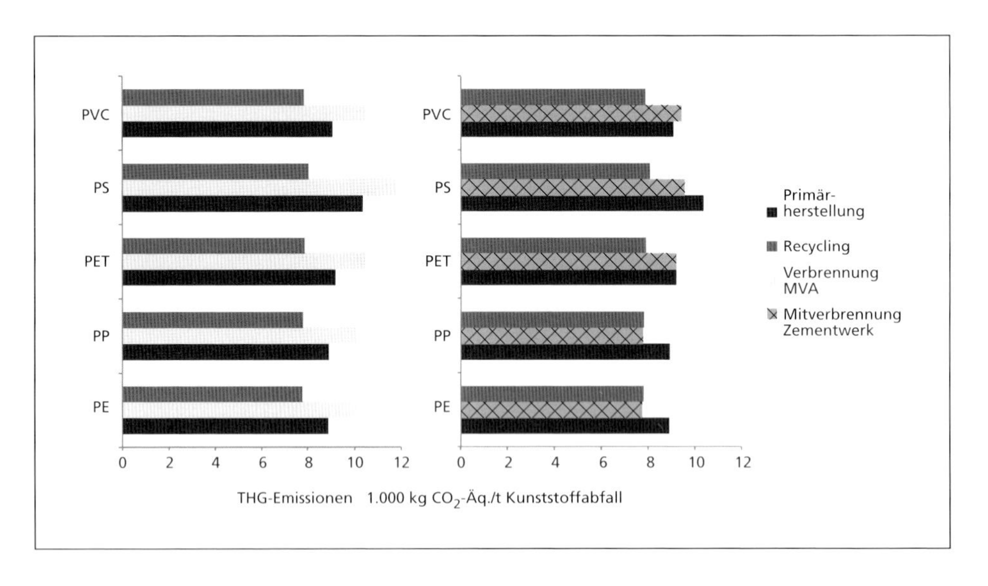

Bild 7: THG-Emissionen bei der stofflichen und energetischen Verwertung sowie der Primärherstellung für verschiedene Kunststoffarten (eigene Berechnung)

Durch das Recycling werden für alle betrachteten Kunststoffarten gegenüber der Primärherstellung THG-Emissionen eingespart. Auch gegenüber einer Verbrennung der Kunststoffabfälle in einer Abfallverbrennungsanlage mit durchschnittlichem Wirkungsgrad fällt die THG-Bilanz für die stoffliche Verwertung günstiger aus. Findet die energetische Verwertung jedoch mit einem hohen Wirkungsgrad statt, wie bei der Mitverbrennung im Zementwerk der Fall, sind die THG-Emissionen bei Recycling und energetischer Verwertung für einige Kunststoffarten vergleichbar hoch. Dies gilt für Kunststoffe, bei denen die Herstellung mit einem vergleichsweise geringen Energieaufwand verbunden ist, wie es bei Polypropylen (PP) und Polyethylen (PE) der Fall ist. Für die Kunststoffarten, deren Herstellungsprozess aufwändiger ist, bleibt der Vorteil geringerer THG-Emissionen bei dem Recycling gegenüber der energetischen Nutzung bestehen.

4. Ökonomische Betrachtung

Der Umsatz der Dualen Systeme lag im Jahr 2011 bezogen auf die lizenzierte Menge für Kunststoffe etwa fünfmal so hoch wie für die Fraktionen Glas sowie PPK. Bei diesen Fraktionen war der Umsatz je Tonne innerhalb der letzten zehn Jahre darüber hinaus stabil, für Kunststoffe hat sich dieser dagegen von etwa 1.020 EUR je Tonne im Jahr 2003 auf etwa 620 EUR je Tonne im Jahr 2011 verringert [3]. Dies spiegelt sich auch in den Lizenzgebühren wider. Diese lagen bei einem ausgewählten Systembetreiber im Jahr 2013 für Kunststoffverpackungen fünfmal höher als für PPK (860 EUR je Tonne gegenüber 158 EUR je Tonne) sowie zwölfmal höher als für Glas (71 EUR je Tonne) [23].

Die Höhe des Lizenzentgeltes spiegelt den für den Systembetreiber erforderlichen Aufwand in den drei Wertschöpfungsstufen Erfassung, Vorbehandlung und Verwertung wider. Das Bundeskartellamt hat für das Jahr 2011 Angaben zu den Kosten für Erfassung, Vorbehandlung und Verwertung veröffentlicht, die durch Befragung der Systembetreiber ermittelt wurden. Der Verwertungsschritt wird darin als kostenneutral angegeben [3] (Bild 8). Angaben zur Aufteilung auf die einzelnen Packstoffe im LVP-Material standen den Autoren jedoch nicht zur Verfügung.

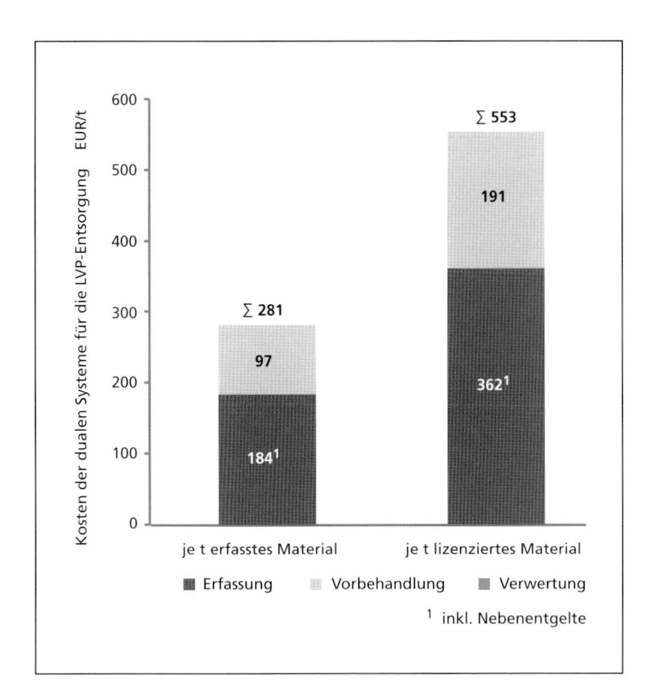

Bild 8:

Kosten der dualen Systeme für die LVP-Entsorgung

Quelle: Bundeskartellamt: Sektoruntersuchung duale Systeme. Zwischenbilanz der Wettbewerbsöffnung.

Durch den hohen Fehlwurfanteil und den geringen Lizenzierungsgrad sind die erfassungsmengenspezifischen etwa halb so hoch wie die lizenzmengenspezifischen Kosten. Zwei Drittel der Entsorgungskosten werden durch die Aufwendungen für die Erfassung verursacht, welche auch die an die Kommunen zu zahlenden Nebenentgelte beinhalten. Im Jahr 2011 beliefen sich die operativen Kosten der dualen Systeme für die LVP-Entsorgung insgesamt auf etwa 663 Millionen EUR [3]. Für das Pfandsystem in Deutschland sind keine validierten Daten verfügbar. Es wird jedoch in Fachkreisen als wenig kosteneffizient eingeschätzt [2, 10].

Nachfolgend soll der Bereich der Verwertungskosten zusätzlich auf Ebene der verwerteten Sortierfraktionen betrachtet werden. In Deutschland stellen die Fraktionen Sortierrest und Mischkunststoffe etwa 65 Gew.-% der Mengen zur Verwertung aus dem getrennt erfassten LVP-Material (Bild 5). Diese gemischten Stoffströme sind im Gegensatz zu den Sortenreinen im Verwertungsschritt mit Zuzahlungen verbunden. Werden Schätzungen zu Erlösen und Zuzahlungen für Sortierfraktionen aus dem Jahr 2011 herangezogen, so zeigt sich, dass die von den Systembetreibern bzw. dem Bundeskartellamt angegebene Kostenneutralität des Verwertungsschrittes damit zumindest nicht belegt werden kann (Tabelle 1).

Sortierfraktion	**Kosten (+)/ Erlöse (-)** EUR/Tonne	**Anfallende Menge** Tonne/Jahr	**Kosten (+)/ Erlöse (-) (Mittelwert)** Mio. EUR/Jahr
Weißblech	-50/-100	258.900	-45,3
Aluminium	-20/-160	63.600	-6,4
Folien	-30	124.800	-5,6
Sortenreine Kunststoffe	-200	131.200	-39,4
Mischkunsttoffe	+50	749.200	+56,2
FKN	+/-0	140.900	+/-0
PPK	+/-0	75.000	+/-0
Sortierrest	+340 / +70	726.400	+272,4
Gesamt	**+102 EUR/Tonne Output aus der Sortierung**		

Quellen:

Bünemann, A.; Christiani, J.: Die Idealzusammensetzung der Wertstofftonne.

Krähling, H.: Wertstofferfassung: Bürgernah, effizient und fair finanziert.

Dehoust, G.; Christiani, J.: Analyse und Fortentwicklung der Verwertungsquoten für Wertstoffe. Sammel- und Verwertungsquoten für Verpackungen und stoffgleiche Nichtverpackungen als Lenkungsinstrument zur Ressourcenschonung.

Tabelle 1: Erlöse und Zuzahlungen von Sortierfraktionen aus LVP-Material

Je Tonne sortiertem Material wären überschlägig etwa 102 EUR an Zuzahlungen notwendig. Die Annahmegebühren in kommunalen Abfallverbrennungsanlagen bewegten sich im Jahr 2012 dagegen zwischen 45 und 200 EUR je Tonne Abfall, und sind damit zum Teil deutlich günstiger, als die prognostizierten Kosten für die LVP-Verwertung [7]. Da es sich hier lediglich um eine Abschätzung handelt, sollen für die folgenden Betrachtungen jedoch weiterhin die Angaben des Bundeskartellamtes herangezogen werden.

5. CO_2-Vermeidungskosten der Entsorgung von LVP-Abfällen

Aus den dargestellten THG-Einsparungen je Tonne erfasster LVP-Menge sowie den Angaben des Bundeskartellamtes zur Kostensituation lassen sich überschlägig CO_2-Vermeidungskosten ermitteln. Diese werden in Bild 9 beispielhaft den CO_2-Vermeidungskosten von regenerativen Energiequellen gegenübergestellt.

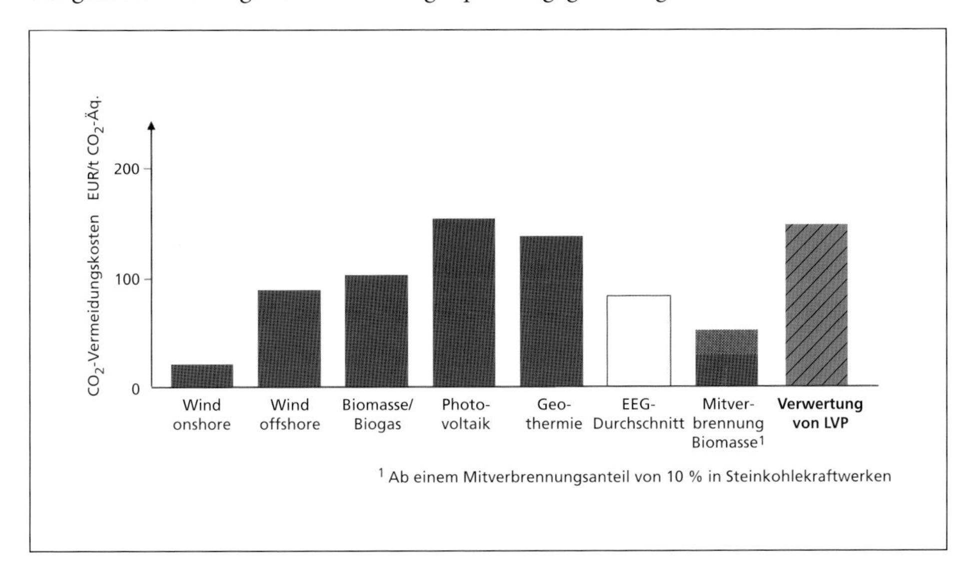

Bild 9: CO_2-Vermeidungskosten der LVP-Verwertung im Vergleich zu regenerativen Energiequellen

Eigene Berechnung nach:

Deutsche Energie-Agentur GmbH (dena) (Hrsg.): Die Mitverbrennung holzartiger Biomasse in Kohlekraftwerken.

Wirth, H.: Aktuelle Fakten zur Photovoltaik in Deutschland. Fraunhofer-Institut für Solare Energiesysteme ISE.

Kost, C.; Mayer, J.; Thomsen, J.; Hartmann, N.; Senkipel, C.; Philipps, S.; Nold, S; Lude, S.; Schlegl, T.: Stromgestehungskosten erneuerbare Energien. Fraunhofer-Institut für Solare Energiesysteme.

Bundeskartellamt: Sektoruntersuchung duale Systeme. Zwischenbilanz der Wettbewerbsöffnung.

Die ermittelten CO_2-Vermeidungskosten der LVP-Verwertung, inklusive der Prozessschritte Erfassung und Vorbehandlung, liegen mit etwa 150 EUR/t CO_2-Äquvalenten etwas höher als bei den dargestellten regenerativen Energiequellen. Die Photovoltaik ist mit vergleichbaren Vermeidungskosten verbunden. Eine Abschätzung der Vermeidungskosten für Verpackungskunststoffe ist mangels verfügbarer Kostendaten nicht möglich. Für eine grobe Einordnung ist zu berücksichtigen, dass die spezifischen CO_2-Einsparungen durch die Verwertung von Verpackungskunststoffen im Vergleich zu den anderen LVP-Packstoffen vergleichbar hoch oder geringer sind (Bild 6) und die von den Systembetreibern geforderten Lizenzgebühren im Vergleich zu anderen Packstoffen deutlich höher liegen. Deshalb dürften die Vermeidungskosten für Verpackungskunststoffe deutlich höher ausfallen als für das LVP-Gemisch.

6. Fazit und Optimierungsansätze

Die Verwertung von Abfällen leistet einen wesentlichen Beitrag zur Ressourcenschonung und Treibhausgaseinsparung. Welche Verwertungs- und Erfassungswege hierbei für die verschiedenen Abfallarten am sinnvollsten sind, wird in der Fachwelt besonders für den Stoffstrom Kunststoffe kontrovers diskutiert. Wird die Ausgestaltung der Entsorgung im Verpackungsbereich genauer betrachtet, sind einige Defizite festzustellen. So ist die Akzeptanz des Erfassungs- und Verwertungssystems bei den Bürgern (hoher Fehlwurf- und Fremdmüllanteil) sowie bei den Verpflichteten (niedriger Lizenzierungsgrad) gering. Nach der Sortierung werden lediglich 45 Gew.-% des Materials als Fraktionen für eine stoffliche Verwertung bereitgestellt. Im anschließenden Recyclingprozess treten erhebliche Verluste durch den Feuchtegehalt und Mengen, die aufgrund geringer Qualität nachträglich energetisch verwertet werden, auf. In Summe werden deshalb nur etwa 31 Gew.-% des erfassten Materials tatsächlich wiedereingesetzt.

Für eine Einordnung der Ökoeffizienz der Kunststoffverwertung wurden zum einen die THG-Gutschriften durch die Verwertung gegenüber anderen Packstoffen betrachtet. Hier zeigt sich, dass diese für Kunststoffe im Vergleich zu dem überwiegenden Teil der Packstoffe ähnlich hoch sind. Ob die energetische oder die stoffliche Verwertung bezüglich der THG-Emissionen günstiger ist, ist dabei in starkem Maße von der betrachteten Kunststoffart sowie dem Wirkungsgrad der energetischen Verwertung abhängig. In der Regel ist das Recycling mit Einsparungen verbunden. Bei hohem Wirkungsgrad der energetischen Verwertung und für Kunststoffarten mit geringem Aufwand für die Primärproduktion weisen beide Wege jedoch vergleichbare Emissionen auf. Bei der ökonomischen Betrachtung ist festzustellen, dass die Lizenzgebühren für Kunststoffe gegenüber anderen Packstoffen um ein Vielfaches höher liegen. Damit ist auch anzunehmen, dass die für LVP überschlägig ermittelten CO_2-Vermeidungskosten von etwa 150 EUR je Tonne bei einer Einzelbetrachtung des Kunststoffanteils deutlich höher und damit über den Kosten für die zum Vergleich herangezogenen regenerativen Energiequellen liegen würden. Zudem ist anzunehmen, dass die stoffliche Verwertung des LVP-Materials mit höheren Kosten verbunden ist als eine energetische Nutzung bei einer theoretischen Belassung des Materials im Restabfall.

Insgesamt leistet die stoffliche Verwertung von post-consumer-Verpackungskunststoffen aus dem Haushaltsbereich einen wertvollen Beitrag zu Klima- und Ressourcenschutz. Das Recycling ist jedoch nur dann sinnvoll, wenn es sich um einen qualitativ hochwertigen Inputstrom handelt, da hierfür ein vergleichsweise hoher Aufwand für Erfassung und Sortierung erforderlich ist. Für minderwertige Stoffströme sollte eine energetische Verwertung mit hohen Wirkungs- bzw. Nutzungsgraden erfolgen. Bezüglich der aktuellen Diskussion um die Miterfassung von stoffgleichen Nichtverpackungen in einer Wertstofftonne ist abzuwarten, ob sich der enthaltene Kunststoffanteil positiv auf die Bilanz der Kunststoffverwertung auswirken würde.

Für das duale System sind Verbesserungspotenziale in Bezug auf die ökoeffiziente Gestaltung vor allem durch eine ökologische Gewichtung der Lizenzentgelte, eine effizientere Gestaltung der Erfassung sowie eine Orientierung der Verwertungsquoten an dem tatsächlich wieder eingesetzten Anteil festzuhalten.

Durch die Orientierung der Lizenzentgelte an dem Aufwand für Erfassung, Vorbehandlung und Verwertung der Packstoffe kann derzeit keine ökologische Lenkungswirkung erzielt werden. Darüber hinaus ist der Anteil des Lizenzentgeltes am Produktpreis sehr gering und wird an den Konsumenten durchgereicht. Die Auswahl der eingesetzten Packstoffart sowie -menge durch die Inverkehrbringer orientiert sich deshalb nicht an ökologischen Gesichtspunkten, sondern beispielsweise an Marketing-, Schutz- oder Convenience-Aspekten. Durch eine ökologische Gewichtung der Lizenzentgelte, beispielsweise an Recyclingfähigkeit oder Umweltauswirkungen der Packstoffe ausgerichtet, könnten die Anstrengungen bei Abfallvermeidung und Verwendung recyclinggerechter und ökologisch vorteilhafter Packstoffe verstärkt werden [9]. Im Bereich der Erfassung führt die Pflicht zur Flächendeckung für jeden Systembetreiber zu einem hohen ökonomischen und organisatorischen Aufwand [12]. Dagegen wäre eine kumulative Flächendeckung deutlich weniger komplex. Des Weiteren werden durch die Ermittlung der Verwertungsquoten anhand des Input in die Verwertungsanlagen vermehrte Recyclinganstrengungen behindert. Hier wäre eine Orientierung an der tatsächlich wiedereingesetzten Menge zielführender. Zudem wird die Situation des Recyclings durch den Bezug der für die Systembetreiber geltenden Verwertungsquoten auf die Lizenzmenge zu optimistisch eingeschätzt. Bei dieser Bezugsmenge würde ein steigender Anteil an Trittbrettfahren bei gleichbleibender recycelter Menge rechnerisch zu einer verbesserten Recyclingquote führen. Durch Bezug der Quoten auf die Marktmenge könnte eine solche Verzerrung vermieden werden.

7. Literatur

[1] Bünemann, A.; Christiani, J.: Die Idealzusammensetzung der Wertstofftonne. Vortag auf dem Cyclos focus congress: Die Einführung der Wertstofftonne. Berlin: 17. März 2011. http://www.cyclos.de/fileadmin/user_upload/Vortrag_05_Buenemann_Christiani_Idealzusammensetzung.pdf, abgerufen am 7. August 2013

[2] Baum, H.-G.: Zur Rationalität staatlicher Eingriffe im Abfallsektor – dargestellt am Beispiel der Verpackungsverordnung (VerpackV) – eine Philippika – Teil I und II. In: Müll und Abfall 7 und 8. Berlin: Erich Schmidt Verlag GmbH & Co. KG, 2012, Seiten 366 – 372 (Teil I), Seiten 412 – 420 (Teil II).

[3] Bundeskartellamt: Sektoruntersuchung duale Systeme. Zwischenbilanz der Wettbewerbsöffnung. Abschlussbericht. Bonn: 2012, 118 Seiten.

[4] Consultic Marketing & Industrieberatung GmbH: Produktion, Verarbeitung und Verwertung von Kunststoffen in Deutschland 2011 – Kurzfassung. Alzenau: August 2012. – http://www.bvse.de/10/5790/Neue%20Studie%20zu%20Produktion,%20Verbrauch%20und%20Verwertung%20von%20Kunststoffen%20in%20Deutschland, abgerufen am 5. Dezember 2013

[5] Deutsche Energie-Agentur GmbH (Hrsg.): Die Mitverbrennung holzartiger Biomasse in Kohlekraftwerken. Berlin: August 2011, 36 Seiten. – http://www.dena.de/fileadmin/user_upload/Presse/Meldungen/2011/Dokumente/Endbericht_Biomassenutzung_in_Kohlekraftwerken_final_01.pdf, abgerufen am 17. Dezember 2013

[6] Erdöl-Vereinigung: Welt-Erdölverbrauch nach Regionen in 2012. Zürich: 2012. – http://www.erdoel-vereinigung.ch/Libraries/Zahlen_und_Fakten/Jahresgrafiken_2012_d_4.pdf, abgerufen am 19. Dezember 2013

[7] Europäischer Wirtschaftsdienst Recycling und Entsorgung: Entsorgungsmarkt für Siedlungsabfälle. Gernsbach: EUWID Europäischer Wirtschaftsdienst GmbH, Ausgabe 50, Jahrgang 22. 2012, Seite 21.

[8] Exxon Mobil und Wintershall: Weltweiter Mineralölverbrauch 2005. In: Reimer, V.; Künkel, A.; Philip, S.: Sinn oder Unsinn von Bio. Kunststoffe 8/2008. München: Carl Hanser-Verlag, 2008. Seiten 32-36. – https://www.kunststoffe.de/kunststoffe-zeitschrift/archiv/artikel/eine-oekoeffizienzbetrachtung-sinn-oder-unsinn-von-bio-541118.html, abgerufen am 19. Dezember 2013

[9] Franke, M.; Mocker, M.; Faulstich, M.; Baum, H.-G.: Wertstoffe und Verpackungsabfälle – ein alternatives Duales System. In: Flamme, S.; Gallenkemper, B.; Gellenbeck, K.; Rotter, S.; Kranert, M.; Nelles, M. (Hrsg.): 12. Tagungsband der Münsteraner Abfallwirtschaftstage. Münster: LASU der Fachhochschule Münster, 15. - 16. Februar 2011, Seiten 79-86

[10] Hartwig, W.: 21 Jahre Verpackungsverordnung – Irrwege und Ineffizienzen. In: Verband kommunaler Unternehmen e.V. (VKU) (Hrsg.): Schwarzbuch Verpackungsentsorgung. Eine kritische Bilanz nach über 20 Jahren Verpackungsverordnung. Berlin: 2013, Seiten 6-9.

[11] Kost, C.; Mayer, J.; Thomsen, J.; Hartmann, N.; Senkipel, C.; Philipps, S.; Nold, S; Lude, S.; Schlegl, T.: Stromgestehungskosten erneuerbare Energien. Fraunhofer-Institut für Solare Energiesysteme. Freiburg: November 2013, 45 Seiten. – http://www.ise.fraunhofer.de/de/veroeffentlichungen/veroeffentlichungen-pdf-dateien/studien-und-konzeptpapiere/studie-stromgestehungskosten-erneuerbare-energien.pdf, abgerufen am 18. Dezember 2013

[12] Schulze et al. 2010: Schulze, S.; Straubhaar, T.: Der Markt für die Entsorgung von Verpackungen in Deutschland: Situation und Reformoptionen. Hamburgisches WeltWirtschaftsinstitut. Hamburg: 2010, 65 Seiten.

[13] Kern, M.; Siepenkothen, J.: Wertstoffe im Hausmüll – Potenziale für die Wertstofftonne. In: Wiemer, K.; Kern, M. (Hrsg.): Bio- und Sekundärrohstoffverwertung VII. Witzenhausen-Institut für Abfall, Umwelt und Energie GmbH. Witzenhausen: 2012, Seiten 327-339.

[14] Krähling, H.: Wertstofferfassung: Bürgernah, effizient und fair finanziert. Vortrag auf dem Kolloqium Zukunft Kunststoffverwertung. Krefeld: 6. September 2011. – http://www.bkv-gmbh.de/fileadmin/fuerRedakteur/downloads/PDF/Wertstofftonne/tecpol_BKV_Umsicht_2011_01_1_.pdf, abgerufen am 7. August 2013

[15] Rommel, W.; Hertel, M.; Meyer, S.; Nordsieck, H.; Schipf, R.: Wertstoffpotenziale im Restmüll in Bayern – Konsequenzen für eine optimale Erfassung. Vortrag auf der VKS-Jahresfachtagung der Landesgruppe Bayern. Würzburg: 1. Juli 2013. – http://www.vku.de/fileadmin/get/?25528/WRommel_Bifa_Umweltinstitut_Wertstoffpotenziale_im_Restmuell.pdf, abgerufen am 7. August 2013

[16] Schüler, K.: Wirksamkeit der 5. Novelle der Verpackungsverordnung – die Lizenzierung von Verkaufsverpackungen. Tagungsband der 16. Tagung Siedlungsabfallwirtschaft Magdeburg. Magdeburg: LOGiSCH-Verlag, 2011, Seiten 45-52.

[17] Scriba, M.: Recycling von Hartkunststoffen. Vortrag im Rahmen einer Veranstaltung der VKS Landesgruppen Hessen, Rheinland-Pfalz/Saarland. Friedberg: 26. September 2013.

[18] Dehoust, G.; Schüler, D.; Vogt, R.; Giegrich, J.: Klimaschutzpotenziale der Abfallwirtschaft am Beispiel von Siedlungsabfällen und Altholz. Im Auftrag des: Umweltbundesamtes und des Bundesverbandes der Deutschen Entsorgungswirtschaft e.V., 2010, Dessau-Roßlau: 138 Seiten.

[19] Bünemann, A.; Rachut, G.; Christiani, J.; Langen, M.; Wolters, J.: Planspiel zur Fortentwicklung der Verpackungsverordnung. Teilvorhaben 1: Bestimmung der Idealzusammensetzung der Wertstofftonne. Im Auftrag des: Umweltbundesamtes, Dessau-Roßlau: 2011, 188 Seiten.

[20] Dehoust, G.; Christiani, J.: Analyse und Fortentwicklung der Verwertungsquoten für Wertstoffe. Sammel- und Verwertungsquoten für Verpackungen und stoffgleiche Nichtverpackungen als Lenkungsinstrument zur Ressourcenschonung. Im Auftrag des Umweltbundesamtes. Dessau-Roßlau: 2012, 75 Seiten.

[21] Wenzel, F.: Prozess ohne Ende – Die Verpackungsverordnung in der juristischen Praxis. In: Verband kommunaler Unternehmen e.V. (VKU) (Hrsg.): Schwarzbuch Verpackungsentsorgung. Eine kritische Bilanz nach über 20 Jahren Verpackungsverordnung. Berlin: 2013, Seiten 28-33.

[22] Wirth, H.: Aktuelle Fakten zur Photovoltaik in Deutschland. Fraunhofer-Institut für Solare Energiesysteme ISE. Freiburg: November 2013, 88 Seiten – http://www.ise.fraunhofer.de/de/veroeffentlichungen/studien-und-positionspapiere/aktuelle-fakten-zur-photovoltaik-in-deutschland, abgerufen am 18. Dezember 2013

[23] Zentek: Angaben zu Lizenzgebühren (netto) verschiedener Packstoffe. http://www.baehr-verpackung.de/entsorgungsportal/entsorgung_lizenz#tab2, abgerufen am 19. Dezember 2013

[24] Statistisches Bundesamt: Bevölkerung auf Grundlage des Zensus 2011. Wiesbaden: 2013. – https://www.destatis.de/DE/ZahlenFakten/GesellschaftStaat/Bevoelkerung/Bevoelkerungsstand/Tabellen/Zensus_Geschlecht_Staatsangehoerigkeit.html. Daten vom 17. Dezember 2013

Erfahrungen mit der Wertstofftonne in Berlin

Andreas Thürmer

1. Ausgangssituation in Berlin

Als öffentliches Unternehmen steht die BSR zu ihrer umweltpolitischen und sozialen Verantwortung. Hierzu gehört, dass die BSR ihre Beziehungen zur Umwelt und Gesellschaft aktiv gestaltet, in dem sie zur Verringerung des Ressourcenverbrauchs, zur Reduzierung von Treibhausgasen und zur Minderung von Feinstaub, Stickoxiden und anderen Luftschadstoffen beiträgt, mit verantwortungsvollen Zulieferern zusammenarbeitet, gute Arbeitsbedingungen für ihre Mitarbeiterinnen und Mitarbeiter schafft und sich im Gemeinwesen engagiert. Die Grundsätze der nachhaltigen Entwicklung sind seit Jahren Gegenstand der mit dem Aufsichtsrat abgestimmten Unternehmensstrategie.

1.1. Zunehmende Bedeutung von Sekundärrohstoffen

Der Verbrauch natürlicher Ressourcen darf die Tragfähigkeitsgrenzen der Umwelt nicht übersteigen. Dies lässt sich zukünftig nur dann erreichen, wenn die Ressourcen effizienter genutzt werden. Abfallvermeidung hat demnach absolute Priorität, gefolgt von Wiederverwendung, Recycling, energetischer Verwertung und der abschließenden Beseitigung. Die Stärkung des Effizienzgedankens ist eines der wesentlichen Ziele der Abfallwirtschaft. Dies beinhaltet die effiziente Nutzung von Energie und von Materialien. Heute erleben wir den Wechsel von der Abfallwirtschaft zum Ressourcen- und Stoffstrommanagement.

Abfälle werden zu Wertstoffen. Die Frage, ob es sich bei Abfällen, um Wertstoffe handelt, kann aber nur unter Berücksichtigung unterschiedlicher Perspektiven beantwortet werden.

Die erste Perspektive untersucht die Wirtschaftlichkeit. Wirtschaftlich ergibt sich ein Wert, wenn die Erlöse die man mit einem Produkt erzielen kann, höher sind als die zu seiner Herstellung aufzuwendenden Gesamtkosten. Für die Entsorgungswirtschaft bedeutet dies, dass die Kosten für Sammlung, Transport, Wiederaufbereitung und Vermarktung niedriger sein müssen als die Vermarktungserlöse. Für den größten Teil der Siedlungsabfälle gilt jedoch, dass eine Verwertung ohne Subventionierung wirtschaftlich nicht darstellbar ist. Eine subventionsfreie Abfallwirtschaft ist somit mittelfristig nicht realistisch.

Die zweite Perspektive betrifft das Thema Nachhaltigkeit. Die steigende Nachfrage nach Rohstoffen führt zu einer weltweiten Verknappung und zwingt uns neue Quellen für Rohstoffe zu erschließen, auch aus dem Abfall.

Die dritte Perspektive betrachtet den Abfall hinsichtlich seines Wertstoffpotentials. Gibt es eine Möglichkeit der Wiederverwendung, die Nutzen stiftet? Dies beinhaltet die stoffliche bzw. im Idealfall die rohstofflichen Wiederverwertung und schließt auch die energetische Nutzung mit ein. Mit Abfall lässt sich Energie erzeugen oder ein Produkt herstellen wie z.B. beim Eisen- und Papierrecycling.

Betrachtet man diese drei Perspektiven parallel leitet sich für die BSR die Schlussfolgerung ab, dass alle Abfälle Wertstoffe sind und entsprechend ihrer Zusammensetzung einer optimalen Behandlung zugeführt werden müssen.

1.2. Entsorgungssystem der BSR

Die BSR hat ein sehr ausdifferenziertes Entsorgungssystem. Im haushaltsnahen Holsystem werden die Graue Tonne, die BIOGUT-Tonne und in ausgewiesenen Gebieten die Wertstofftonne angeboten. Zusätzlich gibt es die Sperrmüllabfuhr für alle Gegenstände die aufgrund ihrer Größe nicht tonnengängig sind. Im Rahmen einer Standard- bzw. Komfort-Sperrmüllabfuhr können private Haushalte gleichzeitig Elektroaltgeräte (*weiße* oder *braune* Ware) in haushaltsüblichem Umfang entgeltfrei mit entsorgen lassen. Im Bring-System können die Berlinerinnen und Berliner auf die 15 Recyclinghöfe mit sechs stationären Schadstoffsammelstellen zurückgreifen. Die BSR gewährleistet mit den modernen Recyclinghöfen eine flächendeckende, umfassende und hochwertige Erfassung von Wert- und Schadstoffen. Die Zahl von etwa 2,2 Millionen Kundenbesuchen im Jahr 2012 zeigt die hohe Akzeptanz der BSR-Recyclinghöfe in der Bevölkerung. Insgesamt wurden 2012 auf den Recyclinghöfen etwa 140.000 Tonnen Wertstoffe erfasst. Das Entsorgungssystem der BSR verbindet Wirtschaftlichkeit und Ökologie. Wer sich ökologisch verhält spart Geld. Das Tarifsystem ist so gestaltet, dass die Tarife der einzelnen Angebote – von grauer Tonne bis Recyclinghof – in Abhängigkeit ihrer ökologischen Wirkung abnehmen. Die Tarife für die BIOGUT-Abfuhr sind daher deutlich günstiger als für die graue Tonne. Das System kann von den Bürgern individuell gestaltet werden. Wer es optimal nutzt zahlt geringere Entgelte und schützt die Umwelt.

Von den etwa 1,3 Millionen Tonnen Siedlungsabfall, die im Jahr 2012 in Berlin angefallen sind, wurden etwa 95 Prozent einer energetischen oder stofflichen Verwertung zugeführt. Rund 39 Prozent der Berliner Siedlungsabfälle – das sind etwa 500.000 Tonnen – werden im Müllheizkraftwerk-Ruhleben (MHKW-Ruhleben) energetisch verwertet. Die im Rahmen der Behandlung erzeugte Energie substituiert Primärenergieträger und es entstehen keine zusätzlichen CO_2-Emissionen. Aktuelle Untersuchungen bestätigen, dass Siedlungsabfälle zum großen Teil native organische Stoffe enthalten, wodurch die CO_2-Bilanz noch zusätzlich verbessert wird.

Der größte Teil des Berliner Siedlungsabfalls – etwa 44 Prozent – wird in Anlagen zur mechanisch-physikalischen Stabilisierung und in Anlagen zur mechanisch-biologischen Aufbereitung behandelt. Die erzeugten Produkte werden in Heizkraftwerken, Zementwerken und Monoverbrennungsanlagen verwertet und ersetzen dort fossile Energieträger.

Durch die heutige Anlagenkonfiguration können bereits 30 Prozent der Siedlungsabfälle stofflich verwertet werden. Wesentliche Verwertungsfraktionen sind Eisen- und Nichteisenmetalle, Kunststoffe, Glas und Papier.

2. Einführung der Wertstoffsammlung in Berlin

Seit dem 1. Januar 2013 müssen die Bürger in Berlin nicht mehr zwischen Verpackungen und ausgedienten stoffgleichen Produkten unterscheiden. Die gelben und orangenen Tonnen wurden zu einer einheitlichen Wertstofftonne weiterentwickelt, in der alle Abfälle aus Kunststoff, Metall und Verbundmaterialien eingeworfen werden können.

2.1. Ausgestaltung der Wertstoffsammlung

Im Jahr 2009 wurde durch die BSR die Orange Box eingeführt. Die Orange Box war das Angebot einer separaten Rohstofftonne, um die im Hausmüll enthaltenen Wertstoffe optimaler zu nutzen. Zahlreiche Abfälle, die auf den Recyclinghöfen abgeben werden können – oftmals aber trotzdem in die graue Tonne gelangen –, sollten durch die Möglichkeit einer separaten Erfassung vor Ort einer hochwertigen stofflichen Verwertung zugeführt werden. Hierzu zählen zum Beispiel Elektrokleingeräte, Kunststoffe, Metalle, Spielzeug, Datenträger, Alttextilien oder auch Altholz. Die haushaltsnahe Orange Box wurde zusätzlich zur Hausmülltonne gestellt. Großgeräte und sperrige Abfälle, die nicht in den Behälter passen sowie Schadstoffe jeglicher Art sollten nicht durch die Orange Box entsorgt werden. Die Zusammensetzung der Orange Box bezog sich explizit nicht auf Verkaufsverpackungen, die der Verpackungsverordnung unterliegen.

Als im Juni 2012 das Kreislaufwirtschaftsgesetz nach einem langwierigen und umfänglichen Novellierungsverfahren in Kraft getreten ist, sollten die Regelungen für die flächendeckende Einführung einer einheitlichen Wertstofftonne gemäß einer Verordnungsermächtigung des BMU in einem separaten Wertstoffgesetz erarbeitet werden. Der Grundgedanke einer einheitlichen Wertstofftonne geht in Erweiterung des bisherigen Systems von einer gemeinsamen Erfassung von Leichtverpackungen und sogenannten stoffgleichen Nichtverpackungen (Metalle und Kunststoffe) aus, die bisher als Bestandteil des Hausmülls in kommunaler Zuständigkeit gesammelt werden.

Obwohl das Potential für die zusätzliche Wertstofferfassung in einer einheitlichen Tonne mit etwa sieben Kilogramm pro Einwohner und Jahr bei einem jährlichen Gesamtabfallaufkommen aus privaten Haushalten von 412 Kilogramm pro Einwohner relativ gering ist (Angaben für Berlin), wird die Ausgestaltung der Sammlung von vielen Beobachtern als richtungsweisend für die zukünftige Abgrenzung zwischen privater und kommunaler Zuständigkeit bei der Entsorgung von verwertbaren Abfällen aus privaten Haushalten gesehen. Wie der Weg zu einer einheitlichen Wertstofftonne auf Bundesebene beschritten werden soll, ist gegenwärtig noch weitgehend ungeklärt.

In Berlin hat sich das Abfallwirtschaftskonzept aus dem Jahr 2011, dass in Verantwortung der Senatsverwaltung für Stadtentwicklung und Umwelt erstellt wird, für eine einheitliche Wertstofftonne schon vor Inkrafttreten einer Wertstoffverordnung ausgesprochen. In Verhandlungen unter Leitung der Senatsverwaltung Berlin mit den Dualen Systemen und der BSR wurde für Berlin ein konsensfähiges Modell für die zukünftige Ausgestaltung einer gemeinsamen Wertstofftonne unter Berücksichtigung der bestehenden Rechtslage gefunden. Die Wertstofftonne wurde in Berlin am 1. Januar 2013 gemeinsam mit kommunalen und privaten Entsorgern umgesetzt. Die kommunale Zuständigkeit für die zusätzlich gesammelten Nichtverpackungen ist auch bei einer gemeinsamen Wertstofferfassung gewährleistet. Die existierenden Sammlungen der Gelbe Tonne und die der Orange Box sind in einer gemeinsamen Wertstofftonne mit einheitlichem Erscheinungsbild aufgegangen. Die in Berlin teilweise bestehende privatwirtschaftliche Sammlung der Gelben Tonne^{plus} wurde eingestellt. Die Verpackungsmengen werden wie bisher von den Dualen Systemen zur Sammlung ausgeschrieben. Die BSR behält weiterhin die Verantwortung für die Sammlung der stoffgleichen Nichtverpackungen.

Dabei ist es das Ziel, dass für beide beteiligten Systeme eine Flächendeckung im gesamten Stadtgebiet gewährleistet ist. Für alle Bürger wird das Rücknahmesystem sowohl des kommunalen als auch des privaten Entsorgers bei der Wertstoffsammlung vereinheitlicht. Auf Grundlage der jeweiligen Mengenanteile tragen beide Systeme die Kosten für die Sammlung und Sortierung und werden an den Wertstofferlösen aus der Vermarktung beteiligt.

Basierend auf den jeweiligen Mengenäquivalenten erfolgte die Logistikaufteilung in Berlin. Im Startszenario verantwortete die BSR einen Anteil von 12 Prozent der Gesamtlogistik. Der Anteil wird halbjährlich gemäß der Mengenentwicklung überprüft und ggf. angepasst. Aufgrund der prognostizierten Mengensteigerung wurde bereits zum 1. September 2013 die erste Anpassung durchgeführt. Die im Startszenario prognostizierte Menge von 81.000 Tonnen hat sich im Laufe des Jahres 2013 auf etwa 85.000 Tonnen erhöht. Da die DSD-Mengen für einen Zeitraum von drei Jahren auf 72.000 Tonnen festgeschrieben wurden, kam es somit automatisch zu einer Erhöhung des BSR-Anteils von 12 Prozent auf 16 Prozent. Der Anteil an gesammelten Wertstoffen beträgt dann rund 13.000 Tonnen pro Jahr. Dies entspricht vier Kilogramm an Wertstoffen, die jährlich pro Bürger zusätzlich erfasst werden.

2.2. BSR-Vertragsgebiete

Berlin ist im Rahmen der Ausschreibungen der Dualen Systeme in vier Vertragsgebiete geteilt. Die Ausschreibung aller Berliner Vertragsgebiete für die Jahre 2013 – 2015 hat das private Entsorgungsunternehmen ALBA Berlin GmbH gewonnen. Aufgrund der verspäteten Vergabe im September 2012 gab es nur ein kurzes Zeitfenster für die Abstimmung zwischen ALBA und BSR, um einen rechtzeitigen Start der gemeinsamen Wertstofftonne ab dem 01.01.2013 zu ermöglichen. Entsprechend der jeweiligen prozentualen Anteile an Verpackungen und Nichtverpackungen erfolgte die logistische Aufteilung von Berlin in den einzelnen Vertragsgebieten. Das heißt, es gibt Gebiete in denen die Firma ALBA die Wertstofftonne entleert und andere Gebiete in denen dies durch die BSR durchgeführt wird. Die Aufteilung der Gebiete stellte beide Unternehmen vor große Herausforderungen. Die Standortdaten mussten ausgetauscht und basierend darauf neue Tourenpläne erstellt werden.

Im Startszenario zum 1. Januar 2013 war die BSR für die Wertstofferfassung von etwa 410 Tausend Einwohnern verantwortlich. Davon befanden sich etwa 70 Tausend Einwohner im Außenbereich von Berlin. Etwa 260 Tausend Einwohner ließen sich den in Berlin typischen Blockbebauungen zuordnen und etwa 80 Tausend Einwohner lebten in Großwohnanlagen. Mit der Ausweitung der Gebiete aufgrund der prognostizierten Mengensteigerung zum 1. September 2013 erhöhte sich die Zahl der Einwohner im Verantwortungsbereich der BSR auf etwa 535 Tausend (davon etwa 105 Tausend im Außenbereich, etwa 315 Tausend in Blockbebauungen und etwa 115 Tausend in Großwohnanlagen).

Für die Auswahl geeigneter Gebiete war es erforderlich, vorher vereinbarte Prämissen zu berücksichtigen. Da die BSR in Berlin vier Betriebshöfe für die Abfallwirtschaft unterhält, sollte auch jeder Betriebshof in einem Vertragsgebiet für die Wertstofferfassung verantwortlich sein. Zudem sollten sich die von der BSR verantworteten Bereiche in den vier DSD-Vertragsgebieten befinden, die im Rahmen der Ausschreibungen für Berlin zu Grunde gelegt werden. Weiterhin sollte der Mengenanteil der BSR von 12 Prozent in jedem einzelnen Vertragsgebiete gleichermaßen realisiert werden. Da die Einzugsbereiche der BSR-Betriebshöfe eine sehr hohe Überdeckung mit den vier DSD-Vertragsgebieten aufweisen, ließen sich diese Punkte aber relativ leicht realisieren. Deutlich schwieriger gestaltete sich die Berücksichtigung und Umsetzung der weiteren Prämissen.

Die bereits erwähnten unterschiedlichen Bebauungsstrukturen Blockbebauung, Großwohnanlage und Siedlungsgebiete sollen in den unterschiedlichen Vertragsgebieten repräsentiert sein, wenngleich hier nicht der Anspruch realisiert werden konnte eine Gleichverteilung über alle Bebauungsstrukturen zu gewährleisten. Da die BSR im Startszenario wie bereits erwähnt, eine Mengenanteil von 12 Prozent verantwortet hat, musste die Dimensionierung der Gebiete dementsprechend vorgenommen werden. Gleichzeitig war es aber auch notwendig, zukünftige Mengensteigerungen bei den bereits vorhandenen Gebieten, möglichst ohne allzu großen Aufwand im Rahmen einer Ausweitung, schnell umsetzen zu können.

Nicht unerwähnt bleiben darf, das innerhalb der Gebiete möglichst komplette Ortsteile entweder von der Firma ALBA oder der BSR entsorgt werden. Eine abrupte Grenze z.B. innerhalb einer Straße hätte bei den Anwohnern sicherlich zu Unverständnis geführt und das Risiko beinhaltet, dem ganzen System der getrennten Wertstofferfassung kritisch gegenüber zu stehen. Da die Orange-Box, die vor der Wertstofftonne durch die BSR eingeführt wurde, über ein breiteres Annahmespektrum als die Wertstofftonne verfügte (z.B. Alttextilien, E-Schrott, Holz), bestand ohnehin das Risiko, dass die Akzeptanz der Wertstofftonne geringer wäre, als bei der bekannten Orange-Box, trotz des Wegfalls eines Behälters an den jeweiligen Müllplätzen.

2.3. Begleitende Informationskampagne

Bei der Berliner Wertstoffsammlung handelt es sich deutschlandweit um eines der ersten Erfassungssysteme, welches die Sammlung aller im Haushalt anfallenden gängigen Wertstoffe aus Kunststoff, Metall und Verbundmaterialien vereinheitlicht. Diese sehr grundlegende Änderung erfordert einen gewissen *Umlernprozess* bei den Bürgerinnen und Bürgern Berlins. Erfahrungsgemäß wird dieser auch einige Zeit in Anspruch nehmen. Da in Berlin die Orange Box erst zwei Jahre zuvor mit einer intensiven Informationskampagne in der Stadt bekannt gemacht wurde, wurden deshalb nochmal besondere Umstellungsschwierigkeiten erwartet. Die Einführung der gemeinsamen Wertstofftonne wurde daher intensiv unter Nutzung verschiedener Wege kommuniziert.

Die bereits vorhandenen gelben und orangen Tonnen wurde auch nach der Einführung der gemeinsamen Wertstofftonne beibehalten. Der vollständige Austausch aller bereits ausgestellten gelben und orangen Tonnen, um sie durch neue Tonnen mit einer Farbe zu ersetzen, wurde nicht in Erwägung gezogen. Die Gründe hierfür sind vielfältig. Zu nennen sind betriebswirtschaftliche Überlegungen, da der vollständige Austausch mit hohen Anlaufkosten verbunden gewesen wäre. Wenn man bedenkt, dass die getrennte Wertstofferfassung einen Beitrag zu Ressourcenschonung leisten soll, wäre die Bereitstellung neuer Behälter in ganz Berlin auch aus ökologischen Gründen nicht opportun gewesen und hätte das ganze System bereits im Vorfeld diskreditiert. ALBA und BSR haben sich daher auf die einheitliche Beklebung der bereits ausgestellten Behälter verständigt.

Trotz der klar abgegrenzten Entsorgungsgebiete in Berlin, haben ALBA und die BSR ein gemeinsames und einheitliches Produktmarketing entwickelt. Ziel des einheitlichen Produktmarketings war es, die Wertstofftonne als neues Entsorgungskonzept für ganz Berlin zu kommunizieren. Hierzu wurden eine Reihe von Maßnahmen abgeleitet. Die Maßnahmen beinhalten sowohl groß angelegte Aktionen im ganzen Stadtgebiet von Berlin, als auch kleinere punktuelle Aktivitäten, die direkt für und mit den Berlinerinnen und Berlinern durchgeführt wurden. Hierbei sind z.B. die Produktion von Printerzeugnissen, klassische Kampagnen mit Plakaten und die Durchführung von Kundenveranstaltungen zu nennen. Nicht unerwähnt bleiben darf natürlich auch das Internet, wo die Berliner Wertstofftonne mit einem eigenen Auftritt vertreten ist. Seit Januar 2013 werden auf der Internetseite, alle Informationen zur Nutzung der neuen Tonne, die Antworten auf häufig gestellte Fragen und die genauen Abfuhrtage bereitgestellt.

Das Corporate Design beider Unternehmen sollte sich in dem neuen Erscheinungsbild wiederfinden und als Basislayout in den Informationsmaterialien zu erkennen sein. Am Beispiel der Aufkleber für die Wertstofftonnen, die in unterschiedlichen Größen gedruckt wurden, lässt sich dieses sehr gut verdeutlichen.

Im Kopf der Aufkleber befinden sich die Logos und die Service Hotlines beider Unternehmen. Das heißt, es gibt keine Unterscheidung bei der Nennung der Servicehotline nach den Vertragsgebieten. Der Mieter muss nicht wissen, welcher Entsorger die Wertstofftonne an seinem Standplatz entleert. Anrufe oder Anfragen, die jeweils den anderen Entsorgungspartner betreffen werden durch die Call-Center beider Häuser entsprechend weiter geleitet. Die Hausmeister, Hauswarte oder auch Eigentümer der einzelnen Standplätze wurden von ALBA und der BSR in gesonderten Schreiben über die jeweilige Zuständigkeit informiert. Im Zentrum der Aufkleber stehen große Piktogramme, die über die Wertstoffe informieren, die in den Behälter eingeworfen werden sollen. Die Piktogramme erzeugen eine große Wirkung auch ohne zusätzliche Kommunikation. Zur Information der Bürgerinnen und Bürger nichtdeutscher Herkunftssprache ist wegen der daraus resultierenden Vielsprachigkeit in Berlin darauf geachtet worden, das die Materialien schon allein durch die genutzten Piktogramme verständlich sind und damit auch ohne Sprache möglichst gut funktionieren. Die Aufkleber haben einen Farbverlauf, der sich aus der orangen Farbe der ursprünglichen Orange Box und der gelben Farbe der ursprünglichen DSD-Tonne zusammensetzt. Mit dem Verlauf wird deutlich, dass die beiden bisherigen Systeme in einem neuen System verschmelzen. Darüber hinaus befinden sich weitere kleinere Piktogramme auf den Aufkleber mit all den Stoffgruppen, die nicht in die gemeinsame Wertstofftonne gehören. Hierzu zählen unter anderem Elektrogeräte, Energiesparlampen, Batterien, Textilien, Datenträger oder auch Holz. Neben dem Verweis auf die gemeinsame Internetseite befinden sich in der Fußzeile die LOGOS sämtlicher Systembetreiber, die gemäß der Abstimmungserklärung aufgenommen wurden.

Die einheitliche Kennzeichnung der Behälter erfolgte sukzessive. Insgesamt mussten etwa 180.000 Behälter im ganzen Stadtgebiet durch ALBA und BSR mit neuen Aufklebern versehen werden. Bei der Neubeklebung spielte auch die Witterung eine entscheidende Rolle, da bei Temperaturen unter 8 °C eine dauerhafte Beklebung aus technischen Gründen (mangelnde Haftung der Aufkleber auf den Tonnen) nicht durchgeführt werden konnte. Aufgrund der langen tiefen Temperaturen konnte daher die forcierte Beklebung aller Behälter erst im April 2013 gestartet werden.

Eigentümer, Mieter und wichtigen Multiplikatoren wurden zahlreiche Informationen zur Verfügung gestellt. Die Information an Vermieter erfolgte mittels Kundenforen, Newsletter, Verbandsmitteilungen und persönlichen Gesprächen. Wichtiger Teil dieses Angebots war die Bereitstellung von Informationsmaterialien für die Mieter. Hierzu zählen Müllplatzschilder, Hausaushänge, Infokarten und Infoflyer. Bereits seit Dezember 2012 erfolgte eine kontinuierliche Pressearbeit durch Artikel in Tageszeitungen, Verbandszeitschriften und Mieterzeitungen.

Zusätzlich zu den mit ALBA gemeinsam entwickelten Infomaterialien hat die BSR noch weitere Informationsmaterialien genutzt. Hierzu zählen Flyer in unterschiedlicher Größe, Müllplatzschilder, Informationen in der Jahresrechnung usw.

3. Erfahrungen und Ergebnisse nach einem Jahr Wertstoffsammlung

3.1. Qualität und Zusammensetzung der gesammelten Wertstoffe

Da jede Umstellung eingeübt werden muss, wurde zwischen den Vertragspartner eine Übergangsfrist vereinbart. In der Übergangszeit wurden Fehlwürfe geduldet, wenn sie aus der bisher geübten Praxis der Orange Box der BSR oder der Gelben Tonne^{plus} der Firma ALBA resultieren. Typische Fälle hierzu waren Elektrogeräte, Holz und Textilien, die in der Orange Box ausdrücklich erwünscht waren, aber in der neuen Wertstofftonne aufgrund der weitgehend automatischen Sortierung in der für DSD-Materialien ausgelegten Sortieranlage nicht mehr landen sollten. Sortiert werden die Wertstoffe in der DSD-Sortieranlage der Firma ALBA am Hultschiner Damm in Mahlsdorf. Ausnahme für die Fehlwurftoleranz war – wie auch schon bei der Gelben Tonne und der Orange Box – wenn sich in der Wertstofftonne überwiegend Hausmüll, Biomüll oder gar Bauschutt befindet. In diesen Fällen muss die offensichtlich falsch befüllte Tonne, kostenpflichtig als Hausmülltonne entsorgt werden. Wichtig war es in dieser Übergangszeit einen gesunden Mittelweg zu finden. Auf der einen Seite sollten Fehlwürfe nicht zu stark sanktioniert werden. Andererseits war es aber auch wichtig, dem Bürger möglichst rasch an die neue Systematik zu gewöhnen. Die bisher in den Orange Boxes gesammelten Elektro-Kleingeräte, Datenträger sowie Holz und Textilien können seit der Einführung der Wertstofftonne wieder auf den 15 Recyclinghöfen der BSR abgegeben werden.

Das für die Berlinerinnen und Berliner eine wie oben beschriebenen Übergangszeit sinnvoll war, wird an der Qualität der Wertstoffsammlung deutlich. Von den eingesammelten Mengen konnte zu Beginn der Einführung einer getrennten Wertstoffsammlung im Januar 2013 lediglich etwa 30 Prozent einer stofflichen Verwertung zugeführt werden. Bereits sechs Monate später ist der Anteil der stofflichen Verwertung im Juni 2013 auf etwa 60 Prozent angestiegen. Im Jahresdurchschnitt 2013 wurden 55 Prozent der Wertstoffe stofflich und 45 Prozent der Wertstoffe energetisch verwertet. Für die Berechnung der Verwertungsquoten wurde zugrunde gelegt das die sortenreine Kunststoffen wie Polypropylen, Polyethylen und Polysterol zu 100 Prozent einer stofflichen Verwertung zugeführt werden können. Gleiches gilt für Kunststofffolien, Hohlkörper aus Kunststoff, Weißblech, Aluminium sowie Flüssigkartons und PPK aus der LVP-Sammlung. Auch für Schrott und E-Schrott wurden Verwertungsquoten von 100 Prozent veranschlagt. Lediglich bei der Fraktion der Mischkunststoffe wurde mit einer stofflichen Verwertungsquote von 40 Prozent kalkuliert.

Fast ein Drittel der der gesammelten Wertstoffe besteht aus Mischkunststoffen. EBS, Weißblech und PPK haben jeweils einen Anteil von etwa 17 Prozent. LVP-Sortierreste und Kunststofffolien haben einen Anteil von jeweils etwa 5 Prozent. Die verbleibenden etwa 6 Prozent verteilen sich auf Schrott, PET-Gemische und Flüssigkartons.

3.2. Auswirkungen auf die innerbetriebliche Organisation der BSR

Auch für die Wertstofftonne galt für die BSR der Grundsatz, dass sie von Anfang an nach Möglichkeit reibungslos funktionieren soll. Hauptziel der BSR ist eine zuverlässige und qualitativ gute Leistung, bei einer hohen Serviceorientierung und niedrigen Gebühren.

Aufgrund der Einteilung von Berlin in Entsorgungsgebiete sind ALBA und BSR in definierten Ortsteilen für die Betreuung und Abholung der Wertstofftonne zuständig. Für jeden Ortsteil steht damit grundsätzlich ein fester Ansprechpartner und Kundenberater sowohl von ALBA als auch BSR zur Verfügung. In den Ortsteilen Borsigwalde, Wittenau, Reinickendorf, Alt-Hohenschönhausen, Neu-Hohenschönhausen, Britz, Mariendorf, Lankwitz, Lichterfelde ist die BSR für die Entsorgung der Wertstofftonne zuständig. In den verbleibenden Ortsteilen geschieht dies durch die Firma ALBA. Sowohl ALBA als auch die BSR mit ihren Service-Centern stehen den Berlinerinnen und Berlinern telefonisch zur Verfügung. Allgemeine Fragen werden unabhängig davon beantwortet, wer in dem Gebiet zuständig ist. Fragen zu speziellen Müllstandplätzen oder Beschwerden leiten beide Unternehmen gegebenenfalls an die Verantwortlichen weiter.

Um ihrem Anspruch einer hohen Kundenorientierung auch bei der Wertstofftonne gerecht zu werden, hat die BSR in der Kundenbetreuung in der Umstellungsphase temporär zusätzliche Kapazitäten geschaffen. Seit der Einführung der Wertstoffsammlung fallen pro Monat dauerhaft etwa 2.500 Vorgänge und etwa 3.000 Anrufe zur Wertstoffsammlung an. In der Umstellungsphase lag der Spitzenwert sogar bei etwa 6.000 Anrufen pro Monat.

Die Aufgaben der Kundenbetreuung sind durch die Einführung der Wertstoffsammlung deutlich angestiegen und betreffen alle Funktionen. Hierzu zählen das Beschwerdemanagement, die kaufmännische Bearbeitung, individuelle Änderungsanfragen, das Back-office für den Außendienst, die Kundenberatung oder auch die Betreuung von Großkunden. Um den Kunden in der Umstellungsphase eine möglichst optimale Erreichbarkeit zu gewährleisten, wurde unter anderem auch das Telefonwahlmenu umgestellt und die Wertstoffsammlung priorisiert.

4. Ausblick

Bereits im Sommer 2012 startete das Bundesumweltministerium eine Initiative für ein neues Wertstoffgesetz. Hintergrund hierzu war die Tatsache, dass die Frage wer für die Erfassung der Wertstoffe zuständig sein soll, im neuen Kreislaufwirtschaftsgesetz nicht abschließend geklärt worden ist. Der Erfolg der Initiative ist bis heute ausgeblieben. Das angestrebte Gesetz wird von kommunalen und privaten Entsorgern kritisch bewertet. Die bisherigen Versuche einen Konsens zu finden blieben ebenfalls erfolglos. Auch wenn alle Seiten ihr grundsätzliches Interesse an einer Wertstofftonne bekunden, gibt es dennoch sehr unterschiedliche Standpunkte über die Ausgestaltung der Organisation. Lösungen auf regionaler Eben sind aber durchaus konsensfähig.

Aus Sicht der Kommunen und deren Spitzenverbände stellt die Berliner Wertstoffsammlung eine Übergangslösung dar. Nur die kommunale Zuständigkeit für die gesamte Siedlungsabfallentsorgung gewährleistet zukünftig eine sachgerechte Erfassung aller Abfälle aus privaten Haushalten.

Die BSR unterstützt die Position des VKU zur zukünftigen Ausgestaltung der Wertstoffsammlung. Die wesentlichen Eckpunkte dabei sind:

- Die kommunale Zuständigkeit für die zuverlässige und flächendeckende Erfassung von Haus- und Geschäftsmüll ist die Voraussetzung für eine maximale und bürgerfreundliche Erfassung der Sekundärrohstoffe im Sinne des Klima- und Ressourcenschutzes.

- Die Kommunen haben ihre abfallwirtschaftlichen Konzepte im Sinne der Daseinsvorsorge individuell auf die regionsspezifischen Gegebenheiten zugeschnitten und bieten eine ökonomisch und ökologisch darauf abgestimmte Entsorgung.
- Die Zuständigkeit der Kommunen für die Entsorgung aller Abfälle aus Haushalten einschließlich der Wertstoffe muss klar gesetzlich geregelt sein, denn die Erlöse aus der Vermarktung der getrennt erfassten Sekundärrohstoffe stabilisieren die Gebührenkalkulation und kommen somit dem Bürger zugute.
- Verpackungen, stoffgleiche Nichtverpackungen sowie sonstige Wertstoffe sind zukünftig unter kommunaler Regie gemeinsam zu erfassen, um ein bürgerfreundliches, transparentes und nachvollziehbares System etablieren zu können.

Recycling von Hohlglas
– Technik, Qualität und Wirtschaftlichkeit –

Karlheinz Scheffold und Rüdiger Oetjen-Dehne

1. Einführung, nachhaltige Verpackung, Einweg, Mehrweg

Wir wollen Trinken und bekommen Verpackung. Rund 738 Liter verpackter Getränke hat im Jahr 2010 jeder Deutscher konsumiert, weltweit sind es 786 Milliarden Liter (o. Milch)[1]. Der in Deutschland damit einhergehende Verpackungsverbrauch des privaten Endverbrauchs von 7,4 Millionen Tonnen pro Jahr (2010) entsprechend 90 kg/E/a ist beeindruckend, davon sind 2,4 Millionen Tonnen pro Jahr, etwa 29,5 kg/E/a aus Glas bei einem Verbrauch von insgesamt 2,8 Millionen Tonnen bzw. 34,3 kg/E/a[2]. Mit dem Recycling von Glashüttenscherben und der versuchsweisen Erfassung von Einwegbehältern aus Glas in Verbrauchernähe (1972) haben die Behälterglashersteller einen wichtigen Beitrag zur Akzeptanz der Getrenntsammlung in der deutschen Bevölkerung geleistet. Tuminski (1982) hat erstmals das verbrauchernahe Glasrecycling wissenschaftlich untersucht und Leistungsdaten sowie Optimierungsoptionen aufgezeigt [3]. Das Kopf an Kopf Rennen unterschiedlicher Verpackungen erfährt mittels Sachbilanzen z.B. für Einweg-/Mehrwegverpackungen seit Beginn der 1980iger Jahre immer wieder neue Impulse durch Reduktion der volumenbezogenen

Verpackungsgewichte sowie Prozessoptimierungen. Aktuell werden diese Ökobilanzen zu Nachhaltigkeitsbilanzen erweitert, bei denen PET-Mehrweg und Glas-Mehrweg sich behaupten[4]. Pfandsysteme, Mehrweg und Recycling haben großen Einfluss auf das Wertungsergebnis. Um Verpackungen wird politisch gestritten, wie die VerpackV (1993) und die Einführung des Einwegpfandes (2003) zeigen, auch um Märkte zu gestalten.

Bei der Entscheidung eine Verpackungsverordnung zu erlassen (1991) und die Produktverantwortung in Form der Rücknahmepflicht von Verkaufsstellen durch die Einführung eines flächendeckenden Systems auszuhebeln, waren Glas und Papier aufgrund der etablierten Kreisläufe und Märkte dazu bestimmt, den Erfolg des Dualen Systems und der Lizenzierung durch den Grünen Punkt zu gewährleisten. Für Kunststoffe mussten erst einmal in mühevoller Entwicklungsarbeit Technologien und Märkte entwickelt werden. Die heute fehlende Anpassung an höhere stoffliche Verwertungsquoten für Kunststoffe führt zur Kritik an den Dualen Systemen[5]. Der Gedanke, ob es nicht ohne geht, ist einem komplizierten Interessenmix geschuldet. Am Ende des Vortrages soll für Glas diese Frage aus Sicht des Verfassers beantwortet werden.

Die Diskussion um ökologisch vorteilhafte Einwegverpackungen (1998) und die Einführung des Einwegpfandes (2003) hat der PET-Verpackung den großen Durchbruch gebracht. So ging der Verpackungsverbrauch privater Haushalte zwischen 2000 und 2010 bei Glas um etwa 920 kt/a zurück und bei Kunststoff wurde er um etwa 827 kt/a gesteigert.[2] ALDI hat seinen Marktanteil von 3,23 % (2000) auf 16,5 % verfünffacht, bei einem Verbrauchszuwachs von 40,6 % des Gesamtmarktes bis 2005 (4,27 Milliarden Liter).

Das Einwegpfand war nötig, um dieses Wachstum zu realisieren. Die Glaseinwegflasche wurde ausgemustert. Eine nachhaltige Lösung muss sich an der Umweltinanspruchnahme messen lassen und bedarf neben der Effizienz auch der Suffizienz. Im Zentrum der Betrachtung steht das Bedürfnis zu Trinken, den Durst zu stillen. Der Verbrauch von Mineralwasser ist in den letzten Jahrzehnten in Deutschland beachtlich von 85 (1990) Liter pro Kopf und Jahr auf 178 (2012) angestiegen[6]. Der Verbraucher reduziert den Gebrauch der nachhaltigsten Lösung *Trinkwasser aus dem Hahn* zu nutzen, weil Image, Werbung, Geschmack, Einkommen den Konsum verpackten Mineralwassers beflügeln. Bequemlichkeit führt dazu, dass bevorzugt PET-Flaschen genutzt werden.

Glas wird bei kohlensäurehaltigen Mineralwässern als Mehrwegflasche benutzt und hat einen Anteil von etwa 23,3 % (2012). Die PET-Flasche wiegt etwa 36 Gramm (1,5 L EW) und eine 1-Liter Glas-MW-Flasche etwa 580 Gramm. Erst durch hohe Umlaufzahlen (50) ist Glas ökologisch verträglich, aber hygienisch aufgrund seines inerten Charakters auch unschlagbar mit werthaltiger Haptik.

Ein weiteres Segment für MW-Glas ist Bier mit einem Verbrauch von 107 Liter pro Kopf in Deutschland und einem Anteil am Getränkeverbrauch von 22,3 %[7]. Mit über 88 % ist der Mehrweganteil bei Bier deutlich höher als bei Mineralwasser (43,3 %), Erfrischungsgetränke (34,6 %), alkoholischen Mischgetränken (14,3 %). Die Zielgröße der VerpackV von 80 v.H. Mehrweganteil wird mit 48,0 % zuzügl. 2,1 % ökologisch vorteilhafte Einweg-Verpackungen deutlich verfehlt [8].

Dem Käufer fehlt noch immer jede Information, wie viel Umweltinanspruchnahme er durch seine Konsumwahl bewirkt. Folglich kann er nicht volkswirtschaftlich wohlstandsmehrend handeln, die Allokation ist ökologisch verzerrt.

Seit dem 1.1.2003 gilt die Pfandpflicht auf Einweg-Getränkeverpackungen für Erfrischungsgetränke mit Kohlensäure, Mineralwasser sowie Bier und seit dem 1.5.2006 erweitert für Erfrischungsgetränke ohne Kohlensäure und alkoholhaltige Mischgetränke. Die Einwegdose aus Weißblech und Aluminium für Bier wurde verdrängt zum Nutzen von Glas. PET Einweg hat Glas-Einweg verdrängt, mit Ausnahme bei Wein, der von der Einwegpfandpflicht politisch befreit wurde. Die Überlegungen ein eigenständiges Rücknahmesystem für Einwegglas mit und ohne Pfand durch die Behälterglashersteller einzuführen und am Rücknahmecontainer an 140.000 Verkaufsstellen das Pfand gutzuschreiben, wurden verworfen[10].

Die Rücknahme der Einwegpfandflaschen aus PET hat anfänglich eine beachtliche Summe Liquidität in die Kassen der Organisatoren gespült. Die Verpflichtung zur Rücknahme und die Automaten haben inzwischen dazu geführt, dass etwa achtzig Prozent der Packungen zurücklaufen. Der Automatenhersteller TOMRA hat profitiert und in den Folgejahren Hersteller von bildverarbeitenden Trenngeräten (z.B. Titech, BEST) aufgekauft[11].

Der politische Einfluss der Glasindustrie als Branche ist aufgrund des geringen Produktionswertes von etwa 2,15 Milliarden Euro entsprechend 0,509 EUR/kg im Vergleich zur Kunststoffindustrie, den Abfüllern und Händler als gering einzustufen. Die Umsatzanteile am deutschen Verpackungsmarkt 2011 betragen von Glas 7,4 % und von Kunststoff 41,2 %, von PPK 33,6 % und Metallen 17,8 % bei einem Umsatzvolumen der Packmittel von etwa 32,1 Milliarden Euro in 2011[13]. Der Umsatz mit Flaschen aus Kunststoff beträgt etwa 1,6 Milliarden Euro entsp. 2,53 EUR/kg. Der dt. Produktionswert von Kunststoffverpackungen insgesamt wird mit 13,2 Milliarden Euro für 2011 genannt[14]. (PET: 36 g/Fl. X 2,53 EUR/kg = 9,1 ct/Fl. Im Vergleich Glas: 375 g x 0,509 EUR/kg = 19,09 ct/Fl.)

2. Kreislauf Glas, Duale Systeme

Der Kreislauf beginnt mit der Produktion von Behältern aus Glas in den dt. Glashütten durch die Schmelze eines Gemenges aus Quarzsand, Soda, Kalkstein, Dolomit, Feldspat, Eigen- und Fremdscherben in einer Wanne mittels fossiler Brennstoffe und elektr. Strom. Aus einem flüssigen Tropfen der Schmelze wird dann ein Behälter geformt, Tabelle in Bild 1 Subsystem (1). Die Produktionsmenge der dt. Behälterglashersteller wird für 2011 mit 4,213 Millionen Tonnen genannt, entsp. 48,3 kg/E/a. Davon werden 30,8 % exportiert. In der Bild 2 ist die zeitliche Entwicklung ausgehend von 4,1 Millionen Tonnen pro Jahr und einem Produktionswert von 1,47 Milliarden Euro entsp. 346 EUR/t bei 2,5 Millionen t/a Scherben aus Dualen Systemen und 0,87 Millionen t/a Nettoexporte dargestellt. Der Konjunktureinbruch 2008 unterbricht die Entwicklung. Die Nettoexporte wurden leicht gesteigert, der Produktionswert konnte auf über 500 EUR/t erhöht werden. Der Verbrauch an Behälterglas wird für

2011 mit 3.055 kt/a und die Sammelmenge mit 2.598 kt/a in der FEVE, Brüssel-Statistik genannt. Damit ist die Recyclingquote von 81,1 in 2010 (2.277: 2.807) auf 85,0 % in 2011 angestiegen[15].

Tabelle 1: Mengenänderung dualer Glasströme durch Einführung Einwegpfand 2001/2003

Zeitraum	Einwohner Deutschland	Erfassungs-mengen Glas dualer Systeme	Stoffliche Verwertungsmengen Glas dualer Systeme	Lizenz-mengen dualer Systeme
	Einwohnerzahl	t/a	t/a	t/a
MW 1993 bis 2000	81.903.000	2.626.396	2.692.486	2.993.335
MW 2005 bis 2011	82.053.000	1.963.963	1.911.301	2.050.908
Veränderung	150.000	-662.433	-781.185	-942.427
	0,18 %	-25,22%	-29,01 %	-31,48 %

Die Fremdscherben zur Schmelze werden aus der Aufbereitung der getrennt gesammelten Dualer Systemware sowie aus freien Scherben, die von Abfüllern kommen z.B. Bruch Mehrwegflaschen, Rücklaufware usw. , bezogen, vgl. Pos. 7 in Bild 1. Der Fremdscherbeneinsatz liegt bei den Hütten zwischen 50 und 90 Prozent, im Mittel bei Weißglas bei etwa 63,5 % und 79,4 % bei Grünglas.

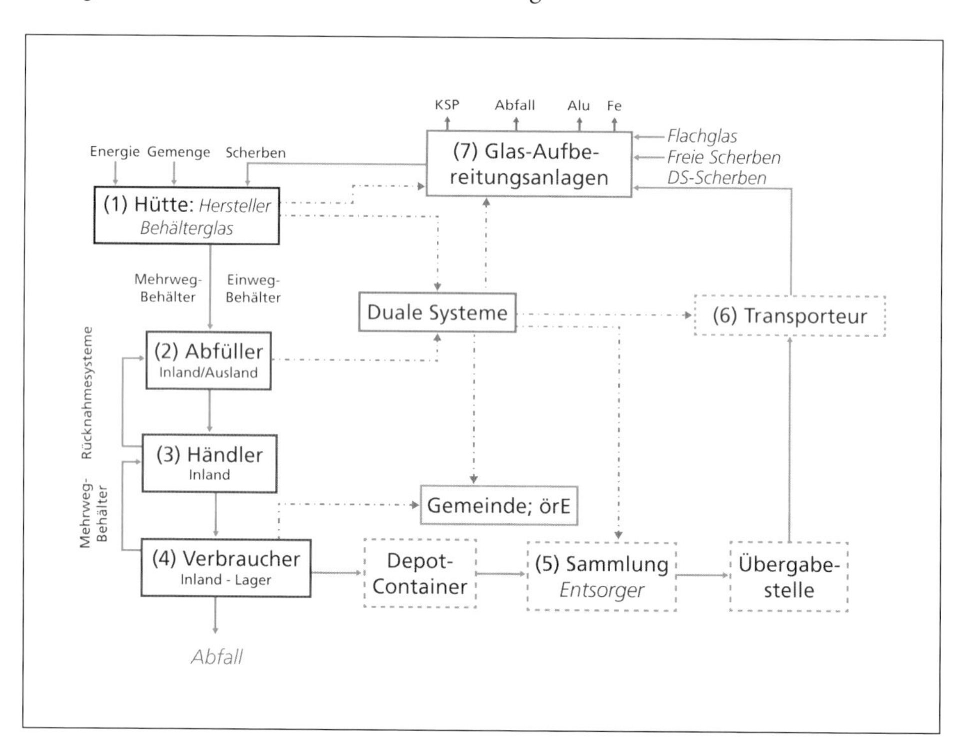

Bild 1: Organisation des Hohlglasrecyclings und dessen Finanzierung

Die VerpackV betrifft bezüglich der Zahlungsströme die Abfüller (2), welche bei den Dualen Systemen (8) ihre in Verkehr gebrachten Mengen zu lizenzieren haben. Die Händler (3) sorgen dafür, dass ihre eingekaufte Ware lizenziert ist und erwirtschaften diesen Lizenzaufschlag beim Verkauf der Ware an den Verbraucher (4). Dem Verbraucher steht ein flächendeckendes Netz an Sammelstellen zur Verfügung, das von den Entsorgern (5) operativ organisiert und betrieben wird. Im Rahmen von Ausschreibungen erhalten die Entsorger die Verträge mit dreijähriger Laufzeit. Das Glas bleibt je nach Vertrag Eigentum des entsprechenden Dualen Systems und ist an eine Aufbereitungsanlage (7) zu liefern. Diese bewerben sich auch im Wettbewerb um die ausgeschriebenen Dualen Glasmengen und werden zum Lohnunternehmen, sofern ihnen die Vermarktung der Outputstoffströme nicht überlassen wird. Die Duale System GmbH mit ihrer Tochter DKR haben einen Marktanteil von etwa 57 % am Stoffstrom Glas (Tabelle 2) und organisiert den Verkauf der Scherben an Hütten, organisiert die Logistik und kontrolliert die Qualitätssicherung der beteiligten Entsorger und Aufbereiter an ihren Mengen. Der Marktanteil sinkt stetig, im 1. Quartal 2013 lag er

Prognose 2013	**Menge** t/a	**anteilig** %
DSD	1.144.241	56,98
Belland Vision	229.875	11,45
Landbell	197.500	9,83
Vfw	178.229	8,87
Interseroh	134.468	6,70
RKD	101.103	5,03
Eko-Punkt	14.983	0,75
Zentek	4.472	0,22
Veolia Dual	3.411	0,17
Redual	0	0,00
Summe	**2.008.281**	**100**
$\sum$ 6 Große	1.985.416	98,86
übrige	22.865	1,14
	Menge t/a	**Abweichung** %
IST-Menge 2011	2.079.133	
IST-Menge 2012	2.100.532	
PLAN-Menge 2012	2.055.755	
Abweichung	-44.777	-2,18
Eigenrücknahmen		
IST-Menge 2011	54.972	
IST-Menge 2012	42.205	
PLAN-Menge 2012	43.649	
Abweichung	1.444	3,31
Lizenzmenge 2011	2.080.751	
Erfasste Menge 2011	1.954.046	

Tabelle 2:

Meldung von Planmengen dualer Systeme und Hochrechnung aus den ersten drei Quartalen auf das Jahr 2013

Daten aus:

EUWID 27.2013 S.6; eigene Berechnung

EUWID 23.2013 S.7, EUWID 16.2013 S. 4

noch bei 59,8 % und im 3. Quartal bei 53,9 %. Mit den Erlösen für den Verkauf der Scherben und den Lizenzerlösen von den Inverkehrbringern finanzieren Duale Systeme die Rücknahmeverpflichtung und Verwertung. Die örE wurden von Beginn an über eine Systemabstimmungserklärung sowie mit der Zahlung von Nebenentgelten für die Abfallwirtschaftsberatung und Stellplatzreinigung von Dualen Systemen eingebunden, um sich des politischen Wohlwollens sicher zu sein. Hierüber entlastet das verursachungsgerechte Lizenzentgelt, die Abfallgebühr.

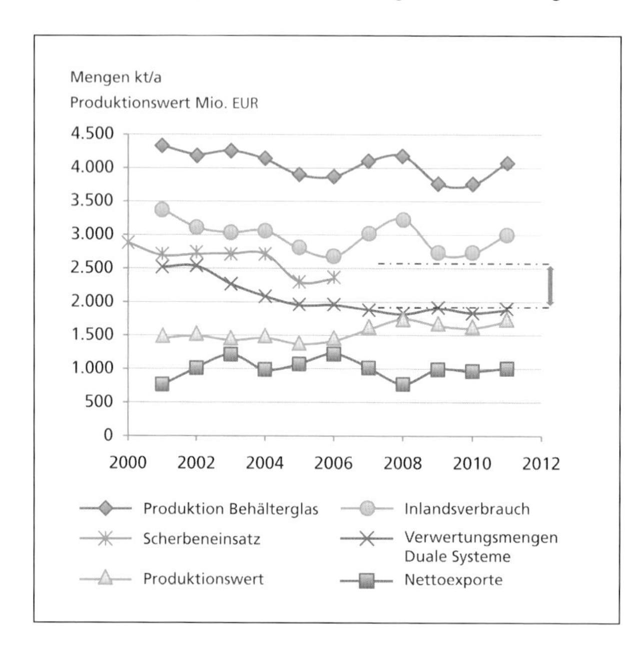

Bild 2:

Entwicklung der Produktionsmenge der dt. Hohlglashersteller (Daten aus BV Glas Jahresberichte) und stofflicher Verwertungsmengen aus Dualen Systemen sowie der Produktionswert; das Einwegpfand hat die Altglaseinsatzquote reduziert

Inzwischen haben die operativ Beteiligten aufgrund der geringen Preise und wegen des hohen Leistungsdruckes die *Freude am System* verloren und wünschen sich eine Abschaffung der Dualen Systeme und eine Vergabe der operativen Leistung, wie früher durch die örE zurück. Damals hat der Verbraucher die finanziellen Defizite des Recyclings (auch bei Glas) über die Abfallgebühr ausgeglichen. Zwei politische Alternativen werden diskutiert: (a) Beibehaltung der Lizenzierung und Schaffung einer *Zentralen Stelle* welche neutral die Leistungen im Wettbewerb vergibt und (b) die Vergabe der operativen Leistungen durch die örE an den Eigenbetrieb (Inhouse) oder an Dritte im eu-weiten Wettbewerb. In der Regel würde dann Sammlung und Verwertung in zwei Losen einer Ausschreibung vergeben für die Dauer von eher 5+2*1=7 Jahren, wie in der kommunalen Entsorgungslogistik noch üblich. Die örE scheuen das aufwendige EU-weite Verfahren und wählen deshalb die längere Vertragslaufzeit mit Verlängerungsoption. Anders die Dualen Systeme, welche Vergabeplattformen eingerichtet haben und primär die Abstimmung mit der Kartellbehörde benötigen, damit sie ihre Marktmacht nicht überstrapazieren. In einer Kompromisslösung verteilt eine zentrale Stelle die von Dualen Systemen eingeworbenen Lizenzentgelte an die örE zur Deckung deren Defizite. Dass dies eine grauenhafte Vorstellung für Hersteller und Inverkehrbringer ist, läßt sich leicht nachvollziehen, da sie dann keinen Einfluss mehr auf die

Kostenbildung haben und nur noch vom politischen Wohlwollen abhängig sind, was die Höhe der Lizenzentgelte anbelangt. Marktlösungen haben den Vorteil einer schnellen und effizienten Umsetzung. Ihr Nachteil, das Wachstum ist begrenzt und damit steigt der leistungs- und Preisdruck. Den Marktteilnehmern bleibt nur der Weg der Effizienzsteigerung und der Konzentration. Letzteres ist bei den örE nur möglich, in dem sie Mengenströme zurück in ihre Zuständigkeit holen. Die Geschichte zeigt, dass einmal eingerichtete Strukturen einen hohen Überlebenswillen entwickeln, insofern erwartet der Verfasser, dass die Dualen Systeme vorerst erhalten bleiben.

3. Behälterherstellung, Rohstoff- und Energiesubstitution

Glas hat eine flüssigkeitsähnliche Struktur und geht bei stetiger Erwärmung ohne sprunghafte Änderung seiner Eigenschaften in einen weichen und schließlich flüssigen Zustand über[16]. Siliciumdioxid, das in der Natur als annähernd reiner Quarzsand vorkommt, ist mit etwa siebzig Prozent im Gemenge technisch der wichtigste Glasbildner. Wegen des hohen Schmelzpunktes von Quarz (1.700 °C) wird der Sand zur Schmelzpunkterniedrigung mit Flußmitteln wie Soda, Pottasche, Glaubersalz versetzt. Als Stabilisatoren für das Glas werden v.a. Erdalkalimetalle in Form von Kalkstein, Dolomit oder Basalt zugesetzt. Zur Entfärbung werden je nach Bedarf *Entfärber* (Braunstein, Ceroxid, Salpeter) eingebracht.

z.B. Soda (NaO)-Glas: 74% SiO_2/13 % Na_2O/10,5 % CaO/1,3 % Al_2O_3/0,3% K_2O/ 0,2%SO_3/0,2% tO/0,04 % Fe_2O_3/0,01 TiO_2 Liquidus temperature 1.040 °C Wannentemperatur: 1.675 °C

Zu unterscheiden ist zwischen *Kalknatron-Glas* und *Kali-Glas*. Bei letzterem wird statt Soda Pottasche verwendet. Weitere Glasarten sind Borsilikat- und Bleiglas. Letzteres kann bis zu 25 % Bleioxid enthalten. Da die USA den Grenzwert von früher 500 auf inzwischen 100 ppm für PbO reduziert haben und in der EU[17] 200 ppm das Ziel ist, musste der Anteil bleihaltiger Gläser in der Schmelze reduziert werden. Die Aussortierung bleihaltiger Gläser in der Scherbenaufbereitung sowie die Reduktion der Scherbeneinsatzquote waren hierzu in den letzten Jahren notwendig. Hohlglas wird in kontinuierlich arbeitenden, aus feuerfesten keramischen Steinen aufgemauerten Wannen bei Temperaturen um 1.480 °C geschmolzen. Die Schmelzkapazität kann bis zu 600 t/Tag bzw. 219 kt/a betragen. Der Energieeintrag von etwa 2 kWh/kg erfolgt mit Gas, Erdöl und/oder elektrisch. Rund siebzig Prozent der Energie bei der Glasherstellung wird für die Schmelze benötigt. Neben der Rohstoffsubstitution ist die Reduktion der notwendigen Schmelzenergie sowie eine höhere Produktivität der Wanne der große Vorteil des Glasrecyclings. Einen vertiefenden Einblick in die Technik zur Herstellung von Glas erlaubt der JRC Reference Report (2013)[18].

In 2011 hat das Glasrecycling in Europa mehr als 12 Millionen Tonnen Rohmaterialien (Sand, Soda, Kalk) eingespart[19]. Gemäß einer Faustformel werden pro 10 Prozent produziertem Glas aus Scherben etwa 2,5 Prozent Energie reduziert. Eine Einschätzung des deutschen Gemenges zur Einschätzung der finanziellen Ersparnisse des Recyclings zeigt die Tabelle 3.

Tabelle 3: Abschätzung des deutschen Gemenges zur Hohlglasfertigung und der damit verbundenen Kosten 2011

	Menge MW/h	Preis EUR	Kosten EUR	Produkt EUR/t	Produkt EUR/t
Energie	11.029	40,00	441.143,33	108,5	124,49
	Menge t/a				Vergleich ohne Fremdscherben
Quarzsand	710.000	40,00	28.400		
Soda	210.000	150,00	31.500		
Kalkstein	110.000	70,00	7.700		
Dolomit	110.000	70,00	7.700		
Feldspat	100.000	75,00	7.500		
Eigenscherben	244.000	103,75	25.307		
Fremdscherben	2.643.000	72,53	191.648		
Einsatzmenge	4.126,400		299.755	73,73	75,85
Produktmenge	4.065.000		740.898	**182,24**	**200,34**

In die Berechnung gehen Energieeinsparungen und Rohstoffeinsparungen mit deren Beschaffungspreisen ein und ergeben 18 EUR/t Glasprodukt bzw. 27 EUR/t Scherben. Der Preisvorteil für die Hütten wird mit zehn bis zwanzig Euro pro Tonne von Insidern eingeschätzt, ohne Bewertung der höheren Produktivität. Zu viele Unwägbarkeiten stecken in den Beschaffungspreise der Rohstoffe und Energie. Bei einem Produktionswert von etwa 415 EUR/t Behälterglas wären davon 26 % für die Beschaffung der Energie und 18 % für die Rohstoffe für das Gemenge auszugeben. Ohne Recycling wären diese Ausgaben mit etwa 48 % um 4 Prozentpunkte höher.

Bild 3:

Folgen von Verunreinigungen in den Scherben

Quelle: Oberlandglas

Um 0,75 Liter Wasser zu verpacken, benötigt der Werkstoff Glas etwa 80 Gramm Öl, ähnlich viel wie eine PET-Flasche.

Mit den Scherben werden unerwünscht KSP-Partikel, temperaturressistente Mineralien und Metalle eingeschleppt. GLÜSING hat deren Schmelzverhalten untersucht und aufgezeigt, dass selbst Partikel unter 4 mm zu Einschlüssen in Flaschen führen (siehe Foto) und dann Spannungsrisse verursachen[20]. Aber auch Ablösungen aus den Ausmauerungen der Wannen, führen zu Einschlüssen.

Die Kontrollen am *kalten Ende* (Pos. 4, Bild 4) müssen deshalb alle Abweichungen detektieren und die davon betroffenen Behälter ausschleusen. Diese werden dann als Eigenscherben neu eingeschmolzen. Die stichprobenhafte Eingangskontrolle (Pos. 1, Bild 4) in Verbindung mit der Untersuchung der Einschlussursachen am kalten Ende ergibt eine Bewertung der Scherbenqualität. Da jedoch Scherben verschiedener Aufbereiter verarbeitet werden, ist eine eindeutige Verursachungskette nicht immer einfach herzustellen. Bei größeren Schäden durch Korund, temperaturbeständigen Gläsern (Ceranfelder) muss dann nach dem Verursacher *gefahndet* werden, da hier z.B. am Speiser Schäden auftreten (Pos. 3) und viele Behälter mit Einschlüssen auszusortieren sind.

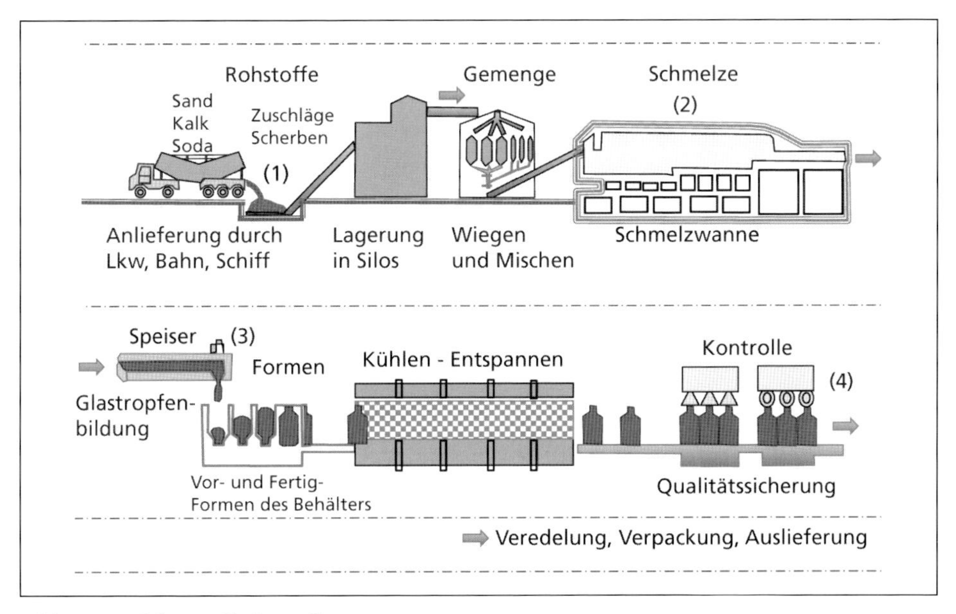

Bild 4: Schema Glasherstellung

4. Erfassung von Altglas

Die dualen Systeme haben für Deutschland in 2011 rund 1,97 Millionen Tonnen erfasstes Altglas gemeldet, entsp. 24,1 kg/E/a. Insgesamt wurden mit freien Scherben 2.598 kt entsp. 31,7 kg/E/a gesammelt[21]. Die Sammlung erfolgt überwiegend durch Depotcontainersysteme dreifarbig (Weiß, Braun, Grün). Einige örE trennen historisch nach den Kriterien Flach/Rund (z.B. Enzkreis), sammeln in Holsystemen mit Sacksystemen (Speyer) oder MGB-2-Farbsammlung (Berlin). Diese Sondersysteme (etwa vier Millionen Einwohner) beeinträchtigen den Wettbewerb, da spezielle Erfahrungen und Einrichtungen notwendig sind oder haben schlechte Qualitäten aufgrund

Tabelle 4: Erfassungsquoten Glas am Beispiel vonrE durch Sortieranalysen bestimmt

örE		EQ	Potenzial Glas
	EUR/km²	%	kg/E/a
Berlin	3.927	54,5	34,7
Wiesbaden	1.351	65,1	33,2
Leverkusen	2.038	71,2	32,1
Reutlingen	1.264	81,0	29,7
BAV	414	81,1	31,3
RHK	106	91,5	37,8

der Verunreinigungen (Sack), wegen Fehlbefüllung (MGB) sowie wegen der Bruchbildung und damit erschwerter Sortierbedingungen.

Die Erfassungwwsquoten steigen ausgehend von etwa 55 % in Berlin auf 92 % im RHK umgekehrt zur sinkenden Bevölkerungsdichte an. Wenn der Hohlglasverbrauch 30 kg/E/a beträgt und die Erfassungsmenge 24,2 kg/E/a, dann errechnen sich 81 % als mittlere Erfassungsquote für Hohlglas.

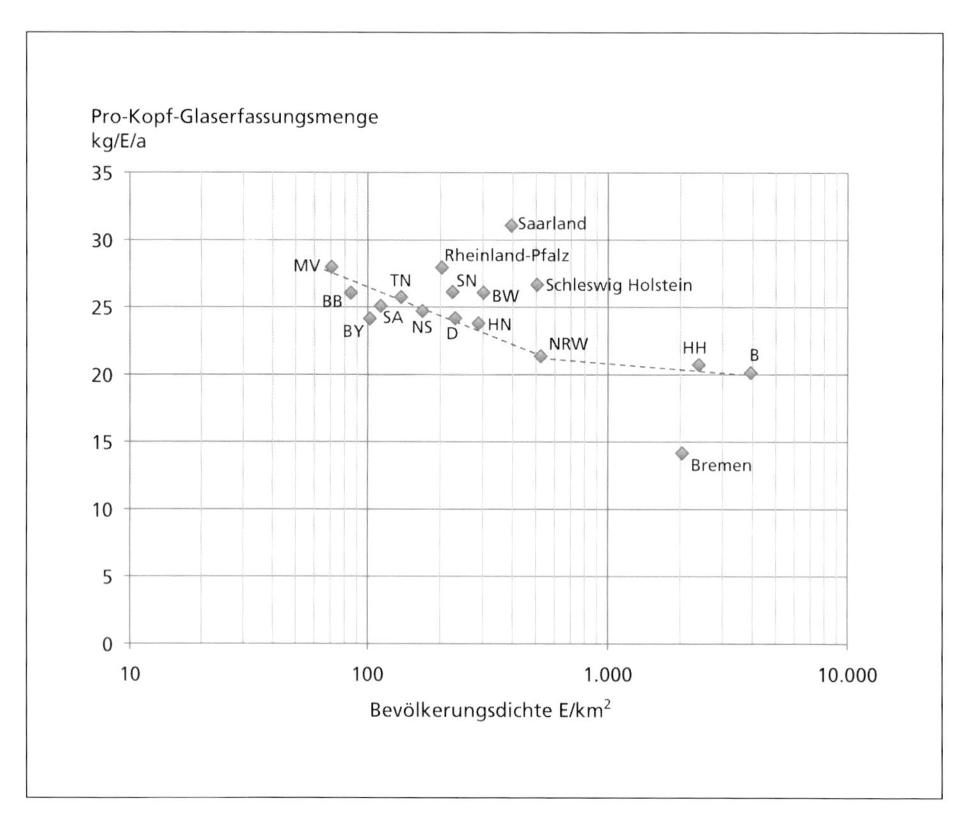

Bild 5: Pro-Kopf-Erfassungsmengen lt. Abfallbilanzen der 16 Bundesländer 2011

Die Ermittlung von Quoten kann zu unterschiedlichen Ergebnissen führen. Die Dualen Systeme nennen 1,9 Millionen Tonnen zur stofflichen Verwertung (2011), die Tabelle 6 zeigt 1,77 Millionen Tonnen Scherben. Da Scherben auch andere Anwendungen finden können, z.B. Herstellung von Kristall- und Wirtschaftsgläser; Isolierglasfasern, Schaumglas und die Bereinigung von Importen und Exporten abgepackter Waren in Glasverpackungen bzw. deren Verpackungsmenge, sind einheitliche Definitionen und veröffentlichte Stoffstrommengen Voraussetzung, um vergleichbare Ergebnisse zu erhalten.

Die Erfassungsmengen sind seit 1972 mit Beginn der getrennten Hohlglassammlung kontinuierlich angestiegen (1982: etwa 10,7 kg/E/a in D-West verwertet), in Bayern werden 1997 etwa 33,9 kg/E/a und in Deutschland 1999 etwa 33,6 getrennt erfasst (2,76 Millionen pro Jahr). Der Wettbewerb zwischen den Werkstoffen Glas und den ökologisch vorteilhaften Verpackungen wurde dann zu Gunsten von PET entschieden und mit der Einführung des Einwegpfandes 2003 hatte Glas dann mit einem Erfassungsrückgang auf etwa 23,9 kg/E/a das Nachsehen. Der Anteil von Glas sinkt von 6,7 % in 1998 auf 4,4 % in 2008 (21 kg/E/a), gleichzeitig steigt der Anteil an LVP von 4,3 % in 1995 auf 7,2 % in 2005 und stabilisiert sich bei 6,4 % in 2009 (30 kg/E/a), Bild 6).

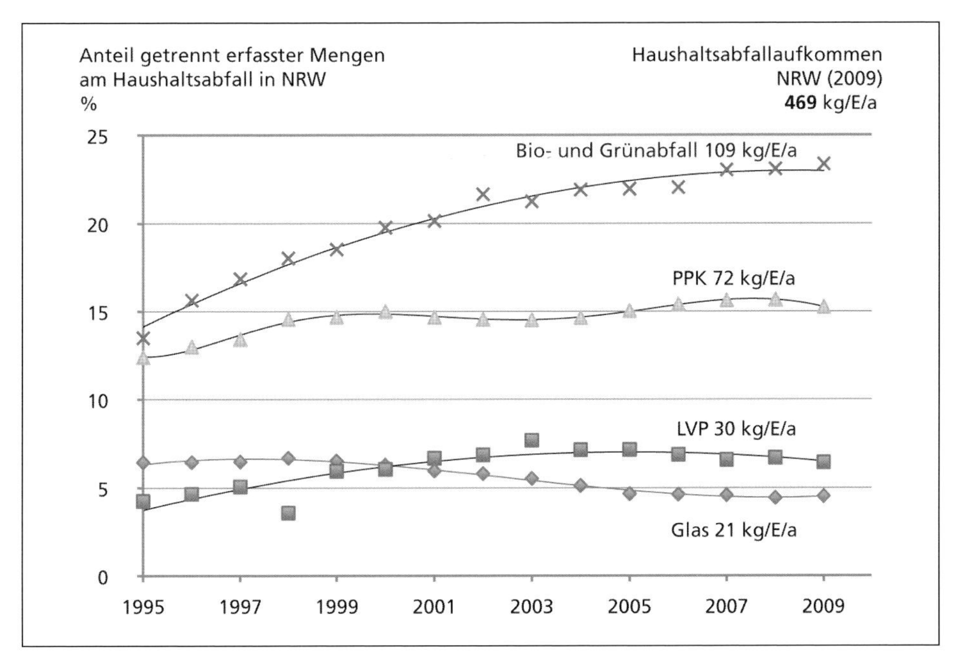

Bild 6: Anteil der getrennt erfassten Mengen Glas, PPK, LVP, Bio-/Grünabfall am Haushaltsabfallaufkommen (469,3 kg/E/a) in Nordrhein Westfalen von 1995 bis 2009

Die Grafik verdeutlicht, dass Glas verglichen mit PPK oder Bio/Grünabfall aber auch bezüglich LVP für die Auslastung der öffentlichen Entsorgungsanlagen eine untergeordnete Bedeutung hat. Aufgrund seines inerten Charakters, des rel. hohen Kostendeckungsbeitrages bei der Verwertung und wegen der geringen Zuzahlung sowie wegen des Bedürfnisses der Bevölkerung aktiv einen positiven Umweltbeitrag durch Recycling zu leisten, hat sich die getrennte Glaserfassung kontinuierlich flächendeckend durchgesetzt. In Rheinland-Pfalz wird mit 510 kg/E/a mehr Hausabfall entsorgt als in NRW mit 470 kg/E/a, gleichzeitig erfasst RP mit 27,5 kg/E/a deutlich mehr Glas als NRW mit 21 kg/E/a. Eine mögliche Erklärung ist der Weinbau und Tourismus in RP.

Fasst man aus dem Regierungsbezirk Düsseldorf, NRW die traditionell über MVAs entsorgte Städte zusammen (2.138 E/qkm; 18,2 kg/E/a Glas erfasst) und vergleicht diese mit den ländlichen Kreisen (645 E/qkm; 22,8 kg/E/a Glas), dann erfassen die ländlichen Kreise rund 25 % mehr Glas getrennt. Nach Auffassung des Verfassers gibt es eine historisch bedingte reduzierte Erfassungsquote in Gebieten mit MVAs aufgrund der *Auslastungspolitik*, der Schwierigkeiten optimale Standplätze für Depotcontainer bereitzustellen sowie zu geringer DC-dichten. Weitere Einflussgrößen auf die lokalen Glasmengen sind die Anonymität in Großwohnanlagen (schlechtere Trennquote), regional unterschiedliche Konsumgewohnheiten (Wein in BW, SN, RP) sowie Tourismus und Besucher, aber auch Abfüllbetriebe haben Einfluss, wie der nicht eindeutige Zusammenhang zwischen Pro-Kopf-Erfassungsmenge und Bevölkerungsdichte in Rheinland-Pfalz u.a. Bundesländern zeigt.

Die Streuung bei der Erfassungsmenge in Abhängigkeit von der Bevölkerungsdichte zeigt, dass es weitere Einflussgrößen gibt.

Der BV Glas nennt auf seiner Homepage 300.000 Container-Sammelstellen, die von 97 Prozent der Haushalten genutzt werden[23]. Glas aktuell nennt 250.000 Altglascontainer, bei drei Containern je Standort entspräche dies über 83.300 Behälter-Standplätzen, also je 1.000 Einw. ein Standplatz. In der Abfallbilanz Bayern 2011 findet sich die Angabe 750 Einw./Containerstandort. In den Anfängen der VerpackV zeigten Untersuchungen, dass eine Behälterdichte von etwa 650 E/Standort zu einer optimalen Erfassungsmenge führt[24]. Im bundesweiten Mittel kann bei 82-4 = 78 Millionen Einwohner und 850 Einw/Standort mit 91.500 Standplätzen kalkuliert werden, bei denen jeweils drei Container mit z.B. je 3,2 m^3 für weiß und grün und 2,2 m^2 für braun aufgestellt sind. Eine Mindest-Depotcontainerzahl von 274.600 erfordert Investitionen von etwa 260 Millionen Euro. Dazu kommen die Investitionen für Behälter der Holsysteme (etwa 7,7 Millionen Euro). Bezogen auf die erfasste Mengen ergeben sich Behältersystemkosten von neunzehn Euro pro Tonne. In den Städten und Gemeinden ist zu beobachten, dass eine Erneuerung, die Einführung von *Flüstercontainer* und optische Aufwertung der Behälter kaum stattfindet, in der Folge lassen sich die Behältermietpreise um fünf bis sieben Euro pro Tonne reduzieren. Der intensive Vergabewettbewerb übt auf Kosten des Erscheinungsbildes einen entsprechenden Preisrückgang aus. Für die Pflege der Standplätze und als Nutzungsentgelt sowie für die Abfallberatung erhalten die örE von den Dualen Systemen insgesamt etwa 133 Millionen Euro Nebenentgelte, etwa 1,63 EUR/E/a. Dem Bereich Glas werden 12 Millionen Euro pro Jahr, etwa 0,15 EUR/E/a Nebenentgelte zugeteilt, entsprechend 6,09 EUR/t erfasstes Glas[1].

Die Sammlung des Hohlglases aus Depotcontainer erfolgt im Umleerverfahren mit Kran. Der Container auf dem Fahrzeug hat je nach Fahrzeuggestell ein Volumen von etwa 30, 40 oder 50 m^3. Bei einer Schüttdichte von 450 kg/m^3 ergeben sich Nutzlasten von 10 bis 22 Tonnen, je nach Fahrzeugtyp. 5-Achser mit Aluminiumaufbau werden bevorzugt in weniger dicht besiedelten Strukturen mit weiten Zwischenfahrt- und

[1] Vgl. Sektorenuntersuchung, a. a.O. und EUWID 11.2013 S.9 [25], dort stehen 143 Mio. EUR in EUWID 10.2013 finden sich für 2011 115 Mio. EUR Nebenentgelte; über Berlin wird berichtet, dass 1,79 EUR/E/a gefordert werden, bislanf 1,17 EUR/E/a verhandelt waren.

Transportstrecken eingesetzt. Dreiachser mit einer mittleren Zuladung von etwa zehn Tonnen Altglas sind häufig anzutreffen, vereinzelt sind auch 4-Achser zu sehen. Im Mittel werden pro Standplatz bei 75 % Füllung etwa 2,1 t mit einem Zeitaufwand von 7,5 Minuten geleert. Der Aufbau hat drei Kammern, so dass die Sammlung farbsortiert erfolgt. Dies reduziert etwas die Kapazitätsauslastung des Fahrzeuges. Nach fünf Standplätzen muss das Fahrzeug zur Entladung fahren. Sammelleistungen von 2 bis 5 t/h und 16 bis 36 t/FET sind je nach Struktur möglich. Bei Bereitstellungsdichten von 72 kg/km wurden Abfuhrleistungen von 2,1 t/h gemessen. Insgesamt wird mit 93.400 FET/a und 530 EUR/FET ein Sammelpreis von 25 EUR/t abgeschätzt.

Tabelle 5: Abschätzung der Fahrzeugeinsatztage für die Glassammlung und spezifische Sammelkosten

Struktur	E/km²	t/a	*t/FET*	FET/a	t/km	km/a	EUR/t
sehr dünn	53	259.210	*16*	16.201	0,08	3.240.125	30,2
dünn	157	404.740	*18*	22.486	0,12	3.372.833	21,6
verdichtet	419	547.270	*20*	27.364	0,18	3.040.389	16,0
stärker verdichtet	860	157.610	*24*	6.567	0,30	525.367	12,6
hohe Dichte	1.365	311.130	*27*	11.523	0,35	888.943	14,9
sehr hohe Dichte	2.736	297.750	*32*	9.305	0,50	595.500	13,7
		1.977.710	21,16	**93.446**	**0,170**	**11.663.157**	**25,0**

Die Fahrzeugeinsatzkosten (FEK) werden mit einem Kalkulationsschema errechnet und auf die Zahl der jährlichen Fahrzeugeinsatztage (FET) bezogen und variieren zwischen 450 und 600 EUR/FET, die spezifischen Sammelpreise variieren zwischen 21 und 30 EUR/t. $K_{Sammlung} = FET/a \cdot FEK/FET$

Für die Übergabestellen und Transport zu den Aufbereitungsanlagen (Vorlauftransporte) werden 6,85 EUR/t abgeschätzt. So ergeben sich Erfassungskosten von rund hundert Millionen Euro, etwa 51 EUR/t. Behälter- und Standplatzkosten sind genauso teuer wie die Sammlung. Die Ausdünnung von Standorten, die Optimierung der Füllgrade, die ausbleibende Renovierung und Erneuerung von Container werden genutzt, um die Erfassungskosten zu reduzieren.

5. Aufbereitung von Altglas

Die Sammelware muss von allen glasfremden Bestandteilen gereinigt, Fehlfarben müssen auf ein vertretbares Maß gemäß den Anforderungen der jeweiligen Hütte reduziert und die Körnung muss einer der Schmelze und Lagerung wohlwollenden angepasst werden. Als erstes wird *Abfall* also Plastiktüten, Metalldosen, Keramikteile, Steine u.v.m. aussortiert. Eine manuelle Sichtung/Sortierung entlastet die nachfolgenden automatischen Sortierprozesse. Dann erfolgt die Aufteilung des Stoffstromes nach Korngrößen durch Siebung (fein, mittel, grob). Flaschenhälse werden gebrochen.

Leichtstoffe wie Etiketten, Plastikringe, -verschlüsse usw. werden durch Absaugung und Metalle durch Magnetscheidung und Metalltrenner, Wirbelstromscheider entfernt. Das hierbei gewonnene Aluminium und Weißblech ist mit Glaspulver verschmutzt, deshalb gibt es Abzüge bei der Verwertung. Wichtig für die Schmelze ist, dass nahezu hundert Prozent der Metalle abgetrennt werden, ansonsten führt die Schmelze dazu, dass sich z.B. Eisen-, Bleikugeln bilden, die entweder wegen ihrer hohen Dichte auf den Wannenboden sinken und sich dort durch die Ausmauerung fressen können, oder es gibt Einschlüsse im Produkt. An den Übergabestellen und über Schwingrinnen wird Luft abgesaugt und im Zyklon erfolgt die Abtrennung der abgesaugten Stoffe. Dieser *Zyklonabfall* wird als Abfall entsorgt.

Die Feuchte in den Scherben schwankt zwischen 0,5 und 2,5 %. Die Witterung (Temperatur, Luftfeuchte, Luftdruck) beeinflussen die Trennprozesse. Diskutiert werden die Wäsche der Scherben und Trocknung, um die Bedingungen in den folgenden Sortierprozessen zu perfektionieren. Regionale Lage und Jahreszeit spielen hier eine Rolle. Es geht dabei auch um organische Anhaftungen, z.B. Restzucker aus Flüssigkeiten, Marmeladenreste, Etiketten, -kleber usw. Einerseits können diese durch die mechanischen Scherbenberührungen und Kontakt mit Luftströmen der Sichtung im Prozessverlauf reduziert werden und andererseits wird seitens einiger Hütten die nachträgliche *Kompostierung* der Scherben über vier bis zwölf Wochen gefordert, so dass durch mikrobiologische Prozesse die organische Belastung reduziert wird. Hierfür bleiben die Scherben auf großen Halden gelagert, bevor sie ins Gemengehaus geliefert werden. Zur Charakterisierung wird der CSB eines Scherbenwaschwasser bezogen auf die gewaschene Menge Scherben ermittelt. Auch die überdachte Lagerung kann helfen, den Feuchtegehalt der Scherben zu reduzieren, denn Feuchte in der Wanne ist unerwünscht. Einige Hütten betreiben auch eine Scherbenvorwärmung zur Verbesserung der energetischen Effizienz und Reduktion des Feuchteeintrages.

Klebrige Scherben verschmutzen die Schwingrinnen, es kann das Timelag zwischen Erkennung und Ausblasung auf Trenngeräten durch das veränderte Rutschverhalten zu Fehlausträgen führen. Um diese Zeit möglichst genau einzuhalten, ist eine Trennung der Scherben nach Größe zwingend. Ganz feine Scherben 0 bis 6 mm konnten bislang optoelektronisch bezüglich *Glas* und *Nichtglas* oder *Fehlfarbe* nicht wirtschaftlich detektiert und ausgeblasen werden. Da aber durch die vielen Übergabestellen in den Aufbereitungsanlagen Scherben aus Glas und Scherben aus Porzellan, Keramik zu Bruch gehen und die Zahl der Teilchen im Prozessverlauf immer größer und kleiner werden, findet sich im Feingutstrom eine KSP-Grundfracht, je nach Einzugsgebiet der Sammlung und Lager- und Prozesstechnik in der Aufbereitung. Dieser Teilstrom kann zwischen fünf und zwanzig Prozent betragen und führt eine KSP-Belastung mit sich, die durchaus von einigen Hütten als Problem eingestuft wird. Eine Option ist die Mahlung dieses Stoffstromes, damit die KSP-Teilchen (**K**eramik, **S**teine, **P**orzellan) bei den üblichen Verweilzeiten in den Wannen sicher aufschmelzen und nicht zu Einschlüssen führen können. Glaspulver kann aber zur Schaumbildung in der Wanne beitragen und kann teilweise mit den heißen Gasströmungen über der Schmelzoberfläche in das Abluftsystem ausgetragen werden. Mahlen erfordert aus wirtschaftlichen Gründen hohe Durchsätze. Die Aufbereitungsanlage Euroglas mahlt für die Hütte Germersheim ihre Scherben. Die anderen Aufbereiter und Glashütten haben es bislang aus wirtschaftlichen und technischen Überlegungen nicht nachvollzogen. Durch schonenden Umgang mit den Scherben und Trocknung kann ein Feingutstrom durch Siebung separat gewonnen werden und wird am Ende dem Produktstrom wieder zugemischt. So werden die Trenngeräte nicht durch Feinkorn unnötig bei den Detektionen belastet. Untersuchungen des Verfassers zeigen, dass mehr als ¾ der Scherben im Feinkorn sind, aber lediglich weniger als 1/5 der Masse. Körner unter 2 mm werden hierbei nicht gezählt. In der Anlage Koblenz wurde vor zwei Jahren einen Trockner sowie Trenngeräte zur Abscheidung temperaturbeständiger (HR-) und bleihaltiger Scherben eingebaut. Durch die Trocknung steigt der Staub in den Lüftungsanlagen, der finanzielle Aufwand erhöht sich, die Produktqualität hat sich aus Sicht der Hütte verbessert. Trocknungssysteme können im Gesamtkorn, in der Nachstufe oder im Feinkornstrom 5 bis 12 mm integriert werden, ausschlaggebend sind situative Gegebenheiten.

Geeignete Trenngeräte für KSP-, Farb- , HR-Gläser und Bleisortierung werden bevorzugt bei den Herstellern Binder & Co., BTW Binder, beide Gleisdorf, Österreich und S+S, Bayern sowie von Mogensen/Tomra bezogen[26]. Die Anzahl an Geräten hängt vom Prozess und der Anlagengröße ab. Die Reihenschaltung und Rückführung eines Stromes zur Rückgewinnung der fehlerhaft ausgeblasenen Scherben hat den Nachteil, dass sich bei ständiger Änderung der Belastung der Eingangsware sich im Kreislauf KSP-Teilchen aufschaukeln und zu Bruch gehen und am Schluss das Produkt unkontrolliert belasten. Deshalb ist die Trennung in Linie ohne Rückführung für die Produktqualität vorteilhafter. Mittels einer Modellierung und Berechnung mit *Trennquoten* lässt sich die Wirkung aufzeigen. Ziel muss es sein, bei ungünstigster Eingangsbelastung von 2,5 bis 7,5 kg KSP pro Tonne Altglas diese statistisch gesichert auf unter 35 Gramm proTonne im Produkt zu reduzieren (250:1). Die Spezifikation nennt 20 g KSP/t Scherben.

Der Besuch und Untersuchungen in Aufbereitungsanlagen zeigen, dass rund 9,5 Prozent der Eingangsmenge nicht den Hütten als Scherben zugeführt werden kann. Ein Prozentpunkt ist. den Feuchtedifferenzen geschuldet. Etwa 0,5 % sind Metalle, primär Verschlüsse. Kunststoffe werden manchmal getrennt von anderen Nichtscherbenverunreinigungen entsorgt, i.d.R. als eine heizwertreiche Fraktion die zur Verbrennung gelangt. Die KSP-Mengen enthalten einen hohen Anteil Glasscherben. Es gab vielfache Bemühungen, dafür Recyclingwege zu erschließen, am kostengünstigsten ist zumeist die Verwertung auf Deponien. In Nievenheim ist in Nachbarschaft zur Altglasaufbereitungsanlage GRI eine Schaumglasherstellung entstanden (MISAPOR). Andernorts wurden Bodenplatten mit Scherben gefertigt. Oft wurde KSP auf Halden gelagert in der Hoffnung eine zukünftige Verwertung löst das Problem.

Die Kosten der Aufbereitung werden mit etwa 28 EUR/t ohne Kosten für die Absteuerung von Abfällen und Erlösen für gewonnene Rohstoffe abgeschätzt. Die Anlagen haben Durchsatzleistungen von etwa 25 bis 30 und bis zu 60 t/h. Gearbeitet wird mehrschichtig. Wichtig sind regelmäßige Reinigungen und Inspektionen der Geräte, Übergabestellen usw., d.h. in jeder Pause in der die Anlage steht, muss eine *Servicetruppe* begehen, reinigen, warten. Stündlich ist die gewonnene Misch-Probe zur Freigabe der Charge zu untersuchen. Bei Nichteinhaltung der Spezifikation gilt es die Menge gesondert zu lagern und ggfl. erneut aufzubereiten. Manche mischen aber auch gute und schlechte Ware beim Beladen, dies kann dazu führen, dass bei der Eingangskontrolle Spezifikationswerte zufällig überschritten werden.

Tabelle 6: Abschätzung Output Altglasaufbereitung aus DS-Altglasmengen

INPUT		1.967.928 t/a
Output	%	t/a
Fe	0,40	7.870
Aluminium	0,08	1.570
Abfall	1,50	29.520
Zyklonabf.	1,50	29.520
KSP	4,90	96.430
Δ Feuchte	1,50	29.520
Glas-Scherben	90,52	1.773.498
stoffl. Verw. DS	96,58	1.900.564

Tabelle 7: Ergebnis der Kostenschätzung Altglasaufbereitung

	EUR	%
Kapitalkosten	9,51	33,84
RWU	3,24	11,52
Vers./Steuer	1,25	4,46
elektr. Energie	1,99	7,07
Diesel	0,85	3,03
Sonstige Betriebsmittel	0,44	1,57
Personal	7,50	26,68
Verwaltungskosten/GK	1,86	6,61
Risiko und Gewinn	1,47	5,21
Aufbereitungskosten	**28,11**	**100,00**

Die Anforderungen an die Hallen sind gering, es sind große Flächen zu befestigen, als Faustformel 1 m^2 auf 7 Tonnen Input. Daneben werden mobile Geräte wie Schaufellader, Stapler, Kehrmaschinen benötigt. Der Maschinenteil kostet einen einstelligen Millionenbetrag, je nach Durchsatz und Ausstattung sechs bis neun Millionen Euro. RZO Velten hat vor gut zwanzig Jahren etwa zehn Millionen Euro an Investitionen erfordert und ist nun geschlossen. In einer Anlage mit 60 t/h finden sich etwa 26 optoelektronische Trenngeräte mit einem Einzelwert von bis zu 250. 000 Euro. Der Betrieb dieser Geräte erfordert Druckluft. Der elektrische Energieverbrauch ist in der Folge eine nicht unwesentliche Kostenposition. In jeder Schicht werden Sortierer, Springer, Schaufelladerfahrer, Reinigungskräfte, Schichtleiter benötigt. Während der Öffnungszeiten muss die Waage besetzt sein, dazu kommt ein RWU-Trupp aus Schlosser und Elektriker, welche die Verfügbarkeit der Anlage sicherstellen müssen. Dazu kommen Anlagen- und Betriebsleiter mit Assistenz. Rund fünfzig Prozent der Kosten sind fix und lassen die Stückkosten bei höheren Jahresdurchsätzen schrumpfen. Für den Anlagendurchsatz sind primär das Einzugsgebiet und die dort erfassten und angedienten Mengen ausschlaggebend.

6. Qualitätssicherung

Die Hütten erwarten, dass die Aufbereiter die Spezifikationen einhalten und beproben deshalb regelmäßig Anlieferungen. Werden Ablehnungsgrenzen überschritten, kommt es zu Rückweisungen. In solchen *Konfliktfällen* kommt es vor, dass der Verfasser als Gutachter die Lieferung erneut untersucht. In den Leitlinien T 120 und T 121 sind die Mindestanforderungen an aufbereitete Scherben sowie die Qualitätsprüfkriterien geregelt[27]. Bleihaltige Gläser, Sicherheitsglas, Glaskeramik, Leuchtmittel, TV- Glas, Quarzglas, Borosilikatglas, Gläser sowie alle Stoffe, die den Schmelz- und Produktionsprozess stören (z.B. Korund), dürfen nicht enthalten sein, sofern dies nach aktuellem Stand der Technik möglich ist. Die Aufbereitungsanlage muss hierzu mit entsprechender Technik zur Aussortierung von bleihaltigen Gläsern und Glaskeramik betrieben werden (z.B. UV- oder Röntgensortiertechnik). Der anzustrebender Zielwert für Bleioxid wird als monatlicher Mittelwert mit max. 350 ppm PbO genannt. Es ist durchaus üblich, dass einzelne Hütten auch deutlich strengere Maßstäbe anlegen. Die in Tabelle 8 angeführten gleitenden Mittelwerte gelten je Verwender und je Glasfarbe als monatliche Mittel aus mind. 250 t Liefermenge.

		Mittelwert	Ablehngrenze
		g/t	g/t
KSP Keramik, Steine, Porzellan	Weiß-, Grünglas	≤ 20	> 50
	Braunglas	≤ 25	> 50
	Bunt-/Mischglas	≤ 20	> 50
Glaskeramikteile > 10 mm			0
Glaskeramikteile < 10 mm			30
NE-Metalle (lose)		≤ 3	> 5
Fe-Metalle (lose)		≤ 2	> 5
lose organische Stoffe		≤ 300	> 500
Feuchtigkeit		≤ 2 %	> 5

Tabelle 8:

Auszug *Maximale Fremdanteile* (erlaubte Mittelwerte, alle Farben)

Quelle: DSD/DKR-Fertigglasspezifikation für die Behälterglasaufbereitung 2012-2013, Köln

Die Korngrößenverteilung ist ein weiteres Qualitätsmerkmal. Kleiner 8 mm dürfen im Monatsmittel max. 20 Ma.-% sein. Aus Scherben kleiner 6 mm werden i.d.R. keine KSP-Frachten entfernt. Monatlich erfolgt in Mischproben der Nachweis der Einhaltung der chemischen Spezifikationen, z.B. PbO u.v.a.

Tabelle 9: Maximale Fehlfarbanteile (erlaubte Mittelwerte)

	Mittelwert	Ablehngrenze
Fehlfarben im Weißglas	≤ 0,2 % grün	> 0,3 % braun
		> 0,4 % grün
		> 0,2 % andere Farben
Fehlfarben im Grünglas	min. 75 % grün, max. 10 % braun	–
Fehlfarben im Braunglas	min. 80 % braun, max. 10 % grün	>15 % grün
Fehlfarben im Buntglas	min. 80 % grün und braun	–

Eine spannende Frage in der Praxis ist die jeweilige Probenmenge und die Art der Probenahme. Am zuverlässigsten ist die in Zeitintervallen von dreißig Sekunden erfolgende Probenahme aus dem kontinuierlichen Produktstrom, also 120 Einzelproben in einer Stunde, welche dann als Mischprobe eine Stundencharge beschreiben. Ist die Probenmenge zu gering, dann steigt die Varianz und Unsicherheit. Entscheidend für die Probenmenge sind die zu untersuchenden Parameter und ihre Ausprägungen. Da KSP mit 20 g/t nur durch manuelle Auslese sicher zu detektieren ist, kann die Probe nicht durch Mahlen homogenisiert und geteilt werden, wie dies beim Nachweis von

PbO möglich ist. In der Scherbenaufbereitung sind je nach Anlagendurchsatz 200 bis 300 kg je Stunde üblich, also etwa 0,5 bis 0,7 %. Bei Lkw-Anlieferungen von etwa 27 t werden von den Hütten aus dem Haufwerk sehr unterschiedliche Mengen (10 bis 160 kg) entnommen. Da der Zeitaufwand für die Untersuchung proportional zur Menge ist, versuchen die Hütten die Probemenge auf Kosten der Repräsentativität gering zu halten und bilden sich über eine Vielzahl untersuchter Anlieferungen ein Bild vom Aufbereiter. Für die Rückweisung wurde in einem Probenahmehandbuch vereinbart, acht Einzelproben à 15 kg zu untersuchen und dies je nach Ergebnis bis zu dreimal, also erst etwa 300 kg Probemenge erlauben eine eindeutige Aussage bezüglich KSP, wenn die Überschreitung von 20 g/t als Ablehnungsgrenze gewählt sind. Haufwerke entmischen sich, deshalb ist die Probenahme an unterschiedlichen Stellen zwingend.

Das aggregierte Ergebnis der Stundenprobe ist wie folgt: 79 Ma.-% des Glasstromes sind größer 6,3 mm, darin enthalten sind 7 von 903 insgesamt gefundenen KSP-Partikeln (0,8 %). Dieser Stoffstrom ist mit 17,4 g KSP/t Glas belastet. Die Berücksichtigung des Feingutes unter 2 mm reduziert die KSP-Belastung auf 13,8 g/t bzw. 9St./t Scherben. Unschwer ist zu erkennen, dass das Feingut mit 25,5 g/t fast den gleichen Beitrag zur KSP-Belastung von 54,6 g/t beiträgt, wie die Körnungen größer 4mm (29,2 g/t).

Um in der Siebfraktion 2 bis 4 mm ein KSP-Partikel zu finden, müssen im Mittel etwa 5.000 Scherben sortiert werden. Das Verhältnis schwankt zwischen 500 und 22.500 Scherben zu einem KSP-Partikel in dieser Kornklasse. Dieses Verhältnis gibt es für jede Siebklasse und damit lässt sich abschätzen, welche Menge jeder Siebklasse zu sortieren ist, um gesichert darin ein entsprechendes Partikel zu finden.

Es genügt nicht, nur die Qualität der aufbereiteten Scherben zu messen. Genauso wichtig ist ein schonender Umgang mit der Sammelware, damit (a) der Bruch bzw. der Feinscherbenanteil möglichst klein gehalten wird, hier ist die Schüttdichte von 300 bis 400 kg/m^3 ein Merkmal und (b) die Einschleppung von Verunreinigungen ausgeschlossen wird, durch Qualitätsmanagementmethoden sowie (c) die Sorgfalt der Abfallerzeuger beim Einwurf zur Vermeidung von Fehlbefüllungen durch Motivations- und Organisationsmaßnahmen gesteigert wird. Die Vielzahl Dualer Systeme führt zu Qualitätsproblemen, insbesondere bei den Übergabestellen (Umschlag) entsteht Bruch und es können Verunreinigungen eingeschleppt werden. Bei der aktuellen Ausschreibung wird dies erstmals stärker berücksichtigt.

Die Aufbereitungsanlagen müssen in der Lage sein, in Abhängigkeit der Verunreinigung der Eingangsware auf Qualität gefahren zu werden. Dazu bedarf es vollautomatischer Qualitätsmesseinrichtungen. Bislang gibt es diese nicht zu vertretbaren Kosten. Derzeit werden etwa 0,6 bis 1 EUR/t Scherben für die Qualitätskontrolle in den Aufbereitungsanlagen ausgegeben. Dies ist zu wenig, um die Aufgaben statistisch gesichert zu erfüllen. Andererseits gilt es die Verfahrenstechnik so zu gestalten, dass die Qualität gesichert herzustellen ist, dazu muss aber primär die Bruchbildung in den Anlagen reduziert werden. Wenn 84 % des Glases aber nur 24 % der Scherben aktiv optoelektronisch sortiert werden, dann wird sichtbar, dass die Zahl der detektierten Scherben gesteigert werden muss.

7. Rohstoffmarkt

Haben früher die Glasaufbereiter primär selbst die Scherben vermarktet und/oder direkt für Hütten produziert, hat sich dies durch die Eingriffe der VerpackV verändert. In der ersten Phase (1993 bis 2003/8) war die GGA, Ravensburg für die Verteilung der Scherben zwischen den Hütten verantwortlich. Seit 2009 bemüht sich die Duale System GmbH, Köln Eigentümer des Glases zu werden und es selbst zu vermarkten. In der EU wurden 2011 mehr als zehn Millionen Tonnen Scherben vermarktet, in Deutschland etwa 2,6 Millionen Tonnen. Die Nachfrager sind wenige große Konzerne (Ardagh; St. Gobain Oberlandglas; O-I Glasspack u.a.) mit Hütten an 31 Standorten in Deutschland. Die Scherbenlieferanten sind DSD, Rhenus Reiling, GRI, Tönsmeier, u.w. mit Aufbereitungsanlagen an 21 Standorten. ALBA hat die Anlage Velten 2012 geschlossen, dies ist dem Mengenrückgang durch dem Einwegpfand sowie der notwendigen Investitionen zur Qualitätssicherung bei nicht auskömmlichen Preisen geschuldet. Die Preisstellung werden für Weißglas mit 75 bis 90 Euro pro Tonne genannt, für Braunglas etwa 90 EUR/t aufgrund der Knappheit und Grünglas wird mit 40 bis 75 Euro deutlich geringer bepreist. Schätzungsweise umfasst der Scherbenmarkt in Deutschland ein Volumen von etwa 190 Millionen Euro (2,6 Millionen Tonnen pro Jahr; 72 EUR/t). Vor Jahren wurden noch verschmutzte Scherben ins Ausland zu deutlich geringeren Preisen bei hohen Transportfrachten verkauft, heute fragen die internationalen Konzerne mit Produktionsstätten in Spanien, Portugal, Chile dt. Qualitätsscherben zu hohen Preisen nach, um die Recyclingquoten zu erhöhen.

Der Preis für die Scherben entwickelt sich in Abhängigkeit der Gemenge- und Energiekosten sowie Nachfrage. Die Wannen werden mit einem Gemenge gefahren, das i.d.R. einen größeren Mengenwechsel Scherben von ±10 % nur unter Schwierigkeiten erlaubt und deshalb ist die Produktionsmenge und die Einsatzquote für die Scherbennachfrage maßgebend. Bei Energiekosten von 40 EUR/MWh und Gemengekosten von etwa 75 EUR/t ergibt sich ein Rohstoffsubstitutionspreis von 92 EUR/t für Scherben nach eigener Abschätzung.

8. Prozesskosten

Der Sektorenbericht[29] des Bundeskartellamtes nennt die Lizenzumsätze der Dualen Systeme mit rund 941 Millionen Euro im Jahr 2011. Die Rohmarge der Dualen Systeme ist mit 14,38 % bezogen auf die Drittkosten deutlich geringer als früher, m.e. aber in einer angemessenen Größenordnung, sofern dafür eine angemessene Leistung erbracht wird. Es gibt bei kleineren Systemen, die als Trittbrettfahrer umschrieben werden, Erscheinungen, die sich nur so erklären lassen, dass den Lizenzerlösen keine angemessenen operativen Kosten gegenübergestellt werden. In der Folge bleiben die daraus resultierenden finanziellen Lasten bei den anderen Systemen hängen. Mit 45,2 EUR/t sind die Systemkosten für Glas gering, d.h. ein mittlerer Behälter mit 240 Gramm kostet 1 Cent Lizenzentgelt. Da jedoch mehr Glas lizenziert als erfasst wird, werden im Mittel 40,51 EUR/t Lizenzentgelt erwirtschaftet.

Tabelle 10: Kalkulation der Prozesskosten (Mengenbezug gesammelt)

1	Stellplatzkosten	12.270.000 EUR	13,79 %	0,15 EUR/E/a
2	Behälterkosten	44.930.487 EUR	50,49 %	22,73 EUR/t $_{\text{Sammelmenge}}$
3	Sammelkosten	42.058.172 EUR	47,26 %	21,27 EUR/t $_{\text{Sammelmenge}}$
4	Transport Vorlauf	13.544.562 EUR	15,22 %	6,85 EUR/t $_{\text{Sammelmenge}}$
5	Aufbereitung	55.580.247 EUR	62,46 %	28,11 EUR/t $_{\text{Sammelmenge}}$
6	Nachlauftransp.	13.959.612 EUR	15,69 %	7,06 EUR/t $_{\text{Sammelmenge}}$
7	Erlöse	-126.856.089 EUR	-142,55 %	-64,16 EUR/t $_{\text{Sammelmenge}}$
8	Direkte Kosten	55.486.991 EUR	62,35 %	28,06 EUR/t $_{\text{Sammelmenge}}$
9	DS-Systemkosten	33.505.377 EUR	37,65 %	16,95 EUR/t $_{\text{Sammelmenge}}$
10	Lizenzentgelte	88.992.368 EUR	100,00 %	40,51 EUR/t $_{\text{Lizenzmenge}}$
11	Lizenzierte Menge	2.196.800 t/a	1,09 EUR/E/a	
12	zuzüglich MWSt.		1,29 EUR/E/a	

Ein allein der Produktverantwortung überlassenes System müsste pro Tonne zu verwertendes Glas 120 Euro erlösen. Da die Behälterglasindustrie aber derzeit maximal 94 EUR/t Scherben Nutzen generiert, ist eine freiwillige Kostendeckung des Glasrecyclings durch die Hersteller in Form entsprechender Einkaufspreise für Scherben undenkbar.

Würde das Lizenzmodell durch eine zukünftige politische Entscheidung entfallen und würden z.B. die örE die Leistung am Markt ausschreiben, dann müssten die Gebührenzahler mindestens 45,87 EUR/t verwertete Scherbe gemäß IST-Ansatz in Tabelle 16 zusätzlich bezahlen, d.h. die jährlichen Gebühren würden um etwa 1,29 Euro pro Bürger steigen. Eine solche Systemänderung hätte vermutlich aber auch höhere Verwaltungskosten zur Folge, i. d. R. sind die Aufschläge der örE auf Drittleistungen höher als 15 %, wenn die Gebührenkalkulationen entsprechend zu Grunde gelegt werden.

Tabelle 11 : Kalkulation der Systemkosten (Mengenbezug verwertet)

1	Erfassung	113.582.838 EUR		63,45 EUR/t verwertet	51,9 %
2	Aufbereitung inkl. Absteuerung Nichtglas und Nachlauf	76.695.993 EUR		42,84 EUR/t verwertet	35,0 %
3	operative Kosten	190.278.831 EUR		106,29 EUR/t verwertet	86,9 %
4	Aufschlag DS	28.599.599 EUR	15,03 %	15,98 EUR/t verwertet	13,1 %
5	Systemkosten I	218.878.430 EUR		122,26 EUR/t verwertet	100,0 %
6	Erlöse Glas	-129.837.450 EUR		-72,53 EUR/t verwertet	-59,3 %
7	Lizenzentgelt	89.040.980 EUR	1,09 EUR	49,74 EUR/t verwertet	40,7 %
8			1,29 EUR		

9. Zusammenfassung

Aus Sicht des Bürgers/in sind Glasverpackungen für hochwertige Getränke und Lebensmittel eine erwünschte Verpackungslösung, sofern die Rücknahme und Verwertung bequem und sinnhaft erfolgt. Die Entsorgung über das System Depotcontainer

(45 EUR/t) ist sehr viel kostengünstiger als der Weg über den grauen RHM-Behälter (zweihundert Euro pro Tonne). Ein sich frei finanzierendes System ohne Beiträge aus Lizenzentgelten oder Abfallgebühren ist bei den derzeitigen Rohstoff- und Energiepreisen nicht möglich. Flachglas, Spiegelglas, bleihaltiges Glas u.ä. ist in Depotcontainern unerwünscht, ebenso KSP u.a. Fremdstoffe. Bis zu 20 kg pro Tonne solcher Fremdstoffe finden sich in einer Tonne Sammelware. Die hohen Anforderungen der Abfüller (z.B. in zehn Millionen Flaschen ein Einschluss) bedingen, dass die Hütten auf Qualität getrimmt sind und diese Erwartungen auch an die Aufbereiter stellen. Diese sind gezwungen die Sammelware so wie angeliefert zu verarbeiten und sind wirtschaftlichen Zwängen unterworfen, d.h. Fahren auf Durchsatz. Die verschiedenen Akteure müssen aber alle qualitätsorientiert handeln, wenn hohe Scherbeneinsatzquoten und geringe Kosten erwünscht sind. Beginnend am Containerstandplatz, über die Sammlung, Übergabe, Vorlauftransport muss Bruch und Fehlbefüllung minimiert werden. Schon an den Sammelstandorten und an den Übergabestellen sowie über die Fahrzeuge und Vorfrachten werden Verunreinigungen, KSP usw. eingeschleppt. Durch die Befestigung der Flächen und Pflege, Sensibilisierung der Betroffenen, kann die Situation verbessert werden. Flachglas, Spiegelglas, bleihaltiges Glas usw. muss auf Recyclinghöfen separat erfasst werden. Die Kontrolle der Scherbenqualität muss primär in der Aufbereitung erfolgen, eine nachträgliche Verunreinigung durch verschmutzte Transportmittel, Einfall von oben bei den Nachlauftransporten usw. gilt es durch Abdeckung und Inaugenscheinnahme vor dem Beladen auszuschließen. Eine stichprobenhafte Kontrolle nach standardisierten Methoden ist bei den Hütten notwendig, um die Qualitätssicherung zu kontrollieren. Ohne Kontrolle kann Qualität nicht gewährleistet werden. Die derzeitigen Ausgaben für die Kontrolle von etwa 0,5 bis 0,8 EUR/t Scherben sind zu gering, um die Spezifikationen statistisch gesichert zu gewährleisten. Die sinkenden Grenzkosten der Computerleistung erlaubt eine leistungsfähigere Detektion und Vermessung von Scherben, so dass zukünftig mit weiteren Qualitätsverbesserungen zu rechnen ist. Möglicherweise wird auch in MBAs zukünftig die Restglasmenge von 5 kg/E/a automatisch als Mischglas aussortiert werden, eine Einstellung der farbsortierten Getrenntsammlung ist absehbar nicht denkbar, da eine nachträgliche Sortierung weder Qualität noch Wirtschaftlichkeit gewährleistet. Die Ausschreibungen müssen solche Qualitätsmerkmale zur Einpreisung berücksichtigen, sonst leidet darunter die Recycling-Effizienz.

10. Quellen

[1] http://www.brau-beviale.de/en/press/pressreleases/brau-beviale-2011-starke-messe-mit-viel-charme--pressnews--/?focus=de&focus2=nxps%3A%2F%2Fnueme%2Fpressnews%2F34514fe7-3514-4c71-aa08-14b211a74f63%2F%3Ffair%3Dbraubeviale%26language%3Dde (Download 5.8.13)

[2] GVM: Daten 2012 http://www.kunststoffverpackungen.de/show.php?ID=5137 (Download 5.8.13)

[3] Tuminski, R.: Untersuchungen zum Altglasrecycling. Diss. am Institut für Siedlungswasserwirtschaft der Universität Hannover, 1982

[4] Rohn; Wiesen; Teubler; Ritthoff; Liedtke: Analyse ausgewählter Nachhaltigkeitskriterien von Getränkeverpackungen aus Glas. Wuppertal-Institut für Klima, Umwelt, Energie; Untersuchung im Auftrag Bundesverband Glasindustrie e.V., Düsseldorf, 2013

[5] DIE WELT Wie viel Verpackung braucht die Welt, 1.8.2013, Beilage

[6] http://www.mineralwasser.com/fileadmin/images/pressefotos/Marktdaten/13-VDM-Branchendaten-2012.pdf (Download 5.8.13), vgl. auch Branchendaten 2012

[7] http://www.ksta.de/ratgeber/hochrechnung--bierdurst-bleibt-unveraendert,15189524, 11465662.html

[8] http://gvmonline.de/files/blickpunkt/2012-10_Moeve2010_de.pdf (Download 5.8.13)

[9] http://www.bmu.de/fileadmin/bmu-import/files/pdfs/allgemein/application/pdf/mehrweganteil_zeitverlauf.pdf (Download 5.8.13)

[10] Scheffold; Otten u.a.: A+U IML Studie für den BV Glas, 2002

[11] http://www.tomrasorting.com

[12] BV Glas: Jahresbericht 2011 (35 Seiten): www.bvglas.de

[13] http://www.kunststoffverpackungen.de/show.php?ID=5137 (Download 5.8.13)

[14] http://www.kunststoffverpackungen.de/show.php?ID=5137

[15] EUWID 14.2013 S.7 Behälterglasrecycling in Europa (17,4 Mio. t/a; davon 70 % recycliert) alle Daten für EU27

[16] Schindler; Ronner: Stand der Technik bei der Glasherstellung. Wien, http://www.umweltbundesamt.at/fileadmin/site/publikationen/R152.pdf , 1999

[17] Richtlinie 94/62/EG (bis 2001; 250 ppm)

[18] JRC REFERENCE REPORT Best Available Techniques (BAT) Reference Document for the Manufacture of Glass, 2013

[19] EUWIED 14.2013, S. 7

[20] Glüsing, RWTH Aachen

[21] EUWID 14.2013 S. 7 Sammlung 2011: 2.598 kt in 2010: 2.277 kt/a; DS-Mengen aus Abfallblanzen bzw. EUWID 16.2013 S.4

[22] http://www.glasaktuell.de/zahlen-fakten/recycling-zahlen/ (Download 8.8.13)

[23] http://www.bvglas.de/umwelt-energie/glasrecycling/ (Download 7.8.13)

[24] Scheffold: GGA-Studie

[25] EUWID 11.2013 S. 9

[26] Internetseiten Trenngerätehersteller: www.binder-co.at

[27] BV Glas Leitlinien zur Beprobung von Scherben zum Einsatz in der Behälterglasindustrie. Standardblatt T121, Stand 12.9.2011, Düsseldorf

[28]DSD/DKR-Fertigglasspezifikation für die Behälterglasaufbereitung 2012-2013, Köln

[29] BKartA: B4-62/12, Sektorenuntersuchung duale Systeme. Zwischenbilanz der Wettbewerbsöffnung. Bundeskartellamt, Bonn, Dezember 2012

Alternativen

Entsorgung von LVP-Haushaltsverpackungen
– Brauchen wir einen neuen Ansatz? –

Heinz-Georg Baum

1. Einleitung

Die Entsorgung von Verpackungsabfällen ist seit über 20 Jahren, und damit seit Bestehen einer entsprechenden rechtlichen Vorgabe, in der Diskussion. Den besonderen Spannungsbogen zieht diese offensichtlich nicht enden wollende Auseinandersetzung aus dem Umstand völlig konträrer Einschätzungen. Dem positiven Votum (*Lob über die Funktionsweise der dualen Systeme ... vom Bundeskartellamt; Konkurrenz zwischen ... (dualen Systemen) hat zu erheblichen Kosteneinsparungen und Qualitätsverbesserungen geführt* ([19], S. 22) und einem fast schon enthusiastisch anmutenden Urteil (*Erfolgsgeschichte* ([12], S. 2)) steht völlig unbeeindruckt ein harscher Verriss gegenüber (*... existenzgefährdende Schwächen der Verpackungsverordnung ... wenn es so weiter geht, werden wir 2015 sowieso nicht erleben* ([9], S. 1); *Die operativen Leistungen ... lassen zu wünschen übrig, das System ist intransparent und teuer ... die zahlreichen Schwächen und Defizite der Verpackungsverordnung (müssen) kritisch aufgearbeitet werden* [26], Vorwort; *Die Verpackungsverordnung bedarf ... keiner weiteren Überarbeitung, sondern eines Neustarts* (HWWI - [23], S. 23)). Dabei konnte sich das Lager der Kritiker insoweit Gehör verschaffen, als mittlerweile das Regelwerk mehrfach einer Novellierung unterzogen wurde.

Die Bürger scheinen ein Wechselbad der Gefühle hinter sich zu haben - von Mitmachbegeisterung über Zweifel und Unverständnis bis hin zur Ernüchterung. Der Studie *Umweltbewusstsein in Deutschland 2012* des Umweltbundesamtes ist zu entnehmen, dass sich nur noch 77 Prozent der Bürger zur Abfalltrennung bekennen. 2010 lag dieser Anteil noch bei 90 Prozent ([25], S. 43). Bei der Deutung dieser Zahlenwerte muss noch in Anrechnung gebracht werden, dass der aus der empirischen Sozialforschung hinlänglich bekannte Effekt der sozialen Erwünschtheit dieses Umfrageergebnis noch positiv verzerrt. Wohlfeile Bekundung und reales Tathandeln gehen mitunter auseinander. Die Autoren überschreiben deshalb auch die entsprechende Passage ihres Berichts mit der Feststellung, dass sich die *alltäglichen Formen der Haushaltsführung ... nur teilweise in Richtung stärkerer Nachhaltigkeitsorientierungen (entwickeln)* ([25], S. 42).

Einige Bürger scheinen auch die emotionale Flucht in den Sarkasmus angetreten zu haben. Zumindest gewinnt man den Eindruck, wenn man die Forenbeiträge zum Spiegel online-Artikel *Mülltrennung – Kommunen wollen Grünen Punkt abschaffen* am 05. Juli 2013 auswertet [24]. Die Kritikformen reichen von sachlicher Auseinandersetzung bis hin zu unangemessen aggressiven Meinungsäußerungen. Auffällig häufig wird beim finalen Verdikt mehr oder minder auf das Stilmittel *witzig vorgetragener Hohn und Spott* zurückgegriffen. Nur etwa 10 Prozent der Kommentare können unter der Rubrik *Zustimmung* subsumiert werden. Nun ist dieses Meinungsbild alles andere als repräsentativ; dennoch offenbart sich ein interessantes Schlaglicht. Eine über jeden Zweifel erhabene Erfolgsstory müsste auch bei der Teilkohorte *Forumsteilnehmer eines Spiegel online-Artikels* eigentlich besser beleumundet sein.

Nun wäre es völlig unangemessen, die rhetorische Frage in der Themenstellung – nämlich, ob ein neuer Ansatz bei der Entsorgung von Haushaltsverpackungen erforderlich sei – referenziell mit der Auswertung des Forums zu einem Journalbeitrag beantworten zu wollen. Vielmehr sollen im nachfolgenden Abschnitt zwei Belege für die Notwendigkeit eines Neuansatzes angeführt werden. Dabei geht es um die elementaren Erfolgskriterien *Systemakzeptanz* (2.1.) und *Systemerfolg* (2.2.).

Es soll aber nicht nur bei einer Schwachstellenanalyse bleiben. Im Kapitel 3 werden die zentralen Steuerungshebel einer Re-Adjustierung skizzenhaft vorgestellt. Diese beziehen sich zum einen auf den *Sammlungs-* (3.1.) und zum anderen auf den *Sortiervorgang* (3.2.).

2. Belege für Systemdefizite

2.1. Defizite bei der Systemakzeptanz

Nachfolgend soll aufgezeigt werden, dass nicht nur die verpflichtete Wirtschaft als Inverkehrbringer, sondern auch die Privathaushalte als Anfallstellen von Verpackungen das duale Entsorgungsregime durch massenhafte Verweigerung unterlaufen. Begonnen wird mit den als Produktverantwortliche bezeichneten Firmen, denen eigentlich die Möglichkeit eröffnet wurde, sich der materiell-direkten Befassung mit der Entsorgungsaufgabe durch Übernahme der Finanzierung zu entziehen.

Wenn Unternehmen zwar Haushalts-Verpackungen in den Wirtschaftskanal einspeisen, jedoch weder von einer Entsorgungsentpflichtung bei einem dualen System absehen, noch anderweitig die Entsorgung der von ihnen in den Verkehr gebrachten Verpackungen sicherstellen, wird dies als Unterlizenzierung bezeichnet. Das Ausmaß der Unterlizenzierung scheint immens zu sein. Eine aktuelle UBA-Studie aus 2012 sieht beim Verpackungsaufkommen die Differenz zwischen Marktmenge (2.345.000 t/a) und lizenzierter Menge (1.310.000 t/a) bei 1.025.000 t/a und damit bei 44 Prozent bezogen auf die Marktmenge ([7], S. 20). Die Zahlen reflektieren das Jahr 2009 und sind ebenfalls einer UBA-Studie – durchgeführt von der GVM – Gesellschaft für Verpackungsmarktforschung – entnommen [21].

Die genannten Studien stützen ihre qualitativen Einschätzungen zur Verfasstheit der Verpackungssituation auf quantitative Ermittlungen der Marktmenge, der Inverkehrbringungsmenge oder der abfallrelevanten Marktmenge. Es wird an dieser Stelle schon deshalb nicht auf definitorische Details bei den Unterschieden zwischen den Begrifflichkeiten eingegangen, weil sich die Notwendigkeit zu einer solchen Feingliederung in dem hier aufgeworfenen Sachverhalt nicht zwingend aufdrängt. Alle drei Werte bewegen sich zumal in einer ähnlichen Größenordnung und Differenzierungen in diesem Zusammenhang verstellen eher den klaren Blick auf die Zusammenhänge, als dass sie ihn eröffnen.

Zieht man eine andere Quelle heran, ergibt sich bei LVP in 2010 ein Unterlizenzierungsgrad von etwa 30 Prozent ([22], S. 22). Die Entwicklung belegt zwischen 2003 und 2007 einen stabilen Unterlizenzierungsgrad von knapp unter 30 Prozent, zeigt für 2008 eine Spitze von über 33 Prozent und weist 2009 mit etwa 27 Prozent den niedrigsten Wert aus ([22], S. 51).

Auf den ersten Blick erstaunt ein wenig, dass – obwohl auch diese Quelle mit GVM-Zahlen arbeitet – die Größe *Marktmenge* doch hier wesentlich höher ausfällt (2.345.000 t ([7], S. 20) zu 2.843.000 t ([22], S. 51)). Erklärlich wird der Unterschied aber dadurch, dass Schüler die bepfandeten Einweg-Getränkeverpackungen (in 2010 = 533.000 t) mit in die Marktmenge einrechnet, während bei Dehoust/Christiani dieser Stoffstrom außerhalb der Betrachtung bleibt. Die verbleibende geringfügige Differenz ist der abweichenden Jahresbasis geschuldet.

Schlussendlich lässt sich das Ausmaß der Unterlizenzierung auf der Grundlage von Feststellungen Schülers dadurch bestimmen, wenn man von der Differenz aus Marktmenge bzw. Inverkehrbringungsmenge und Lizenz- bzw. Vertragsmenge noch die Eigenrücknahmen (in 2010: 93.000 t) und Branchenlösungen (in 2010: 239.000 t) abzieht. Auf diese Weise erhält man 858.000 t, welche bezogen auf die Marktmenge etwa 30 Prozent ergeben.

Die deutliche Unterlizenzierung für den Geltungsbereich der deutschen Verpackungsverordnung lässt sich noch durch ein weiteres Indiz belegen – nämlich durch den häufig bemühten Vergleich von Brutto-Inlandsprodukt (BIP)- und Lizenzmengenentwicklung. In Deutschland hat sich das BIP mit einer Delle in 2009 (Stichwort: Lehmann-Pleite und deren Folgen) überaus positiv entwickelt. Es lag 2011 um etwa ein Drittel über dem 1998er Niveau.

Im gleichen Zeitraum ging die LVP-Lizenzmenge um knapp 18 Prozent zurück. Auf diese Mengen-Entkoppelung von der Wirtschaftsleistung wird von den Protagonisten der Verpackungsverordnung gerne verwiesen, da als Erfolgsausweis gewertet. Diese Korrelation ist unstrittig, die kausale Verknüpfung hingegen schon.

Die nachstehende Übersicht zeigt einen Vergleich zwischen Österreich und Deutschland. Die LVP-Lizenzmengen werden in Absolutgrößen dargestellt; der BIP-Wert als Indexgröße bezogen auf das Basisjahr 1998. Rein deklaratorisch sei der Hinweis angebracht, dass in Österreich die LVP-Fraktion anders abgegrenzt wird als in Deutschland. Dieser Umstand ist bei den Zahlenangaben allerdings berücksichtigt; sie beziehen sich auf die deutsche Lesart.

Tabelle 1: Gegenüberstellung des Bruttoinlandsprodukts und der LVP-Lizenzmengen für Österreich und Deutschland

Jahr	Lizenzmengen Haushaltssystem AT der Kategorien LVP und MET t	Bruttoinlands-produkt Österreich Index	Lizenzmengen LVP DE (Bundeskartellamt 2012, S. 97) t	Bruttoinlands-produkt Deutschland Index
1998	142.485	100,0	1.454.771	100,0
1999	149.047	103,5	1.505.691	102,3
2000	154.762	107,3	1.503.810	104,6
2001	159.608	108,3	1.558.712	107,4
2002	164.339	110,1	1.606.168	108,9
2003	175.364	111,1	1.322.194	109,8
2004	181.177	114,0	1.321.403	112,2
2005	190.707	116,8	1.303.168	113,6
2006	190.492	121,1	1.279.457	118,2
2007	195.643	125,6	1.177.064	124,1
2008	200.808	127,3	1.088.659	126,4
2009	203.623	122,5	1.281.586	121,4
2010	206.455	125,0	1.164.707	127,5
2011	205.512	128,4	1.198.949	132,5

Wie unschwer abzulesen, zeigt sich die Entkoppelung der Lizenzmengen vom BIP in Österreich nicht. Im Gegenteil, hier ist ein gewisser Gleichklang erkennbar. Das österreichische BIP hat sich in einer ähnlichen Größenordnung wie das deutsche entwickelt (hier: in AT knapp unter 30 Prozent und in DE etwas über dieser Marke). Die Lizenzmenge stieg gar um etwa 45 Prozent. Ab 2005 ist die Wachstumskurve allerdings deutlich abgeflacht.

Wegen der engen wirtschaftlichen Verflechtung beider Volkswirtschaften steht die These, die Verpackungsverordnung hätte in Deutschland zu einer deutlichen Reduzierung der Packstoffe beigetragen, während diese Entwicklung in Österreich nicht nachzuweisen ist, auf tönernen Füßen.

Man mag überhaupt bezweifeln, ob das BIP die angemessene Referenzgröße zur Bestätigung oder zur Entkräftigung der Entkoppelungshypothese ist. Die deutsche Wirtschaftsleistung wurde gerade in den letzten Jahren durch einen wachsenden Dienstleistungssektor getriggert – und dieser ist prima vista wenig verpackungsrelevant. Nicht zuletzt produzierende Unternehmen haben in Deutschland verstärkt ihren Dienstleistungsbereich ausgebaut (Stichwort: vom klassischen Bauunternehmen zum Dienstleister rund um das Gebäude). Zudem gründete das Wirtschaftswachstum der Vergangenheit auf imposanten Exporterfolgen – will heißen, die Verpackungen fielen im Ausland an.

Fokussiert man die Verpackung auf die relevante, d.h. in diesem Fall auf die verpackungsabfallrelevante Teilgröße des BIP – nämlich auf die Ausgaben für den persönlichen Konsum, stößt man auf interessante Phänomene. Für Deutschland zeigt sich nun in etwa ein Gleichklang von Konsumausgaben und Verpackungsabfall, wohingegen in Österreich ein entgegengesetzter Trend sichtbar wird. Erstaunlicherweise ist für die USA – in denen überhaupt kein Verpackungsregime existiert – ein deutlicher Rückgang der Verpackungsabfälle bei nur mäßigem Anstieg der privaten Konsumausgaben dokumentiert [27]. Zu all diesen Korrelationen drängt sich für den Verfasser keine einfache Erklärung und damit Kausalität auf. Nur so viel: Die jeweiligen Verpackungsregime scheiden weitgehend als (monokausale) Begründung aus.

In diesem Zusammenhang soll nicht unerwähnt bleiben, dass Deutschland trotz mehr als 20 Jahren Verpackungsverordnung den höchsten Pro-Kopf-Verpackungsverbrauch aller EU-Mitgliedsstaaten (mit Ausnahme von Luxemburg) hat (Beispiel 2011: 201,5 kg/capita in Deutschland zu 146,3 kg/capita in Österreich) [27, 28].

Auf das beträchtliche Ausmaß der Nicht-Entpflichtung von der Entsorgungsaufgabe durch die *Inverkehrbringer* von Haushaltsverpackungen mangels Anschluss an einen dualen Systembetreiber und damit mangels Zahlung einer notwendigen *Pre-paid disposal fee* ist bereits hingewiesen worden. Die strukturelle Verfasstheit des dualen Entsorgungsregimes nimmt in solchen Fällen sämtliche Systembetreiber in eine Art *Sippenhaft* – zumindest dann, wenn die nicht-entpflichteten Verpackungen quasi bestimmungsgemäß der getrennten Sammlung zugeführt werden. Die gebührenfinanzierte kommunale Abfallwirtschaft ist allerdings auch insoweit betroffen, wie entsprechende Verpackungsgebinde über die Restmüllschiene entsorgt werden.

Allerdings wird die Meinung vertreten, dass es *Totalverweigerer großen Ausmaßes ... nur wenig gegeben (hat)* ([22], S. 47). Das Problem wird bei den *Teilmengenlizenzierungen* verortet. Für die Möglichkeit des System-Trittbrettfahrens wird zum einen die Einschaltung von Lizenzmaklern und zum anderen die Bevollmächtigung dualer Systeme zur Abgabe der Vollständigkeitserklärungen verantwortlich gemacht ([22], S. 50).

Sollten jedoch diese Unregelmäßigkeiten bei allen Systembetreibern in ähnlicher Größenordnung *durchschlagen* bzw. in gleicher Weise *gehandhabt* werden, glichen sich die Bereicherungen zu Lasten Dritter aus. Die auch externen Beobachtern nicht verborgen gebliebenen Auseinandersetzungen zwischen Systembetreibern lassen vermuten, dass diese Annahme wohl nicht zutreffen könnte.

Im Gegensatz hierzu spielt für das Bundeskartellamt die Unterlizenzierung *keine bedeutende Rolle* ([6], S. 32). Für diese Auffassung bietet das Bundeskartellamt eine Analyse an, die auf einer Interpretation zwischen der Erfassungsmenge der getrennten Sammlung und der Lizenzmenge beruht. Die in das duale Entsorgungsregime eingespeiste Menge übersteigt nämlich die Vertragsmenge um circa das doppelte (genau 2011: LVP-Lizenzmenge 1.199.000 t zu LVP-Erfassungsmenge 2.361.000 t; ([6], S. 95 und 97). Der Restmüllanteil soll bezogen auf 2011er-Werte 23 Prozent (= 543.000 t) und das relative Ausmaß der stoffgleichen Nichtverpackungen 12 Prozent (= 283.000 t) betragen. Neben diesen Fehlwürfen (insgesamt 826.000 t) sollen insbesondere Speiseanhaftungen und teilentleerte Verpackungen die Lücke von 1.162.000 t in 2011 ([6], S. 31) erklären.

Diese Argumentation bildet u.E. die Wirklichkeit einseitig verzerrt ab. Es wird nämlich fälschlicherweise unterstellt, die gesamte Lizenzmenge würde vollständig über die getrennte Sammlung entsorgt. Das Phänomen von *Fremdmüll* – nämlich von Verpackungen im Restmüll – wird bei dieser Betrachtung negiert. Dabei gibt es hierzu durchaus belastbares Datenmaterial.

Der Kommunalentsorger in Göttingen ermittelte vor dem Pilotversuch zur Einführung einer Wertstofftonne 8 kg Leichtverpackungen/Einwohner und Jahr in der Restmülltonne ([10], S. 2). Andere Quellen beziffern den LVP-Anteil mit etwas über bzw. knapp unter 5 Prozent. Dies entspricht etwa 7 kg Verpackungen/Einwohner und Jahr (([18], S. 9), ([14], S. 331 ff.)). Legt man 80 Millionen Einwohner zugrunde, ergibt dies eine jährliche LVP-Menge im Restmüll von 560.000 t bis 640.000 t.

Die einschlägigen Status quo-Massenströme der aktuellen UBA-Studie sehen die LVP-Menge im Restmüll gar bei 1.005.000 t ([7], S. 66). Allerdings sind hier sowohl die Restanhaftung (sprich: Speiseanhaftungen und teilentleerte Verpackungen) als auch die Feuchte mit einbezogen. Setzt man diesen Teilstrom zur LVP-Menge der getrennten Sammlung – ebenfalls brutto, d.h. inklusive Anhaftung und Feuchte (= 1.483.000 t) – ins Verhältnis, so ergibt sich grob betrachtet eine Relation von 4:6. D.h., 40 Prozent der LVP-Verpackungen werden von den Bürgern nicht dem dafür vorgesehenen Entsorgungspfad zugeführt. Damit ist belegt, dass nicht nur die inverkehrbringenden Unternehmen, sondern auch die Privathaushalte das System in weiten Teilen nicht annehmen.

Es gibt keinen Anhaltspunkt, dass sich nur nicht-lizenzierte LVP im Restmüll befinden. Legt man also die 6:4-Relation bei der Aufteilung zwischen dualer und primärer Sammlung auch bei der Lizenzmenge (hier 2009: 1.282.000 t gemäß ([6], S. 97) bzw. 1.310.000 t gemäß ([7], S. 20)) zugrunde, so ergibt dies eine Nutzung der getrennten Sammlung in Höhe von 769.000 t/a bzw. 786.000 t/a.

Aus den Darstellungen der Massenströme in der UBA-Studie lässt sich überschlägig der Umfang von Anhaftung und Feuchte abschätzen. Je nach dem, ob vom LVP-Abfallaufkommen die Marktmengen oder die Inverkehrbringungsmenge abgezogen wird, schlagen Anhaftung und Feuchte bei einem 60 Prozentigen Anteil für die getrennte Sammlung mit knapp 90.000 t/a bis grob 160.000 t/a zu Buche ([7], S. 20 und 66).

Damit führt die Argumentation des Bundeskartellamtes, angereichert mit Massenstromdaten der einschlägigen UBA-Studie, zu einer Erklärungslücke (Tabelle 2).

Erfassungsmenge LVP	2.361.000 t
./. Restmüll (etwa 23 % der Erfassungsmenge)	543.000 t
./. Stoffgleiche Nichtverpackung	283.000 t
(etwa 12 % der Erfassungsmenge)	
./. Anhaftung/Teilentleerung/Feuchte, maximal	160.000 t
./. LVP (etwa 60 % der Lizenzmenge)	786.000 t
	bzw. 769.000 t
= Erklärungslücke	589.000 t
	bzw. 606.000 t

Tabelle 2:

Erklärungslücken der getrennten LVP-Sammlung nach Abzug relevanter Teilströme, Bezugsjahr 2009

Quellen: Bundeskartellamt (2012): Sektoruntersuchung duale Systeme – Zwischenbilanz einer Marktöffnung, Bonn 2012, S. 95 und 97. Dehoust, G./Christiani, J. (2012): Analyse und Fortentwicklung der Verwertungsquoten für Wertstoffe, Sammel- und Verwertungsquoten für Verpackungen und stoffgleiche Nichtverpackungen als Lenkungsinstrument zur Ressourcenschonung, UBA-Texte 40/2012, Dessau-Roßlau 2012, S. 66.

Es bleibt somit bei dem Befund, dass sich auch die Privathaushalte dem dualen Entsorgungsregime in beträchtlichem Umfang verweigern. Dabei ist die Anhaftungsproblematik proportional bei der getrennten Sammlung berücksichtigt. Man kann den Hinweis, *dass (bei der) Akzeptanz der Getrenntsammlung durch den Endverbraucher ... vermeintlich keine echte Materialabhängigkeit als vielmehr ein hygienisch bedingter Einfluss durch das Füllgut wirksam wird, auch dahingehend deuten, dass teilentleerte bzw. stark mit Speiseresten behaftete Verpackungen überwiegend der Restmüllentsorgung zugeführt werden* ([7], S. 11). Empirisch feststellen ließ sich, dass *die niedrigsten Erfassungsquoten (jene) Verpackungen (aufweisen), die überdurchschnittlich oft für pastöse Lebensmittel verwendet werden* ([7], S. 11). Folgte man dieser Sichtweise, würde die veranschlagte Menge für Anhaftung und Feuchte niedriger ausfallen, was die Erklärungslücke noch weiter anwachsen ließe.

2.2. Defizite beim Systemerfolg

Angesichts der veröffentlichten stofflichen LVP-Recyclingquoten mag eine Skepsis am Systemerfolg, so wie in der Kapitelüberschrift apodiktisch behauptet, ein wenig verwundern. Die Zahlenwerte sind in der Tat beeindruckend:

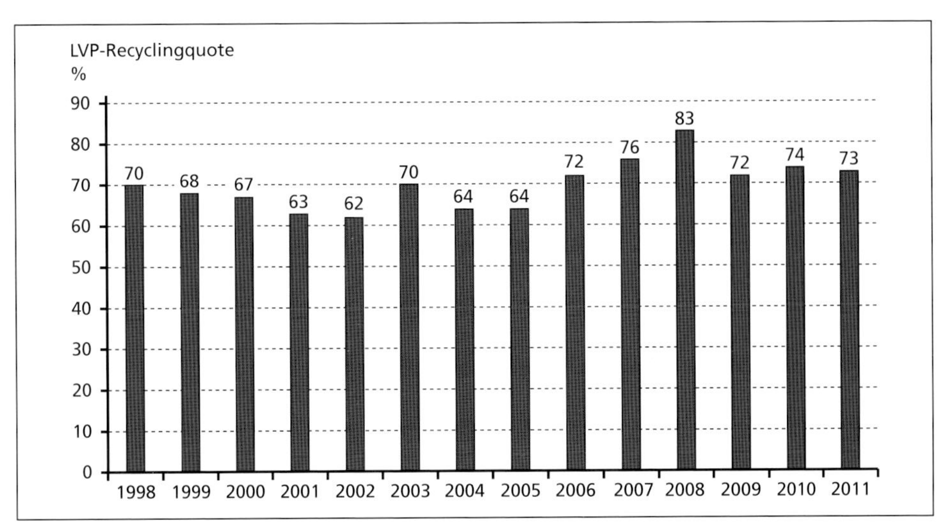

Bild 1: Entwicklung der LVP-Recyclingquoten in Deutschland

Quelle: Bundeskartellamt (2012): Sektoruntersuchung duale Systeme – Zwischenbilanz einer Marktöffnung, Bonn 2012, S. 36

Die Jahre 2003, 2008 und 2009 haben als Ausreißer keine Aussagekraft. Ursächlich hierfür sind zum einen die Einführung des Einwegpfands und zum anderen Lizenzmengenschwankungen in Folge der fünften Novelle der Verpackungsverordnung. Würde man noch die energetische und die rohstoffliche Verwertung mitberücksichtigen, ergäben sich Verwertungsquoten jenseits der 100 Prozent-Marke ([6], S. 35).

Der Hinweis auf eine wirtschaftliche Nutzungsausbeute von über 100 Prozent lässt aufhorchen und lenkt den Blick auf die Ermittlungsmethodik. Und diese ist fragwürdig, da der ermittelte Wert so gar nicht dem gängigen Bild von Recycling als Wiedereinsatzmenge in den Wirtschaftskreislauf entspricht.

Norbert Häring erkennt in der Erfolgsmessung von Politikhandeln ein generelles Problem. Er greift dies in seiner Handelsblatt-Kolumne *Stimmt es, dass ...* vom 01.02.2013 auf ([13], S. 11). Egal ob Armuts-, Nachhaltigkeits-, Migrations- oder Wohlstandsbericht, stets legt die Regierung die Indikatoren und die Zielwerte selbst fest. Dabei ist schon die Auswahl der Mess-Indikatoren selbst ein eminent politischer Vorgang. Besonders sichtbar wurde dies, als die Enquetekommission zur Wohlstandsbestimmung jenseits des BIP in Streit über die *richtigen* Indikatoren zur Messung von Lebensqualität geriet. Härings Forderung: Der Einfluss der Regierung auf das statistische Programm und auf die Auswertung sollte reduziert bzw. ersetzt werden durch ein repräsentatives Gremium der beteiligten Kreise.

Wie die nachstehenden Ausführungen zeigen, erscheint eine Revision bei der Berechnung der Recyclingquote angezeigt. Die aktuelle Feststellung misst nämlich nicht das, was sie vorgibt zu ermitteln. Die Notwendigkeit zur Anpassung bezieht sich sowohl auf den Nenner als auch auf den Zähler der Quotenberechnung.

Zunächst muss festgehalten werden, dass die VerpackV auf eine eigenständige Definition der Begriffe Verwertung bzw. stoffliche Verwertung verzichtet. Es gilt damit entsprechend der Normenhierarchie das KrWG. Es sei jedoch angemerkt, dass Anhang I Nr. 1 Abs. 2 VerpackV eine Begriffsbestimmung für werkstoffliche Verfahren – ein Musterfall der stofflichen Verwertung – enthält ([17], S. 33). Verwertung ist gem. § 3 I S. 2 i.V.m. XXIII KrWG *jenes Verfahren, als dessen Hauptergebnis die Abfälle innerhalb der Anlage oder in der weiteren Wirtschaft einem sinnvollen Zweck zugeführt werden, ...*. Gemeint ist damit der Input-Strom in ein Behandlungs- oder Aufbereitungsverfahren, bei dem das Sekundärprodukt oder der Sekundärrohstoff hergestellt wird ([11], S. 213). Die Anlieferung bei der Sortieranlage bedeutet noch nicht, dass der Abfall einer Verwertung zugeführt wurde ([17], S. 212).

Die EU-Kommission verweist darauf, dass die jetzt praktizierte Quotenermittlung der einzig mögliche Kompromiss zwischen den EU-Mitgliedsstaaten sei (Generaldirektor Falkenberg auf der VKU-Jahrestagung 2013). Man ist offensichtlich an einem hohen Quotenausweis interessiert – unabhängig von den realen Gegebenheiten.

Eine solche Sichtweise ist nur dann unproblematisch, wenn der Input derartiger Verfahren realiter stofflich in den Wirtschaftskreislauf reintegriert wird. Wie noch gezeigt wird, kommt es weit überwiegend nicht zu einem stofflichen Wiedereinsatz, sondern Wasserverluste und die energetische Nutzung dominieren.

Es macht wenig Sinn und ist obendrein irreführend, das faktische Ausmaß von Recycling bzw. stofflicher Verwertung anhand des Input-Stroms in eine Verwertungsmaßnahme bestimmen zu wollen.

Es kommt ja auch niemand auf die Idee, die Abiturientenquote eines Jahrgangs anhand der Schülerzahlen zu ermitteln, die einer entsprechenden Bildungseinrichtung *zugeführt* wurden, d.h. nach der Grundschule auf ein Gymnasium gewechselt sind. Wenn man dann noch alle weiterführenden Schulen zu Gesamtschulen erklärte, hätte man – welch Wunder geschickter Indikatorwahl – eine Abiturientenquote von 100 Prozent und Deutschland könnte so der fortwährend kritisch vorgetragenen OECD-Forderung nach höherer Abiturientenquote den *Wind aus den Segeln nehmen.*

Aus der einer Verwertung zugeführten Menge wird eine Quote, wenn diese ins Verhältnis zur in Verkehr gebrachten Verpackungsmenge – sprich: zur Lizenzmenge – gesetzt wird ([17], S. 212). Der Aussagegehalt einer solchen Verhältniszahl ist limitiert, weil die Inverkehrbringungsmenge zwar die finanzielle Basis des dualen Systems beschreibt, aber nicht das faktische Ausmaß der Entsorgungsaufgabe abbildet. Zum einen übersteigt die LVP-Erfassungsmenge die korrespondierende Lizenzmenge um etwa 100 Prozent (2011: 2.361.000 t Erfassungsmenge zu 1.199.000 t Lizenzmenge; ([6], S. 95 und 97)). Hierauf wurde bereits im Zusammenhang mit der Unterlizenzierung hingewiesen. Entsorgt werden muss die Erfassungsmenge und diese wird auch in das Entsorgungsregime – bestehend aus Sammlung, Sortierung und Verwertung – eingespeist. Zudem ist beachtlich, dass ein wesentlicher Teilstrom der Verpackungsabfälle – wie bereits ausgeführt – gar nicht in Gebinden der dualen Erfassungsinfrastruktur, sondern im Restmüll landet.

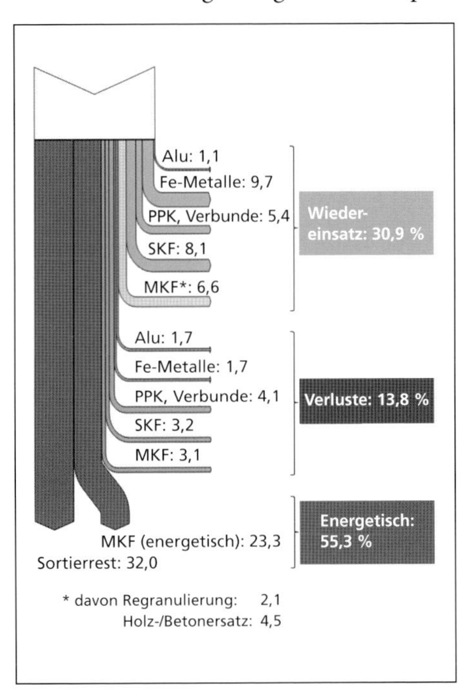

Bild 2: Reale Wiedereinsatzquote von Verpackungsabfällen in Deutschland

Quelle: ARA Forschungsprojekt *Vergleichende* Analyse der Entsorgung von Verpackungsabfällen aus haushaltsnahen Anfallstellen auf Basis der Verpackungsverordnungen in Deutschland und Österreich; durchgeführt von TU Clausthal (Prof. Faulstich), Fraunhofer Umsicht (Dr.-Ing. Franke, Dipl.-Ing. Reh), Hochschule Fulda (Prof. Baum), Wien 2013, Veröffentlichung in Vorbereitung

Will man ein realistisches Bild über den Systemerfolg generieren, so muss man die tatsächliche stoffliche Wiedereinsatzmenge auf den faktischen Erfassungsstrom beziehen. Eine solche Berechnungsgrundlage fördert allerdings ein ernüchterndes Bild der Ist-Verhältnisse zu Tage. Das nebenstehende Bild zeigt die entsprechenden Stoffströme, (Datenbasis [7], S. 66) Bezugsjahr 2009.

Dabei verklärt die reale Wiedereinsatzquote von rund 30 Prozent sogar noch das Bild, da die Misch-Kunststoff-Fraktion (MKF) einen nicht unbeträchtlichen Prozentpunktwert von 6,6 zu dieser Größe beisteuert.

Der Vorwurf, dass diese Ziffer die realen Verhältnisse in ein zu positives Licht stellt, rührt daher, dass aus der MKF nur inferiore Erzeugnisse gewonnen werden, über deren volkswirtschaftlichen Nutzen sich trefflich streiten lässt (Stichworte: Regranulat für Bakenfüße, Holz-/Betonersatz). Die Minderwertigkeit wird auch am Zuzahlungserfordernis deutlich. Ökonomisch dominiert damit die Entsorgungsleistung und nicht die Rohstofflieferung. Nur ein gesetzliches Zwangsregime oder ein einzelwirtschaftliches Opportunitätskostenkalkül ebnen den Weg in die stoffliche Weiternutzung. Zudem wird mit Ausbau dieser Verwertungsoption der Marktkanal zunehmend verstopft.

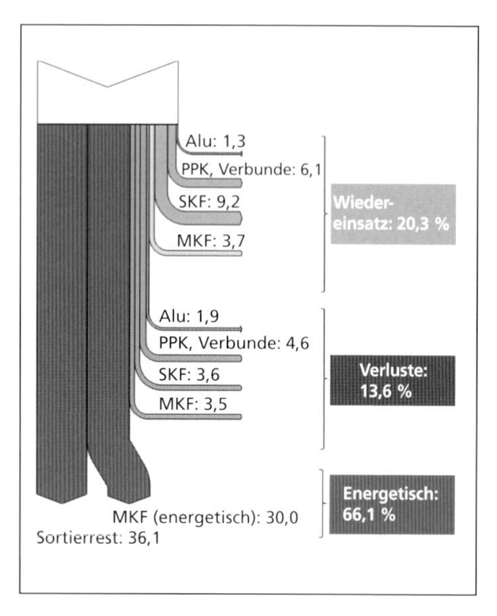

Bild 3: Reale Wiedereinsatzquote von Verpackungsabfällen in Deutschland, ohne Fe-Metalle

Quelle: ARA Forschungsprojekt *Vergleichende* Analyse der Entsorgung von Verpackungsabfällen aus haushaltsnahen Anfallstellen auf Basis der Verpackungsverordnungen in Deutschland und Österreich; durchgeführt von TU Clausthal (Prof. Faulstich), Fraunhofer Umsicht (Dr.-Ing. Franke, Dipl.-Ing. Reh), Hochschule Fulda (Prof. Baum), Wien 2013, Veröffentlichung in Vorbereitung

Wenn man überschlägig davon ausgeht, dass in mindestens 50 Prozent der Fälle MKF-basierten Produkten eigentlich keine nachhaltig kreislaufwirtschaftliche Bedeutung zugesprochen werden kann, dann würde sich die reale Wiedereinsatzquote auf nur noch etwas mehr als ein Viertel (genau: 27,6 Prozent) reduzieren.

Gänzlich ernüchternd fällt die Bewertung aus, wenn man zudem den Teilstrom Fe-Metalle abspaltet, für deren Erfassung ein duales Entsorgungsregime nicht erforderlich wäre.

Die stoffliche Wiedereinsatzquote würde dann nur noch ein Fünftel (genau: 20,3 Prozent) betragen.

3. Steuerungshebel eines reformierten Ansatzes

3.1. Fehlwurfquote als Steuerungsparameter einer Standardvergütung für die Sammlung

In marktwirtschaftlichen Systemen setzt ein Güter- und Leistungsangebot den erwarteten Markterfolg des Anbieters voraus. Der Markterfolg wird anhand der Formalzielkategorien Liquidität-Gewinn-Erfolgspotenzial bestimmt; schlussendlich stellt aber die Steigerung des Unternehmenswertes (Shareholder Value) die relevante Steuerungsgröße dar ([5], S. 285 ff.).

Der Shareholder Value fungiert als zentrale Beurteilungsgröße einer wertorientierten Unternehmensführung. Von einem Wertbeitrag wird in Anwendung des Opportunitätskostenkalküls aber erst gesprochen, wenn die Überschüsse eine risikoadäquate Kapitalverzinsung übersteigen. Ein Unternehmen, welches für seine Investoren (Eigen- und Fremdkapitalgeber) nicht die Verzinsung generiert, d.h. nicht den Return aus dem Erfolgspotenzial-Investment erwirtschaftet, den diese Investoren alternativ bei einer anderen Anlagemöglichkeit gleicher Risikoklasse (gleichsam als Opportunität) realisieren könnten, vernichtet Werte und würde fortan vom Kapitalmarkt abgestraft ([4], S. 14 ff.).

Daneben steht es einer Gesellschaft frei, ein Aufgabenspektrum der Daseinsvorsorge zu bestimmen. Daseinsvorsorge wird bei breiter Auslegung zum Inbegriff jeder Art von Politik und *scheint alles zu umfassen, was dem Menschen irgendwie zu Gute kommt, also Vorsorge für sein Dasein im weitesten Sinne leiste*t ([15], S. 70). Welche Aufgaben konkret hier und jetzt unter der Daseinsvorsorge subsumiert werden, hängt vom aktuellen gesellschaftlichen Konsens und dem gegenwärtigen Staatsverständnis ab. Das Spektrum daseinsvorsorglicher Aufgaben hat also keinen festen Kanon und ein einmal gefundener gesellschaftlicher Konsens ist auch nicht zeitstabil.

Für den LVP-Stoffstrom muss konstatiert werden, dass die Marktkräfte kein duales Rückführungsregime mit relativem Verwertungsgebot initiieren würden. Eine sich selbsttragende, d.h. einzig über Verwertungserlöse finanzierte Kreislaufwirtschaft konnte entgegen hoffnungsvoller Erwartungen bislang nicht installiert werden. Damit bedarf dieses Entsorgungsregime einer staatlichen Bereitstellungsorganisation, da es ohne diesen Steuerungsimpuls nicht zu entsprechenden Leistungen käme. Die deutsche Verpackungsverordnung bzw. die europäische Verpackungsrichtlinie lassen sich damit nur als Teil der Daseinsvorsorge legitimieren.

Aktuell wird über den Erlass eines Wertstoffgesetzes respektive über eine Novelle der Verpackungsverordnung diskutiert. In diesem Zusammenhang wird das Gemeinwohlinteresse dahingehend ausgelegt, einen höheren Anteil der stofflichen Verwertung zuzuführen (quantitativ-ökologischer Aspekt), ein höherwertiges Recycling sicherzustellen (qualitativ-ökologischer Aspekt) und in Folge dessen auch eine bessere Verwertungserlössituation zu erreichen (ökonomischer Aspekt).

Auf die grundlegenden Einwände gegen diese Interpretation von Gemeinwohlinteresse im Rahmen der Daseinsvorsorge soll hier nicht eingegangen werden ([3], S. 286 ff.). Es bleibt jedoch festzuhalten, dass sich auch das Zwangsverwertungsregime von Verpackungsabfällen unter dem Dach der Daseinsvorsorge stets des gesellschaftlichen Konsenses rückversichern muss. Wechselnde gesellschaftliche Stimmungsbilder und damit sozialer Wandel finden ihren Niederschlag in veränderten Auslegungen von Daseinsvorsorgeaufgaben. Die mangelnde Transparenz der ökologischen und wirtschaftlichen Zusammenhänge bei der Verpackungsentsorgung ist einem stabilen gesellschaftlichen Werturteil nicht unbedingt zuträglich. Vielleicht lässt sich die teilweise sichtbare Abwendung der Privathaushalte von der Getrennthaltung als Vorbote einer mangelnden Einsicht in den relativen Verwertungsvorrang von Haushaltsverpackungen aus Kunststoff und insoweit auch von der Subsumierung unter dem Dach der Daseinsvorsorge interpretieren.

Unabhängig davon ergeben Daseinsvorsorge und Freistellung vom Wettbewerb kein Junktim. Im Gegenteil, es ist bis heute Intention der EU-Kommission, bei der Wahrnehmung von Aufgaben der Daseinsvorsorge über die Vergabe von Sonderrechten einen Wettbewerb zu implementieren. Auch in der Literatur wird einhellig die Meinung vertreten, dass aus der Daseinsvorsorge keine Rechtfertigung für ein Verwaltungsmonopol abgeleitet werden kann ([2], S. 624 ff.). Es gilt insoweit eine strenge Subsidiarität, wonach bei eigenwirtschaftlichen Betätigungen der kommunalen Seite stets der daseinsvorsorglich begründete öffentliche Zweck und die Abwesenheit privatwirtschaftlicher Konkurrenz auf mindestens gleichem Leistungsniveau gegeben sein müssen ([15], S. 72).

Auch die Monopolkommission konstatiert, *dass der Schutz von Umwelt und Ressourcen (zwar) ein regulatorisches Eingreifen des Staates erfordert, begründet für sich (jedoch) noch kein Abweichen vom Wettbewerbsprinzip* ([16], S. 111).

Es gibt jedoch auch eine gegenteilige Auffassung. Hiernach ist, soweit nicht der Marktmechanismus autonom für eine Bereitstellung bestimmter abfallwirtschaftlicher Leistungen sorgt, in Erwägung zu ziehen, ob diese Leistungselemente von einem öffentlichen Auftrag gedeckt sind. In diesem Fall wären dann die öffentlichen Einrichtungen in der Pflicht.

Allerdings scheint die Wettbewerbsfrage im Rahmen der staatlichen Bereitstellungsorganisation eines dezidiert vorgegebenen Entsorgungsregimes von Haushaltsverpackungen seit Eingreifen des Bundeskartellamtes *entschieden*. In der bereits mehrfach angesprochenen *Sektoruntersuchung duale Systeme* von Dezember 2012 wird nicht ohne Stolz referiert, dass *die operativen Entsorgungskosten ... von 1.777 Millionen Euro im Jahr 2003 insgesamt um 54 Prozent auf 824 Millionen Euro im Jahr 2011 gesunken (sind)* ([6], S. 45). Dieser Effekt wird der Beseitigung von *Wettbewerbsbeschränkungen, die einzelne Teilbereiche des dualen Systems betrafen*, zugeschrieben ([6], S. 24). Die Wettbewerbsöffnung wurde *durch kartellbehördliche Maßnahmen, aber auch durch einige gesetzliche Änderungen erreicht* ([6], S. 20). Gerade die kompetitive Öffnung auf Systembetreiberebene verbucht die Wettbewerbsbehörde als Erfolg.

Aufkommenden Zweifeln an dieser Interpretation tritt die Kartellbehörde entschieden entgegen. So wird darauf verwiesen, dass *die verschiedenen aufgestellten Theorien, warum es durch einen Wettbewerb dualer Systeme zum Systemzusammenbruch komme, ... auf realitätsfernen Annahmen (beruhen)* ([6], S. 50). Dabei konnte das Problem Unterlizenzierung bis heute nicht gelöst werden – im Gegenteil, es hat noch zugenommen (Kapitel 2.1.). Intransparente Branchenlösungen und die *Point of Sale-Rückgaberegelungen* tun ein Übriges, um die Systemstabilität zu gefährden. Darüber hinaus haben sich Auffassungsunterschiede zwischen den Systembetreibern zu einer Dauerfehde entwickelt.

Befürchtungen, wonach die Wettbewerbsöffnung zu Qualitätsverschlechterungen führe, kehrt das Amt ins Gegenteil. Das Ziel der *Etablierung eines höherwertigen Recyclings für die LVP-Fraktion ... wurde ... erst nach der Wettbewerbsöffnung erreicht.* Die Behörde geht von einer *wettbewerbsbedingt gestiegene(n) LVP-Recyclingquote bzw. (einem) verbesserte(n) Kunststoffrecycling aus* ([6], S. 54).

Diese Argumentation passt so gar nicht zu dem Faktum, dass ein Recycling des LVP-Stoffstroms – streng einzelwirtschaftlich betrachtet – aktuell nicht tragfähig ist und auch in der überschaubaren Zukunft nicht sein wird. Erst nach weitgehender Input-Finanzierung der Sammelleistung und entgeltfreier Mitwirkung der Bürger schlägt auf der Verwertungsebene und in Teilen bei der Sortierleistung ein Opportunitätskostenkalkül durch. D.h. für diesen verkürzten Wertschöpfungsstrang am Ende des dualen Entsorgungsregimes kann sich der praktizierte Verwertungsweg gegenüber dem Beseitigungspfad als ökonomisch vorteilhaft herausstellen. Diese Aussage gilt aber nicht für sämtliche Verwertungsfraktionen. Zudem ist die Einschränkung anzubringen, dass dies nur unter den Status quo-Verwertungspraktiken gilt und diese sehen einen nur etwa 30 prozentigen stofflichen Wiedereinsatz mit nicht selten nur inferioren Produkten vor. Wesentlich ist auch hier die Verbrennung, die aber euphemistisch als energetische Verwertung bezeichnet wird. Diese Nutzungsvariante ist aber auch dem primären Entsorgungsregime eigen.

Die explizit ausgewiesenen hohen stofflichen LVP-Verwertungsquoten (beispielsweise für 2011: 73 Prozent) sind insoweit korrekt, als sie der vorgegebenen Ermittlungsmethodik entsprechen. Dies hat allerdings kaum etwas mit der faktisch materiellen Wiedereinsatzquote zu tun (Kapitel 2.2.). Der Verfasser erachtet die Recyclingsituation im LVP-Segment qualitativ und quantitativ als unbefriedigend.

Das dritte Argument gegen die Wettbewerbslösung betrifft die Erwartung stark steigender Transaktionskosten, da entsprechend mehr Verträge zwischen dualen Systemen und operativen Entsorgern abgeschlossen werden. Das HWWI schätzt die Transaktionskosten bei den Inverkehrbringern auf 65,4 Millionen EUR sowie bei den Systembetreibern auf 32,4 Millionen EUR und bei den Entsorgern schließlich auf 44,5 Millionen EUR ([20], S. 45). Dieser Gesamtwert von 142,3 Millionen EUR pro Jahr erhöht sich auf 168,4 Millionen EUR pro Jahr, wenn man noch die Transaktionskosten anderer Beteiligter (etwa: öffentliche Verwaltungen des Bundes, der Länder und Kommunen; Hersteller von Verpackungsmitteln; Wirtschaftsprüfer und Sachverständige; IHK und DIHK) hinzurechnet ([20], S. 45).

Allerdings darf diese Bezifferung nicht darüber hinweg täuschen, dass sich bei der *Ermittlung der Regulierungs- und daraus abgeleitet der Transaktionskosten ... eine Reihe von Problemen* ([20], S. 44) ergeben. Insoweit ist eine gewisse Skepsis gegenüber diesen *scheingenauen* Zahlenwerten angebracht.

Dessen ungeachtet ist der kartellbehördlichen Argumentation, wonach die *Transaktionskosten ... quantitativ unbedeutend im Vergleich zu den hohen Effizienzsteigerungen* ([6], S. 57) seien, mit Skepsis zu begegnen, weil die Korrelation von Zunahme der Systembetreiber und Kostensenkung als Kausalität präsentiert wird. Wäre der ursächliche Zusammenhang so eindeutig, dann müsste in Österreich, wo die Entpflichtung und Entsorgung von Haushaltsverpackungen bis dato noch dem Monopol-Systembetreiber ARA zugewiesen ist, ein anderer Kostenverlauf vorliegen. Tut es aber nicht. Zwischen 1995 und 2012 konnten die Lizenzierungskosten um 58 Prozent gesenkt werden (eigene Recherchen; Angaben der ARA).

Damit fällt dieser Wert noch um 4 Prozent-Punkte besser aus als in Deutschland. Man hätte für Deutschland ein besseres Ergebnis erwarten dürfen, zumal hier noch ein stärkerer Economies of scale-Effekt ausgespielt werden kann.

Offensichtlich scheint es völlig ausreichend, auf der operativen Entsorgerebene für ein hinreichend wirksames Wettbewerbsumfeld zu sorgen. Gleichwohl möchte der Verfasser für einen etwas entkrampfteren und damit auch differenzierteren Umgang mit Wettbewerbsfragen werben und diesem Belang nicht a priori – gleichsam dogmatisch – stets die oberste Priorität zuweisen. Es sollte problemadäquat justiert werden. D.h., ein Lösungsmuster muss zuvorderst das drängendste Problem aufgreifen. Dies macht einen erweiterten Blickwinkel erforderlich.

Mit dieser etwas verklausulierten Einlassung soll gedanklich zu der Frage übergeleitet werden, ob ein funktionstüchtiger Wettbewerb in der Sammlung den wesentlichen Belang aufgreift oder ob es nicht andere weit wesentlichere Problemstellungen bzw. Knappheitsfaktoren gibt.

Die Sammlung beschreibt vordergründig die erste Stufe des operativen dualen Entsorgungsregimes und setzt sich aus den beiden Elementen Erfassungsinfrastruktur und Abholung/Transport zusammen. Allerdings beginnt die Entsorgung mit der Getrennthaltung der entsprechenden Verpackungen in den Privathaushalten und dem bestimmungsgemäßen Gebrauch der Erfassungsinfrastruktur. Für die Systembetreiber ist diese Leistung entgeltfrei – aber für die Bürger nicht kostenlos. Unterstellt man, dass jeder zweite Bürger (also 40 Millionen) sich 12 Minuten pro Woche mit den Erfordernissen des dualen Systems beschäftigt und seine Leistung einen Kostenwert von 10 EUR/h hat, dann ergibt dies bei 50 Wochen/Jahr Systemkosten in Höhe von 4 Milliarden EUR/a.

Natürlich lassen sich die Parameter einer solch überschlägigen Abschätzung anzweifeln. Wenn man jedoch die Einzelkoeffizienten an realitätsgerechten Annahmen ausrichtet, wird sich stets eine solche Größenordnung einstellen.

Die Sammlung selbst schlug 2011 bei LVP mit Kosten von 328 Millionen EUR zu Buche. Zudem erhielten die Kommunen 2011 für Abfallberatung, Informationsvermittlung über das duale Entsorgungssystem sowie für Errichtung, Bereitstellung, Unterhaltung und Sauberhaltung von Flächen für Sammelgroßbehälter und Wertstoffhöfe *Nebenentgelte* in Höhe von 105 Millionen EUR ([6], S. 44). Beide Kostenblöcke zusammen betragen nur etwa 10 Prozent der Kosten von Privathaushalten.

Die Leistungen der Privathaushalte und der Kommunen verschließen sich einer wettbewerblichen Lösung. Nur bei der Sammlung ist dies möglich und wird auch pflichtschuldig praktiziert.

Doch worin besteht das drängendste Problem im Leistungselement *Erfassung*? M.E. ist dies die schlechte Input-Qualität in Folge hoher Fehlwurfanteile (Kapitel 2.1.). Da die Gebietskörperschaften sich ihrer Mitwirkung nicht entledigen können und bereits mit der Abfallberatung und der Systeminformation in der Pflicht sind, erscheint es überlegenswert, den Verbindlichkeitsgrad noch weiter zu erhöhen.

Dies könnte so gestaltet werden, dass nicht nur die Leistung an sich honoriert wird, sondern auch der Erfolg dieser Leistung. Konkret, die Höhe der Honorierung könnte auch von der Fehlwurfquote abhängig gemacht werden. Damit würde ein Impuls gesetzt, dass bessere Verwertungsausbeuten möglich werden. Hierbei käme die besondere Kampagnenfähigkeit den Gebietskörperschaften sehr zustatten. Dinge von gemeindlichem Belang werden eh im kommunalen Zuständigkeitsbereich vermutet. Bürger und Kommune bilden eine Einheit und können als Leistungselement auch gemeinsam behandelt werden. Es wäre nur konsequent, das Bündel komplett zu halten und auch die Sammlung zuständigkeitshalber hier anzusiedeln.

Zu einer solchen Sichtweise passt auch das von privaten Unternehmen abweichende Zielsystem öffentlicher Einrichtungen (zu den unterschiedlichen Zielsystemen von privaten Unternehmen und öffentlichen Einrichtungen ([4], S. 11 ff.)). Bei öffentlichen Einrichtungen stehen die Formalziele (hier: Liquidität-Gewinn-Erfolgspotenzial) hinter den Sachzielen zurück. Damit dominieren die Aufgabenerfüllung und der störungsfreie Betriebsablauf. *Der Bürger goutiert Pannen, Unregelmäßigkeiten oder gar Fehlinvestitionen nicht, ganz zu schweigen von vermeintlich skandalträchtigen Vermögenseinbußen* ([4], S. 26). Unternehmen hingegen müssen, um marktliche Chancen nutzen zu können, Risiken auf sich nehmen. Der Erfolg eines Sachziels wird an den Ausprägungsmerkmalen der Formalziele bestimmt; die Art und Weise der Aufgabenerfüllung ist weniger von Belang und nur hinsichtlich ihres funktionalen Beitrags zur Realisierung der Formalziele von Interesse.

Dabei muss nicht gänzlich auf wettbewerbliche Elemente bei der Sammlung verzichtet werden. Man könnte den Kommunen zunächst lediglich eine Standardvergütung zugestehen, die sich vielleicht am Medianwert einer statistischen Auswertung von Sammlungs-Ausschreibungsergebnissen orientiert. Hierbei wäre dann noch nach Siedlungsstrukturen und Topographiemerkmalen zu clustern. Eine Auswertung von etwa 100 Sammlungs-Ausschreibungen kommt zu dem Ergebnis, dass 50 Prozent der Ausschreibungsergebnisse in einer Spanne von +10 Prozent bis ./.19 Prozent des Medians liegen (eigene Recherchen).

Zudem könnte die Möglichkeit vorgesehen werden, im Fall einer Sammlungs-Ausschreibung dieses Ergebnis zur Abrechnung zu bringen. Des Weiteren sollte eine besondere Vergütung für diesen Fall vorgesehen werden, da auf diese Weise ein Datensatz für statistische Auswertungen generiert wird. Diese Ausführungen machen allerdings auch deutlich, dass es sich um einen artifiziellen Markt handelt, der hoheitlicher Strukturierung und Begleitung – durch welche konkrete Institution auch immer – bedarf.

3.2. Zuzahlungs-/Erlösquote als Bemessungsgrundlage einer erfolgsabhängigen Vergütung für die Sortierung

Der bisherige Ansatz drängt auf die Einhaltung stofflicher Recyclingquoten. Die einseitige Fokussierung auf eine Quote blendet allerdings jegliche Qualitätsbewertung aus. Im Gegenteil, ein dichotomes Erfordernis im Sinne von Quotenerfüllung ja/nein leistet je nach Marktumfeld einem qualitativen Downgrading Vorschub.

Inferiore Produkte erfordern nur minderwertige Ausgangsmaterialien. Und diese lassen sich mit vergleichsweise geringen Sortiertiefen und folglich geringem Sortieraufwand generieren. Die Sortierfraktionen sind nur insoweit *sortenrein*, wie dies nachfolgende Verwendungen erfordern. Die entsprechenden Qualitätsanforderungen sind in zahlreichen Fällen eher gering. Mit sinkendem Qualitätserfordernis können aber mehr Stoffanteile der Erfassungsmenge einer Verwertung zugeführt werden. Erinnert sei daran, dass die Zuführung zu einer Verwertungsmaßnahme als ausreichend für den Nachweis einer faktisch durchgeführten stofflichen Verwertung erachtet wird.

Es besteht mithin vielfach ein Trade-off zwischen Zunahme des Verwertungsanteils und Abnahme der Verwertungsqualität. Im bestehenden Regime gibt es keinen Eingriffsmechanismus, die Recyclingquote nicht mit möglichst minderwertigen Verwertungsoptionen zu realisieren.

Auch hier ganz im Gegenteil: Mit jeder neu erschlossenen inferioren stofflichen Wiedereinsatzmöglichkeit steigt numerisch die Recyclingquote und sinken korrespondierend die Sortieraufwendungen. Dies mag auch erklären, warum etwa 1.500.000 t/a Altkunststoffe – hiervon mehr als 50 Prozent nach China – exportiert werden [8].

Diesen Umstand berücksichtigend wird deutlich, dass es beim Thema Weiterentwicklung der Verpackungsverordnung nicht mit einer schlichten Erhöhung der stofflichen Recyclingquote getan sein kann. Ein solches Ansinnen ist zuvorderst von dem Bestreben geprägt, einem einzelwirtschaftlichen Geschäftsmodell *Kunststoff-Recycling* die finanzielle Basis zu garantieren. Denn ein erhöhter stofflicher Wiedereinsatz von LVP-Abfällen lässt sich nach aktueller Marktverfassung wohl kaum aus entsprechenden Verwertungserlösen gestalten, sondern erfordert eine zunehmende Lückenfinanzierung über Lizenzentgelte. Eine ordnungsrechtlich verfügte Inputfinanzierung gewährt Schutz gegenüber einer volatil erfolgsabhängigen Refinanzierung über Verwertungsmärkte.

Zudem bleibt aktuell unklar, ob eine Erhöhung der Recyclingquote bei den aktuell gegebenen Verwendungsoptionen überhaupt das Siegel der ökologischen Vorteilhaftigkeit beanspruchen kann. Ein dualer Entsorgungsweg, der zu 70 - 80 Prozent aus thermischer Nutzung und Wasserverlust besteht, muss sich einem faktenbasierten Vergleich mit der 100 Prozentigen Verbrennung stellen. Interessant wäre zu erfahren, bei welchem Wirkungsgrad einer Müll-Verbrennungs-Anlage der primäre mit dem dualen Entsorgungsweg unter Beachtung des realen Gewichts der gewählten Entsorgungswege gleichzieht. Möglicherweise wäre ein stoffliches Verwertungsgewicht von mehr als 30 Prozent ökologisch sogar kontraproduktiv.

Nach Auffassung des Verfassers sollte allerdings ein anderer Ansatz gewählt werden. Hierbei gilt es, simultan verwertungsqualitative Aspekte und damit auch die Marktkompatibilität zu berücksichtigen. Einen solchen Steuerungsimpuls könnte der Mengenquotient aus Sortierfraktionen mit Zuzahlungserfordernis zu jenen mit Erlösniveau auslösen. Optional wäre auch ein Wertquotient denkbar. In diesem Fall würde man die Höhe der Zuzahlungen durch die Summe der Erlöse dividieren. Je geringer der Quotient, desto mehr marktkonforme Sekundär-Rohstoffe werden erzeugt. Mit zunehmender Bedeutung der qualitätsbasierten Vergütungskomponente wächst der

Druck, auf vermischte und letztlich auch verschmutzte Sortierfraktionen zu verzichten und nur noch zwischen einer (gegebenenfalls auch zwei) Verbrennungsfraktion(en) zu differenzieren.

Mehr noch, hierdurch würde auch ein entsprechender Steuerungsimpuls auf den Beginn der dualen Entsorgungskette übertragen. Um einen möglichst großen Anteil erlösträchtiger Sortierfraktionen erzeugen zu können, wäre die Abnahme des Fehlwurfanteils hilfreich. Zudem setzt ein solcher Ansatz Kreativität frei, um über die Positiv-Bestandteile einer Wertstofftonne zu befinden, damit schlussendlich ein hoher Anteil lukrativer Verwertungsfraktionen entstünde. Der Schritt weg von der Schein-Kreislaufwirtschaft verlangt möglicherweise auf die individuellen Gegebenheiten vor Ort zugeschnittene Erfassungssysteme je Erfassungsgebiet. Markterfolge sind häufig Ausdruck von Differenzierung und nicht unisono von Standardisierung.

Die Ausführungen machen aber auch deutlich, dass es sich um einen artifiziellen, von staatlichem Gestaltungswillen abhängigen Quasi-Markt handelt. Ohne eine Regulierungsinstanz – gleich welchen Zuschnitts bzw. welch organisatorischer Verankerung und Anbindung oder welcher Bezeichnung auch immer – wird es nicht funktionieren. Die Lückenfinanzierung neben den Markterlösen ist bei LVP auf Sicht erforderlich. Die entsprechenden Finanzbeiträge müssen ziel- und leistungsgerecht auf die Akteure allokiert werden. Dies wäre etwa der Fall, wenn neben der Sortierleistung auch der Sortiererfolg – gemessen an einem Quotienten – honoriert wird. Eine solche Aufgabe wird man bei einer Regulierungsinstanz ansiedeln müssen.

Letztlich muss sich ein solcher Eingriff aber des gesellschaftlichen Konsenses im Rahmen der Daseinsvorsorge zu vergewissern haben. Dies ist wohl die finale Legitimationsgrundlage. Es steht zu erwarten, dass sich unabweisbare ökologische Notwendigkeiten eher nicht herleiten lassen.

4. Zusammenfassung

Die Entsorgung von LVP aus haushaltsnahen Anfallstellen ist aktuell unbefriedigend. Sowohl die entsprechende Verpackungen inverkehrbringenden Unternehmen als auch die sammelnden Haushalte torpedieren zahlreich dieses Entsorgungsregime. Festmachen lässt sich dieses Urteil am Ausmaß des Abschöpfungsgrades und der Fehlwürfe. Aber auch der Systemerfolg – gemessen an der realen stofflichen Wiedereinsatzquote – fällt eher bescheiden aus.

Der Verfasser spricht sich deshalb für einen veränderten Ansatz aus. Als Steuerungsparameter sollten die Fehlwurfquote und der Quotient aus Sortierfraktionen mit Zuzahlungserfordernis zu jenen mit Erlösniveau in das Entsorgungsregime integriert werden. Hierzu ist zwingend eine Regulierungsinstanz vorzusehen.

5. Literatur

[1] Faulstich, M.; Franke M.; Reh K.; Baum H.-G.: ARA Forschungsprojekt *Vergleichende* Analyse der Entsorgung von Verpackungsabfällen aus haushaltsnahen Anfallstellen auf Basis der Verpackungsverordnungen in Deutschland und Österreich. Wien 2013

[2] Badura, P.: Staatsrecht, 2. Auflage. München, 1996

[3] Baum, H.-G.: Quo vadis Verpackungsentsorgung – eine kritische Bestandsaufnahme. In: InfrastrukturRecht 11/2012, S. 286 - 290

[4] Baum, H.-G.: Entwicklung der Abfallentsorgung im Lichte der widerstreitenden Steuerungskonzepte Citizen- versus Shareholder Value. In: Müll-Handbuch (MHB), Lfg. 2/13, Kz. 0138, 2013

[5] Baum, H.-G.; Coenenberg, A. G.; Günther, T.: Strategisches Controlling. 5. Auflage. Stuttgart, 2013

[6] Bundeskartellamt: Sektoruntersuchung duale Systeme – Zwischenbilanz einer Marktöffnung. Bonn, 2012

[7] Dehoust, G.; Christiani, J.: Analyse und Fortentwicklung der Verwertungsquoten für Wertstoffe, Sammel- und Verwertungsquoten für Verpackungen und stoffgleiche Nichtverpackungen als Lenkungsinstrument zur Ressourcenschonung. In: UBA-Texte 40/2012. Dessau-Roßlau, 2012

[8] Deutsche Altkunststoffexporte 2012 stabil bei etwa 1,5 Mio Tonnen. In: Euwid 12.2013. 19.03.2013, S. 23

[9] Auch für BDE kann Entsorgungssystem für Verpackungen nicht weitergehen wie bisher. In: Euwid 17.2013. 23.04.2013, S. 1 - 2

[10] Wertstofftonne zieht nur geringe Mengen LVP aus dem Restmüll. In: Euwid 36.2013. 03.09.2013, S. 2

[11] Flanderka, F.; Stroetmann, C.: Verpackungsverordnung – Kommentar. 3. Auflage. Heidelberg 2009

[12] Flanderka, F.; Stroetmann, C.: Von der Verpackungsverordnung zum Wertstoffgesetz. In: AbfallR 01/2012, S. 2 - 11

[13] Häring, N.: Stimmt es, dass ... die Lebensqualität messbar ist (Teil 2)?. Handelsblatt vom 01.02.2013, S. 11

[14] Kern, M.; Siepenkothen, J.: Wertstoffe im Hausmüll – Potenziale für die Wertstofftonne. In: Wiemer, K.; Kern, M.; Raussen, T. (Hrsg.): Bio- und Sekundärrohstoffverwertung VII. Tagungsband zum 24. Kasseler Abfall- und Bioenergieforum. Witzenhausen 2012, S. 327 - 339

[15] Meyer, S.: Die Entwicklungslinien des Rechts der Abfallentsorgung im Spannungsfeld von Wettbewerb und hoheitlicher Lenkung. Frankfurt am Main 2010.

[16] Monopolkommission: Wettbewerbsfragen der Kreislauf- und Abfallwirtschaft – Sondergutachten der Monopolkommission gemäß § 44 Abs. 1 Satz 4 GWB. Bonn, 2003

[17] Roder, M.: Die Verpackungsverordnung – Kommentar zur 5. Novelle. Stuttgart, 2009

[18] Rommel, W.; Hertel, M.; Meyer, S.; Nordsieck, H.; Schipf, R.: Wertstoffpotenziale im Restmüll in Bayern – Konsequenzen für eine optimale Erfassung, Vortragsunterlagen zur VKS-Jahresfachtagung der Landesgruppe Bayern, 01./02.07.2013. Würzburg, 2013, S. 1 - 22

[19] Ruth, E.: Mission geglückt, aber .... In: Recycling-Magazin 24/2012, S. 22 - 23

[20] Schlitte, F.; Schulze, S.; Straubhaar, Th.: Liberalisierungspotenziale bei der Entsorgung gebrauchter Verpackungen aus Papier, Pappe und Karton, Studie der HWWI consult GmbH im Auftrag der Wirtschaftsverbände Papierverarbeitung (WPV) e.V.. Hamburg, 2012

[21] Schüler, K.; 2011a: Aufkommen und Verwertung von Verpackungsabfällen in Deutschland, Berichtsjahr 2009, UBA-Texte 53/2012. Dessau-Roßlau, 2012

[22] Schüler, K.; 2011b: Wirksamkeit der 5. Novelle der Verpackungsverordnung – die Lizenzierung von Verkaufsverpackungen, Tagungsband zur 16. Tagung Siedlungsabfallwirtschaft Magdeburg – TaSiMa, Magdeburg, 2011, S. 45 - 52

[23] Schulze, S.: Stand und Perspektiven der Verpackungsentsorgung. In: VKU-Schwarzbuch Verpackungsentsorgung 2013. Berlin, 2013, S. 20 - 23.

[24] Mülltrennung – Kommunen wollen Grünen Punkt abschaffen. In: Spiegel-online, 05.07.2013

[25] Bormann, I.; John, R.; Rückert-John, J.: Umweltbewusstsein in Deutschland – Ergebnisse einer repräsentativen Bevölkerungsumfrage. Berlin-Marburg 2013

[26] VKU: VKU-Schwarzbuch Verpackungsentsorgung 2013. Berlin, 2013

[27] Eurostat, The White House

[28] Euwid 45.2013, S.12

Kommunale Wertstoffentsorgung ohne DSD
– Der Gelbe Sack hat ausgedient –

Kornelia Hülter

Auf einer Fläche so groß wie Zentraleuropa schwimmt im Pazifik nach Angaben von Greenpeace bereits seit 2006 ein wachsender Plastikmüllteppich. Meerestiere und Vögel verwechseln den Plastikmüll mit Futter und verenden – weil keine echte Nahrung mehr in den prall gefüllten Magen passt. Und auch im Atlantik sind US-Forscher auf riesige Flächen von Plastikmüll gestoßen. Dort schwammen bereits 2010 bis zu 200.000 Plastikstücke je Quadratkilometer auf der Meeresoberfläche. Tendenz steigend. Kommen diese Abfälle ausschließlich aus Schwellen- oder Entwicklungsländern? Trägt Deutschland, trägt Europa nichts zu dieser Quälerei und Verschmutzung durch den Export von Kunststoffabfällen bei? Sind wir angesichts dieser unglaublichen Vermüllung des Lebensraums Meer nicht auf dem falschen Weg?

1. Ist-Zustand

Glas, Papier, Kunststoffe – allein in Deutschland fallen jedes Jahr sieben Millionen Tonnen Verpackungsmüll an. Die Dualen Systeme sammeln davon über fünf Millionen Tonnen ein. Aber keineswegs durch eine bundesweit vereinheitlichte Sammlung. Denn insgesamt existieren zehn Duale Systeme in Deutschland und damit zehn unterschiedliche Sammel-, Transport- und Sortieraufträge. Pro Ausschreibungsgebiet resultieren daraus bis zu 30 Einzelverträge. Viel Aufwand und viel Volumen, aber wenig Menge – denn mit 2,4 Millionen Tonnen im Gelben Sack entspricht der Inhalt gerade einmal 0,75 Prozent des gesamten Abfallaufkommens deutschlandweit.

Bei seiner Gründung 1990 war das Duale System eher ein Feigenblatt. Initiiert vom damaligen Wirtschaftsminister Otto Graf Lambsdorff, um vornehmlich Arbeitsplätze in der Privatwirtschaft zu schaffen. Von Recyclinggedanken keine Spur. Fakt war allerdings: Immer mehr Tüten, Dosen, Plastikhüllen stopfte der Deutsche in die Mülltonne.

Der Abfall türmte sich, bis das Wort vom Deponie-Notstand umging. Neue Deponien wollte niemand, also musste eine Lösung her: Das DSD samt Grünem Punkt als Lizenzlabel, umgesetzt vom damaligen Umweltminister Klaus Töpfer, der damit auf das *Verursacherprinzip* setzte und die Produktverantwortung auch für Verpackung den Herstellern übertrug. Der Punkt kommt heute in 24 Ländern zum Einsatz und prangt auf rund 500 Milliarden Verpackungen.

Was in der Theorie im Ansatz vernünftig schien, hat sich in der Praxis nicht bewährt. Einerseits ist das dem unterschiedlichen Niveau der Abfallwirtschaft in der EU geschuldet. Während einige Mitgliedsländer sämtliche internen Abfälle stofflich oder energetisch verwerten, findet in anderen Ländern nicht einmal eine flächendeckende Entsorgung von Siedlungsabfällen statt. Entscheidender aber ist: Die Produktverantwortung funktioniert schlicht nicht, da eine Vereinheitlichung der Verpackung schon am Markenauftritt scheitert. Die mangelnde Wiederverwertungsquote des DSD ist dem Verpackungsdesign geschuldet.

Das Konzept läuft seit 20 Jahren in die falsche Richtung, weil es viel zu teuer und völlig ineffizient ist. Von den 31 tausend Tonnen Leichtverpackungen (LVP), die in der Region Hannover jährlich gesammelt werden, sind nur 3,5 tausend Tonnen (11 Prozent) Kunststoffe. Wiederverwertbar sind davon nur 31 Prozent: Gerade einmal 1 kg pro Einwohner p.a. wird wertstofflich verwertet. Dem gegenüber stehen Kosten von 1.200 EUR/t. Das ist betriebswirtschaftlicher Irrsinn und konterkariert den Gedanken des Recyclings. In dem LVP-Konglomerat gibt es nichts, von dem es sich lohnt, dass man es getrennt sammelt.

Erschwerend kommt hinzu, dass das System starr und nicht qualitäts- oder gar serviceorientiert aufgesetzt ist. Es gilt das, was bei Einführung des Dualen Systems vor über zwanzig Jahren vertraglich vereinbart wurde. Dazu zählt beispielsweise die 14-tägliche Abfuhr. Dass dieser Abholrhythmus in bestimmten Stadtteilen nicht ausreicht, ist mit Blick in die Straßen offensichtlich. Säcke werden regelmäßig vom Winde verweht, reißen auf. Die Folge sind Fischdosen und Salamipackungen auf den Gehwegen. Die *Vermüllung* des Stadtbildes erzeugt bei der Stadtreinigung zusätzliche Kosten. Auch die Tatsache, dass es mittlerweile zehn Systembetreiber gibt, trägt nicht zur Transparenz beispielhaft verwerteter Mengen bei.

Ein weiterer kritischer Punkt ist, dass ein System nur dann Sinn und Zweck macht, wenn es verstanden und gelebt wird. Beim Gelben Sack haben die Bürger bis heute Probleme nachzuvollziehen, was hinein darf und was nicht. Erschwerend hinzu kommt, dass die Dualen Systeme selber *schwarze Schafe* ausgemacht haben, die als Trittbrettfahrer das System für sich nutzen, ohne aber lizensiert zu sein. Die Quote liegt nach Erkenntnissen der Gesellschaft für Verpackungsmarktforschung mbH (gmv) bei annähernd 30 Prozent. Knapp ein Drittel der Hersteller entziehen sich auf dem Wege gänzlich ihrer zugedachten Produktverantwortung.

Außerdem hat sich die ursprüngliche Motivation der Verpackungsverordnung, Kunststoffe von den Deponien fernzuhalten, mit der Umsetzung des Deponieverbots 2005 erledigt.

Der Ansatz, stoffgleiche Nichtverpackungen künftig auch in den Gelben Säcken sammeln zu wollen, ist eher ein Plädoyer für eine Wertstofftonne für sortenreine, trockene

Wertstoffe als für einen noch praller gefüllten Gelben Sack. Denn das Grundpro-blem bleibt – auch wenn die Verwertungsquote dadurch leicht angehoben würde: Die Produktverantwortung der Unternehmen in Bezug auf die Verpackung endet beim Design und führt nicht zum Umdenken, gänzlich auf Verbundstoffe zu verzichten und stattdessen einheitliche Kunststoffe zu verwenden. Insofern macht eine Verschärfung der Verpackungsverantwortung keinen Sinn.

Das Gleiche gilt im Übrigen auch für Weißblech- und Aluminium-Verbund-Verpackungen – ein *Nebenkriegsschauplatz*, aber nicht unwesentlich bei der Betrachtung des DSD. Das reine Metall lässt sich am qualitativ hochwertigsten auf dem Weg durch die Abfallverbrennungsanlage frei von Fremdstoffen aus der Schlacke rückgewinnen. Der zweitbeste Weg ist, eisenhaltige Metalle mit dem Magnetscheider aus dem Restmüll herauszufiltern und Aluminium im Wirbelschonverfahren zu isolieren. Der ökonomisch wie ökologisch schlechteste Weg, um Metalle der Wiederverwertung zuzuführen, ist die getrennte Sammlung über den *Gelben Sack*.

2. Der Ansatz zum Modell

Eine getrennte Sammlung kann nur zielführend sein, wenn sie nachhaltiger oder wirtschaftlicher ist als die Sortierung. Werden in der Wertstofftonne trockene, geruchsarme Fraktionen gemeinsam gesammelt, lässt sich nachweislich eine hohe Qualität bei der Erfassung und werkstofflichen Verwertung erzielen.

In Wien/Österreich gibt es seit 1989 die gesonderte PET-Sammlung, weil diese Kunststoffe hochwertig sind. Auf über 2.300 Altstoffsammelinseln in der Stadt stehen mittlerweile entsprechende Sammelcontainer für Plastikflaschen. Hineingeworfen werden dürfen neben den PET-Flaschen (Getränkeflaschen) auch sortenreine Plastikflaschen für Wasch-, Putz- oder Körperpflegemittel sowie aus dem Lebensmittelsegment. Der Erfolg hat dazu geführt, dass 2008 versuchsweise eine haushaltsnahe Sammlung von Plastikflaschen erfolgte. In den Pilotgebieten wurden die Sammelmengen verdoppelt. Mittlerweile sind in Wien über 20.000 Einfamilienhäuser an die gesonderte Sammlung angeschlossen.

Die EU-Abfallrahmenrichtlinie verlangt, dass bis 2015 geprüft wird, ob sich einzelne Wertstofffraktionen – zumindest Papier, Metall, Kunststoff und Glas – durch getrennte Erfassung besser verwerten lassen. Denn die Rohstoffe werden weltweit immer knapper. Die Wertstoffrückgewinnung gewinnt daher zunehmend an Bedeutung. Nötig ist dafür eine auch dem Bürger gegenüber wirtschaftlich tragfähige getrennte Sammlung der Fraktionen. Die technische Umsetzbarkeit ist eins, die Sinnhaftigkeit dabei entscheidend. Denn nur ein nachhaltig wirkendes System ermöglicht eine höhere stoffliche Verwertungsquote insbesondere von Textilien, E-Schrott und Kunststoffen.

3. Die O-Tonne

Die Abfallwirtschaft Region Hannover (aha) hat deshalb mit der *O-Tonne* eine Wertstofftonne installiert, in der Hartkunststoffe, Metalle, Textilien und E-Schrott haushaltsnah gesammelt, im Nachgang sortiert und dann sortenrein der Wiederverwertung zufließen.

Um verifizierbare und reproduzierbare Daten zu gewinnen, wurde die O-Tonne als Pilotversuch aufgesetzt. Entsprechend unterschiedlicher Erhebungsparameter folgte die Verteilung im Laufe von zwei Jahren zeitversetzt in den 20 Umlandkommunen.

Erklärtes Ziel des Pilots war es, mit der O-Tonne den Beweis anzutreten, dass in einem integrierten, kommunalen Entsorgungssystem zielführender an Verwertung und Recycling gearbeitet werden kann, als in einer dualen Abfallwirtschaft. Es sollten mehr und werthaltigere Fraktionen erfasst werden, die stofflich wiederverwertet und aus denen Rohstoffe rückgewonnen werden können. Dieses Ziel wurde erreicht. Die rund 33.500 teilnehmenden Haushalte entsorgten über die O-Tonne mehr als doppelt so viele Wertstoffe wie der Durchschnittsbürger. Das ist ein Plus von über 100 Prozent an Wertstoffen und ein wichtiger Schritt für eine ökologisch-nachhaltige Abfallwirtschaft die hilft, Ressourcen zu sparen.

Im Durchschnitt entsorgt jeder Einwohner der Region im Jahr 5,1 kg Metalle und Kunststoffe sowie 6,2 kg Altkleider und E-Schrott. Die O-Tonnen-Nutzer befüllten die Wertstofftonne hingegen mit 11,3 kg Metallen und Kunststoffen sowie mit 14,3 kg Altkleider und E-Schrott pro Einwohner und Jahr. Die Zahlen überzeugten auch die Politik, die die O-Tonne zum 1. Januar 2013 als festen Bestandteil in der Abfallsatzung festgeschrieben hat. Die O-Tonne ist damit die konsequente Fortführung der ökologischen kommunalen Abfallwirtschaft in der Region Hannover.

4. Erreichtes

Die Wertstofftonne zählt zu den zentralen abfallwirtschaftlichen Projekten der Bundesregierung. Mit der O-Tonne stemmt sich aha gegen die vom BMU geplante Liberalisierung der kommunalen Abfallwirtschaft und setzt dabei für die Region Hannover mit dem installierten System auf einen kommunalen Bestandsschutz. So soll verhindert werden, dass bundesweit ein einheitliches System installiert wird, das ausschließlich dazu dient, bestehende private Sortieranlagen zu füllen.

aha sammelt in erster Priorität Wertstoffe, deren stoffliche Verwertung durch getrennte Erfassung steigt: also Textilien und Elektrogeräte. Zusätzliche Fraktionen dürfen diese Stoffe nicht verunreinigen, d.h. saubere Kunststoffe und Metalle dürfen ebenfalls eingeworfen werden.

Das BMU geht anders vor. Verkaufsverpackungen bestimmen hier das System. Diese sind mit Speiseresten verunreinigt. Hohe Qualitäten, wie bei Textilien notwendig, sind so nicht möglich. Daher rät das BMU von dieser (nach Metallen) werthaltigsten Fraktion ab. aha denkt vom Portemonnaie des Kunden aus und widerspricht der Sortierempfehlung des BMU. Alle nicht hochwertig recycelbaren Kunststoffe sollten über die Restmülltonne gesammelt und energetisch verwertet werden.

5. Perspektiven

Der verklappte Plastikmüll in den Weltmeeren zeigt, dass es dringend nötig ist, den Export von nicht aufbereiteten Kunststoffabfällen aus der EU zu verbieten. Für das

Einsammeln der Siedlungsabfälle sollten grundsätzlich die Kommunen zuständig sein. Nur starke und unabhängige kommunale Entsorgungsunternehmen gewährleisten eine nachhaltige ökoeffiziente Abfallwirtschaft sowie die notwendige Entsorgungssicherheit.

Der öffentlich rechtliche Entsorger arbeitet regional. Alle Erlöse fließen zurück in den Gebührenhaushalt. Soziale und wettbewerbsfreundliche Gebühren, die Entlastung der kommunalen Haushalte, kurze Entsorgungswege, Daseinsvorsorge fürs Gemeinwohl, kein Lohndumping und tarifliche Strukturen sind gesetzte Standards. Die gesammelten Abfälle werden entsprechend der Nachhaltigkeitsanalysen der besten Entsorgung zugeführt. Nicht wiederverwertbare Abfälle werden sicher beseitigt.

Darum wird es Zeit, den Gelben Sack abzuschaffen und zeitgleich eine identifizierbare Kennzeichnungspflicht bei Kunststoffen einzuführen. Nur so ist eine ökonomisch wie ökologisch nachhaltige Verwertung gewährleistet. Die kommunalen Entsorgungsunternehmen haben das Knowhow, um selber festzulegen, welche Fraktionen haushaltsnah wie gesammelt werden.

6. Unternehmen

Der Zweckverband Abfallwirtschaft Region Hannover (aha) ist in der Region Hannover als öffentlich-rechtliche Entsorgungsträger (örE) und damit kommunaler Dienstleister tätig. 1.125.000 Menschen leben hier im Zentrum Niedersachsens auf einer Fläche so groß wie das Saarland. Knapp die Hälfte davon in der Stadt Hannover, die anderen in einer der 20 umliegenden Kommunen. Rund 1.670 Mitarbeiter tragen durch ihre tarifgebundene Leistung zur kommunalen Daseinsvorsorge und zum Umweltschutz bei. Dabei geht es um weit mehr, als *nur* die Haushalte und Gewerbekunden von Abfällen und Wertstoffen zu befreien. Es geht um die Entsorgungssicherheit und den Schutz von Ressourcen. Aber auch darum, die Erlöse in der Region zu halten.

Wertstofferfassung ohne duale Systeme und Produktverantwortung
– Ökonomische und ökologische Umorientierung –

Hartmut Gaßner

Nach der Novelle des Kreislaufwirtschaftsgesetzes (KrWG) im Jahr 2012 sollte zügig auch eine Neuregelung der Wertstofferfassung erfolgen. Hierzu ist es in der abgelaufenen Legislaturperiode nicht mehr gekommen. Mit den Neuwahlen zum Deutschen Bundestag kommt erneut der Blick auf den Gesetzgeber, ob er neue Regelungen zur Wertstofferfassung schafft. Damit rückt die Einschätzung der bisherigen Verpackungsentsorgung mit in den Focus. Vielfach wird die Aufhebung der Organisation über Duale Systeme gefordert.

1. Änderung der gesellschaftlichen Rahmenbedingungen

Die Einführung eines gesonderten Entsorgungssystems für Verpackungsabfälle erfolgte Anfang der neunziger Jahre auf dem Höhepunkt des sog. Abfallnotstandes in Deutschland. Die kommunale Abfallwirtschaft schien überfordert, für die anfallenden Abfallmengen hinreichende Entsorgungskapazitäten aufzubauen. In der Gesellschaft gab es starke Kräfte, die sich für intensive Bemühungen einsetzten, Abfälle zu vermeiden oder zu verwerten, nicht aber in großen Deponien oder Abfallverbrennungsanlagen zu beseitigen. Es bestand die Sorge, dass Überkapazitäten entstehen würden, die einer modernen Abfallwirtschaft entgegenwirken könnten. Deshalb sollten insbesondere die Verursacher von Verpackungsabfällen in die Pflicht genommen werden, selbst oder über Dritte einen Beitrag zur Entsorgung zu leisten. Die Aufgabenzuweisung war Teil der Produktverantwortung und der Kostenaufwand sollte Anreize zur Reduktion der

Mengen der Verpackungsabfälle schaffen. Es folgte der Aufbau des Dualen System Deutschland, das zunächst gemeinnützig ausgerichtet war. Heute betreiben bekanntlich zehn Anbieter Duale Systeme. Spätestens durch die Übernahme der DSD AG durch einen Hedgefonds war deutlich geworden, dass privatwirtschaftliche Interessen in den Vordergrund gerückt sind. Es gibt in Deutschland seit Jahren keinen Abfallnotstand mehr und die befürchteten Überkapazitäten bei Abfallverbrennungsanlagen sind Realität geworden. Die kommunale Abfallwirtschaft zeigt sich nach intensiver Modernisierung ihren Aufgaben zu gewachsen.

2. Differenzen bei Einschätzung der Produktverantwortung

Vielfach wird beklagt, die duale Verpackungsentsorgung lasse keine nennenswerten ökologischen Effekte erkennen, denn es fehle der Nachweis der Wirksamkeit der Produktverantwortung. Produktverantwortung sei nur eine Finanzierungsverantwortung ohne Abfallvermeidungswirkung. Dagegen stellt die Bundesregierung die Feststellung:

Der Verpackungsverbrauch konnte vom Wirtschaftswachstum entkoppelt werden. (BT-Drs. 17/12806, S. 1)

Es gibt keine belastbaren Untersuchungen zu den Vermeidungseffekten der Produktverantwortung. Eine Entkopplung des Verpackungsverbrauchs vom Wirtschaftswachstum kann den üblichen Bemühungen zur Reduktion von Produktions- und Produktkosten geschuldet sein. Ein wirksamer Anreiz über die Verpackungsverordnung wäre erst feststellbar, wenn ökonomisch nachgewiesen wäre, dass Entscheidungen zur Reduktion von Verpackungen mit Blick auf die Vermeidung der zu entrichtenden Lizenzentgelte erfolgen. Es ist nicht aufgezeigt, dass die Lizenzentgelte einen Kostendruck ausüben, der zur Vermeidung von Verpackungsaufwand führt. Hier dürften die angesprochenen Produktkosten auf der einen Seite und das Gewicht eines ökologisch ausgerichteten Marketings von wesentlich größerer Bedeutung sein.

3. Streit um Verwertungsquoten

Auf der einen Seite steht die Behauptung einer Vervielfachung der Verwertungsquoten seit Einführung der Verpackungsverordnung. Die Kritiker solcher Erfolgszahlen verweisen aber auf den vergleichsweise kleinen Anteil an stofflicher Verwertung. Es sollte aber das gemeinsame Verständnis sein, dass heutzutage nicht mehr die Frage Deponierung oder Verwertung ansteht, sondern die Förderung der stofflichen Verwertung gegenüber der energetischen Verwertung.

Nach Zahlen der Bundesregierung wurden 2009 Kunststoffe zu rund 43 % einer wertstofflichen Verwertung, rund 8 % einer rohstofflichen Verwertung und rund 38 % einer energetischen Verwertung zugeführt (BT-Drs. 17/12806, S. 2). Dabei muss aber berücksichtigt werden, dass der Anteil der sog. Sortierreste an der Sammelmenge nach Angaben der Bundesregierung bei 32 % liegt. Diese 32 % Sortierreste gehen zu 75 % in die Herstellung von Ersatzbrennstoffen, also in die energetische Verwertung. Die Kunststoffe machen nur 50 % der verbleibenden Sammelmenge von 68 % aus. Also beziehen sich die vorgenannten 43 % werkstofflicher Verwertung nur auf einen Anteil von 34 % der Gesamtmenge, d.h. die stoffliche Verwertung von Kunststoffen betrifft nur einen Anteil von knapp 15 % der im gelben Sack oder der gelben Tonne eingesammelten Verpackungsabfälle. Ein wichtigerer Anteil der stofflichen Verwertung ergibt sich bei Aluminium, Weißblech und Flüssigkeitskartons diese Verpackungen machen die anderen 50 % der gesamten Sammelmenge aus. Zumindest bei den Verpackungsabfällen aus Kunststoff dürfte das Verhältnis des Aufwands der Entsorgung und der Quote der werkstofflichen Verwertung nicht überzeugend sein. Die getrennte Einsammlung zur Vorbereitung der Verbrennung ist nicht gerechtfertigt. Es muss vielmehr der Druck in Richtung stoffliche Verwertung erhöht werden. Überkapazitäten und niedrige Preise bei Abfallverbrennungsanlagen dürfen nicht als Ausrede herhalten können, auf zumutbare Möglichkeiten der stofflichen Verwertung zu verzichten.

4. Bedenken gegen Systemorganisation

Legende ist bereits die Kritik an den umherfliegenden Verpackungsabfällen, wenn einzelne der aufgetürmten gelben Säcke reißen. Dann ist es bis heute nicht gelungen, den sog. Trittbrettfahrern Herr zu werden, die ihre Lizenzentgelte nicht entrichten oder unzulässig kürzen. Hier steht die Behauptung im Raum, es seien teilweise die Geschäftsmodelle der Dualen Systeme kostengünstige Entsorgungsmöglichkeiten zu eröffnen, die nicht im Einklang mit den Vorgaben der Verpackungsordnung stehen. Es gibt auch die nicht enden wollenden Gerüchte, Farbkopierer erlauben die Vervielfältigung von Wiegescheinen, die sodann unrechtmäßig mehrfach als Leistungsnachweise verwendet werden.

Ungläubiges Staunen erlebt man auch heute noch vielfach, wenn man Bürgerinnen und Bürgern erklären muss, dass der sog. Grüne Punkt schon lange kein Nachweis mehr dafür ist, dass der Inverkehrbringer von Verpackungen mit der Verwendung des Grünen Punktes die Entrichtung seines Lizenzentgeltes dokumentiert.

Was die Gesamtkosten angeht, sind unterschiedliche Zahlen von Bedeutung. Die Sektorenuntersuchung des Bundeskartellamtes hat die Einnahmen der Dualen Systeme durch Lizenzentgelte ermittelt. Sie betragen bis zum Jahr 2003 jährlich rund 2 Mrd. EUR, im Jahr 2011 nur noch 941 Mio. EUR (BT-Drs. 17/12806, S. 4). Das stellt sicherlich eine Kostensenkung dar, aber auf wessen Kosten? Hier macht immer wieder das Wort vom *Lohndumping* die Runde. Jedenfalls ist die Entsorgungsbranche bekanntlich gezwungen, dem Wettbewerbsdruck durch Mindestlohnbedingungen beikommen zu wollen.

Die Systemkosten sind noch immer hoch. Diese werden nicht nur aus den Lizenzentgelten bestritten, sondern fallen auch bei den Kommunen an. Es dürfte mehr als 500 Abstimmungserklärungen geben, die für jeweils zehn Betreiber zu betreuen sind. Im PPK-Bereich haben es sämtliche öffentlich-rechtlichen Entsorgungsträger, die ein PPK-Erfassungssystem unterhalten, mit der Verwaltung der Mitbenutzungsverträge mit jeweils zehn Systembetreibern zu tun. Das ist allein ein ungeheurer Abrechnungsaufwand, obgleich über die Höhe der Mitbenutzungsentgelte verbreitet keine Einigung zwischen öffentlich-rechtlichem Entsorgungsträger und den Dualen Systemen besteht.

Aber die Dualen System fallen auch immer wieder durch Streitigkeiten untereinander auf, die zwischenzeitlich auch Gerichte beschäftigen.

Denn es geht schließlich nicht nur um Kosten, sondern auch um Gewinne. Nach der bereits angeführten Sektorenuntersuchung des Bundeskartellamts standen für alle Dualen Systeme im Jahr 2011 Lizenzentgelte in Höhe von 941 Mio. EUR operativen Entsorgungskosten in Höhe von 824 Mio. EUR gegenüber, was einen Gewinn von 117 Mio. EUR oder eine Umsatzrendite von 12,5 % ausmacht.

5. Überlegungen zu einem Wertstoffgesetz

Bereits im Zuge der Novelle des KrWG ist in § 14 KrWG festgelegt, dass zur Förderung des Recyclings und der sonstigen stofflichen Verwertung spätestens ab dem 01.01.2015 Getrenntsammlungen vorzunehmen sind. Dabei ist zugleich normativ vorbereitet, dass es eine einheitliche Wertstofferfassung von Verpackungsabfällen und stoffgleichen Abfällen aus Nichtverpackungen geben soll. Die Überlegungen gingen sodann dahin, ein Wertstoffgesetz zu schaffen, das die Vorgaben für eine einheitliche Wertstofferfassung unter Ablösung der Verpackungsverordnung enthalten sollte. Allerdings ist das BMU über ein *Thesenpapier zur Fortentwicklung der haushaltsnahen Wertstofferfassung* nicht hinausgekommen. Es kam zu keiner weiteren parlamentarischen Behandlung dieses Themas, weil die Frage der Trägerschaft des Erfassungssystems bis heute umstritten ist. Die ökologisch und ökonomisch gebotene, einheitliche Erfassung heißt, dass Verpackungsabfälle, die über die dualen Systeme privatwirtschaftlich erfasst werden und stoffgleiche Nichtverpackungen, die den öffentlich-rechtlichen Entsorgungsträgern zu überlassen sind, gemeinsam erfasst werden.

Wir hatten diese Debatte in Deutschland bereits auf Grundlage der Verpackungsverordnung, die sowohl gelb in grau (kommunal) wie grau in gelb (privat) erlaubt, aber entsprechende Abstimmungen verlangt, die nur in einigen Fällen gelungen sind. Mit dem Wertstoffgesetz sollte insbesondere eine zentrale Stelle als Beliehene geschaffen werden können, die die Missstände der Verpackungsverordnung in den Griff bekommen sollte. Zugleich war diskutiert, die sog. Produktverantwortung auch auf die stoffgleichen Nichtverpackungen mit der Folge zu erstrecken, dass insoweit eine verbreiterte Finanzierungsbasis entsteht. Aber es gab keine Annäherung bei der Frage, inwieweit die Trägerschaft bei den dualen Systemen verbleiben oder auf die öffentlich-rechtlichen Entsorgungsträger übertragen werden soll. Hier ist eine politische Entscheidung erforderlich, die hoffentlich in der laufenden Legislaturperiode vom Gesetzgeber getroffen wird. Gefragt sind hier Bundestag und Bundesrat.

6. Position der kommunalen Abfallwirtschaft

Im Zuge des sogenannten Planspiels des UBA wurden verschiedene Varianten einer Neugestaltung der Verpackungsentsorgung unter Einschluss der stoffgleichen Nichtverpackungen erörtert. Der VKU hat später sein Modell an einer Variante ausgerichtet, die im Planspiel nicht durchkonjugiert wurde, nämlich ein Modell, das auf die dualen

Systeme verzichtet. Nach den Vorstellungen des VKU soll die Verantwortung für die Entsorgung der Wertstoffe bei den öffentlich-rechtlichen Entsorgungsträgern liegen. Die Finanzierung erfolgt allein über die Lizenzentgelte einer erweiterten Produktverantwortung. Die Vorgaben für die Produktverantwortung, die Durchsetzung der Lizenzentgeltpflichten sowie die Auskehrung der Mittel an die öffentlich-rechtlichen Entsorgungsträger soll von einer zentralen Stelle organisiert werden. Als Beliehene soll die zentrale Stelle über die erforderlichen hoheitlichen Befugnisse verfügen.

7. Position des Autors

Der Autor vertritt schon seit 15 Jahren die Position, dass sich die Aufteilung der Verantwortlichkeit zwischen der kommunalen Abfallwirtschaft und der privaten Entsorgungswirtschaft an den Herkunftsbereichen der Abfälle ausrichten sollte. Die Entsorgung der Abfälle, die in privaten Haushaltungen anfallen, ist den öffentlich-rechtlichen Entsorgungsträgern zu überlassen und somit in kommunaler Regie zu entsorgen. Das gilt für Biomüll, Restmüll ebenso wie für Elektroaltgeräte – und diese Aufteilung wurde im neuen KrWG im Grunde auch abgesichert. Den gewerblichen Sammlungen als Ausnahmetatbestand für die Überlassung der Abfälle aus Haushaltungen sollen enge Grenzen gesetzt werden.

Wenn jetzt die Stofftrennung voranschreitet und es zu einer gesonderten Erfassung der Wertstoffe in einem einheitlichen Wertstofferfassungssystem kommt, soll diese kommunale Verantwortung nicht abgelöst, sondern gestärkt werden.

Allerdings sollte bei der Neugestaltung der Wertstofferfassung nicht bei einem Trägerwechsel haltgemacht werden. Als Eckpunkte einer Weiterentwicklung sollten gelten:

(1) Vorgabe von Quoten statt Vorgabe von Organisation und

(2) Finanzierung über Gebühren statt Finanzierung über Lizenzentgelte.

Die aktuellen Quoten im KrWG sind umstritten, weil ihre Ermittlung an den Input von allen Verwertungsanlagen anknüpft und damit nicht nur die Abfallmengen erfasst, die nach einer Behandlung auch tatsächlich in eine Verwertung gelangen. Damit werden beispielsweise auch Teilströme des Inputs wie Sortierreste oder Restabfälle erfasst, die nicht verwertet werden. Hier ist eine Nachjustierung dringend geboten. Sodann sollte eine Öffnung der Erfassung möglich sein, die den regionalen Besonderheiten Gestaltungsraum ermöglicht. Der Gesetzgeber soll vorgeben, welche Erfassungs- und Verwertungsziele gesteckt sind, aber es bedarf keiner Einengung, wie der öffentlich-rechtliche Entsorgungsträger seinen Pflichten organisatorisch nachzukommen hat.

Vor allem aber muss ernsthaft diskutiert werden, weshalb die Finanzierung weiterhin auf Lizenzentgelte bzw. Sonderabgaben der Produktverantwortlichen gestützt sein soll. Auf den ersten Blick scheint klar, dass ein Verzicht auf eine Finanzierung durch die Produktverantwortlichen eine ökologisch und ökonomisch zunächst nicht zu verantwortende Belastung der öffentlich-rechtlichen Entsorgungsträger bedeuten könnte.

Ökologisch wird die Forderung nach einem Fortbestand der Produktverantwortung erhoben. Aber deren ökologische Anreizfunktion ist – wie gezeigt – nicht nachgewiesen. Ökonomisch belaufen sich die Entsorgungskosten, die bei den dualen Systemen anfallen, auf die bereits oben genannten 824 Mio. EUR. Wenn man den Mehraufwand durch die Systemorganisation mit zehn dualen Systemen und über 500 betroffenen öffentlich-rechtlichen Entsorgungsträgern in Abzug bringt, dann reden wir von einer Kostenbelastung, die deutlich unter 10 EUR pro Einwohner/Jahr liegt. Diese Mehrbelastung auf Seiten des Gebührenzahlers ist zwar zunächst ärgerlich, weil er für einige Zeit auch noch als Verbraucher zahlen muss, bis die entfallenen Lizenzentgelte aus der Preisbildung herausfallen. Aber eine Eingliederung der einheitlichen Wertstofferfassung in die kommunale Abfallentsorgung erlaubt es, auf die Ausweitung der Produktverantwortung ebenso zu verzichten, wie auf den Aufbau einer neuen zentralen Stelle. Hier wäre eine neue Regulierungsbehörde zu schaffen, die auf der einen Seite die Erweiterung der Produktverantwortung und die Eintreibung der Abgaben organisieren muss. Sie hätte auf der anderen Seite die Aufgabe, die Mittelverteilung an die öffentlich-rechtlichen Entsorgungsträger zu gewährleisten. Wie die Bundesnetzagentur beispielsweise bei der Kontrolle der Netznutzungsentgelte unter Einschluss der sog. Anreizregulierung wären bei der Weiterleitung der Mittel an die örE Standardkostenmodelle einzusetzen und Effizienzvorgaben zu machen. Hier droht ein neuer Bürokratismus, der vermeidbar ist: Verzicht auf eine ökologisch nicht wirksame Produktverantwortung, Abschaffung intransparenter dualer Systeme und Einbeziehung der einheitlich zu erfassenden Wertstoffe in die Überlassungspflicht.

Es ist den öffentlich-rechtlichen Entsorgungsträgern zu überlassen, in welcher Weise sie die Erreichung der Quoten durch ihr Entsorgungssystem gewährleisten und inwieweit sie die Aufgaben selbst erledigen oder im Ausschreibungswettbewerb an die private Entsorgungswirtschaft vergeben wollen.

Ersatzbrennstoff-Herstellung aus Sortierresten
– Anforderungsbasierter Vergleich ausgehend von Ausgangsmaterialien aus Wertstofftonnensammlung und Leichtverpackungserfassung –

Mirko Thomä und Tobias Widder

1. Rahmenbedingungen der Wertstoffsammlung und Zielstellung

Die Aufbereitung von Leichtverpackungsabfällen wird mit dem primären Ziel durchgeführt, möglichst viele Komponenten in einem kostengünstigen Verfahren als Ausgangsmaterial für eine weitere stoffliche Nutzung zu gewinnen. Die für die stoffliche Wiederverwertung relevanten Metall- und Kunststofffraktionen treten allerdings im haushaltsnahen Bereich genauso in Gegenständen jeglicher Art auf, von denen sich nach Ablauf ihrer Gebrauchs- bzw. Lebensdauer der Eigentümer trennt. Aufgrund gesetzlicher Regelungen ist eine Entsorgung von Gegenständen, deren Abfuhr nicht durch den regionalen Abfallverband gesondert organisiert wird (wie Elektrogeräte oder Sperrmüll etc.), über die Leichtverpackungssammlung (Gelbe Tonne/Gelber Sack) nicht zulässig. Somit muss die Entsorgung dieser Konsumartikel und Gebrauchsgegenstände über die Restmüllabfuhr erfolgen, was die Umsetzung der Prinzipien der EG-Abfallrahmenrichtlinie [1] nicht gerade vereinfacht. Es ist daher folgerichtig, dass die Bundesregierung die Einführung einer Wertstofftonne forciert, welche ab dem Jahr 2015 allen deutschen Haushalten zur Verfügung stehen soll und für die weiterhin Leichtverpackungen (LVP) und zusätzlich Stoffgleiche Nichtverpackungen zugelassen sind [2]. Die bestehenden LVP-Sortieranlagen werden dann voraussichtlich mit einem höheren Ausgangsmaterialaufkommen und einer veränderten Zusammensetzung konfrontiert. Wie stark diese Effekte sein werden – was letztlich vom Verbraucherverhalten abhängt – und wie die Anlagentechnik darauf reagiert, wird momentan von der Firma Becker Umweltdienste GmbH in Kooperation mit der TU Dresden in einem SAB-Projekt untersucht.

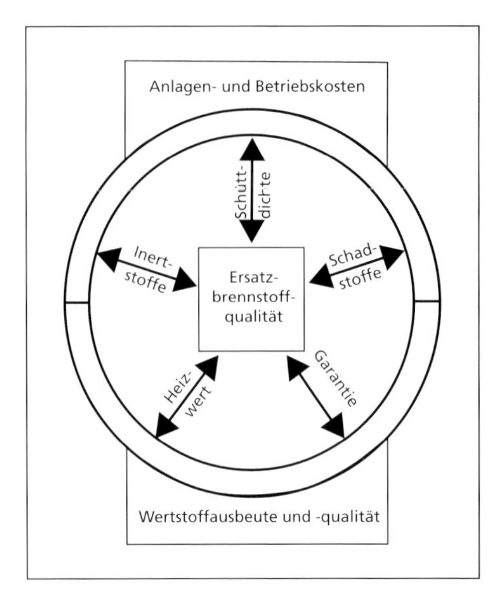

Bild 1: Zielkonflikt im Sortieranlagenbetrieb

Neben dem Anlagenverhalten sowie qualitativen und quantitativen Aussagen bezüglich der rohstofflichen Nutzung von den erfassten Wertstofftonnenabfällen liegt ein weiterer Projektschwerpunkt im Bereich der Ersatzbrennstoff-(EBS) Herstellung aus den in beiden Fällen vorhandenen Sortierresten, der in diesem Beitrag im Vordergrund steht. Dabei geht es zum Einen um die brennstofftechnischen Eigenschaften der resultierenden EBS wie Heizwert, Schüttdichte und Elementarzusammensetzung, aber auch um die dabei zum Tragen kommende Prozessführung und Anlagentechnik. Außerdem besteht die Aufgabe einer abnehmerspezifischen EBS-Konfiguration, die sich an den Bedürfnissen der Marktteilnehmer orientiert und dabei einer ganzheitlichen Strategie für den Betrieb und die Vermarktung aller Anlagen und Produkte der Sorticranlage unterordnet (Bild 1).

In jedem Fall geht es darum, Veränderungen zu erkennen, die aus der Einführung der Wertstofftonne gegenüber der aktuellen Leichtverpackungssammlung resultieren und ein angepasstes Konzept zu entwickeln, welches auch in Zukunft eine optimale Balance der formulierten Zielstellungen gewährleistet.

2. Sortieranalysen im Wertstoff-Sammelgebiet

Wichtig für die regelmäßige Überprüfung der Notwendigkeit zur Anpassung und Optimierung der Trenn- und Aufbereitungsanlagen der Abfallaufbereiter ist eine genaue Kenntnis der jeweiligen Abfallzusammensetzung. Auf Grund der starken Abhängigkeit von den Abfallverursachern (bei Verpackungsabfällen Konsumenten) gehört diese Untersuchung, insbesondere bei den Aufbereitern von Verpackungsabfällen, begleitend zum Tagesgeschäft dazu. Entsprechend gibt es zu diesem Thema vielfältige Erfahrungswerte in den Betrieben, um mit möglichst geringem Aufwand Trends zeitnah zu erkennen und sowohl mit personellen als auch technischen Anpassungen reagieren zu können um konkurrenzfähig zu bleiben.

Schwieriger und damit aufwändiger wird die Untersuchung, wenn Abfallströme, wie sie in Deutschland über Jahre hinweg bekannt sind – So z.B. die Verpackungsabfälle – auf Grund gesetzlicher Rahmenbedingungen vergleichsweise kurzfristig verändert werden. So geschieht dies beispielsweise aktuell mit der gesetzlich bindenden Einführung einer Wertstofftonne ab 2015 auf Grund des neuen Abfallgesetzes. Diese geplante

Änderung der Abfallzusammensetzung (Ausweitung der Zulässigkeit stoffgleicher und ähnlicher Kunststoffe, Eisen- und Nichteisenmetalle, usw.) führt zu einer Reihe von Untersuchungen, zu denen auch das genannte Verbundprojekt gehört.

Für eine Einschätzung der materialspezifischen Änderungen, wurde ein Versuchsgebiet ausgewählt, das einen möglichst breiten Einblick in die auch überregional zu erwartende Beeinflussung des Mengenstroms geben soll. Das Versuchsgebiet im Kreis Mittelsachsen umfasst etwa 1.176 Einwohner und wurde gemäß Tabelle 1 nach Siedlungsstruktur in Einfamilienhäuser (EFH), Mehrfamilienhäuser (MFH) und Neubauwohnblocks (NB) unterteilt. Die Einteilung in die genannten Siedlungsstrukturen war notwendig, da ein unterschiedliches Trennverhalten in den einzelnen Strukturen zu erwarten ist.

Siedlungsstruktur	Einwohnerzahl	Einwohneranteil
		%
Einfamilienhäuser	569	48,4
Mehrfamilienhäuser	329	28,0
Neubau-Siedlung	278	23,6
Probenahmegebiet gesamt	1.176	

Tabelle 1:

Verteilung und Anteile der jeweiligen Bebauungsstruktur

Quelle: Kurth, S.; Schröpl A.: 1. Zwischenbericht Verbrennungsverhalten von EBS unter Berücksichtigung der Erfahrungen aus gemeinsamer und getrennter Erfassung von Wertstoffen, 2013

Zur Versuchsdurchführung der Sortieranalysen wurde ein Versuchszeitraum von etwa ein Jahr ausgewählt um verschiedene Sondereffekte (z.B. *Kellerberäumung zu Versuchsbeginn*, jahreszeitliche Einflüsse und Normalisierung des neuen Trennverhaltens) erkennen und ggf. bei der Ergebnisinterpretation berücksichtigen zu können. Aus demselben Grund wurden für die Konsumenten besondere Zeiten wie Ferien, Weihnachts- und Osterzeit gezielt aus den Untersuchungen ausgeschlossen. Die Einwohner des Versuchsgebietes wurden vor Umstellung des Trennsystems im September 2012 mit Flyern und einer speziellen Telefonhotline umfassend informiert und vorbereitet. Nach einer kurzen Einlaufzeit von vier Wochen erfolgte der erste Trennversuch im Oktober 2012. Um auf den strukturbedingten Sammelrhytmus eingehen zu können, erfolgten die weiteren Sortieranalysen jeweils alle 2 Monate. So ergibt sich der in Tabelle 2 angegebene Versuchsplan. In allen Versuchen wurden sowohl Wertstofftonne (bzw. LVP-Tonne) als auch Restmülltonne betrachtet, da davon ausgegangen werden kann, dass keine zusätzlichen Abfälle entstehen, sondern lediglich eine Wanderung von einem System in das andere erfolgt.

Zeitraum	Ziel der Untersuchung
Oktober 2012	Erstanalyse nach Umstellung auf Wertstofftonne
Januar 2013	Analyse nach Weihnachtszeit sowie Gewöhnungsphase
März 2013 Mai 2013	Analyse des Trennverhaltens im weiteren Verlauf der Gewöhnung
September 2013	Vor der Analyse erfolgt eine erneute Marketingkampagne zur Erinnerung – In Vorbereitung
November 2013	Abschlussanalyse – In Vorbereitung

Tabelle 2:

Versuchsplan der Sortieranalysen im Projekt

Im Vorfeld der genannten Sortieranalysen erfolgten im Versuchsgebiet zwei weitere Sortieranalysen zur Feststellung der Ausgangsparameter. Diese Analysen erfolgten ohne zusätzliche Information an die Einwohner um ein möglichst klares Bild der Zustände vor Umstellung auf die Wertstofftonne zu erhalten.

Zur Auswahl der Sortierkriterien wurde zunächst ein Zuweisungskatalog entwickelt. Dieser basiert auf der Vereinbarung der Projektpartner, dass im Untersuchungsgebiet die zukünftige Wertstofftonne als zusätzliche Stoffgruppen stoffgleiche Nichtverpackungen aus Metallen und Kunststoffen enthält. Weitere Optionen wie die Zulässigkeit von z.B. Holz, Textilien oder Elektrogeräte wurden im Vorfeld des Projektes diskutiert und zunächst aus dem Projekt ausgeschlossen. Nach Verdichtung dieses umfangreichen Zuweisungskataloges wurde der in Tabelle 3 angegebene Stoffgruppenkatalog erstellt, der die zu untersuchenden Stoffe der Sortieranalysen zeigt.

Ein wesentlicher Unterschied der Herangehensweise des genannten Projektes gegenüber bereits bekannten Sortierversuchen ist die vergleichsweise praxisnahe Durchführung der Sortieranalysen. Auf Grund der Möglichkeiten der Projektpartner wurden die Analysen nicht an Trenntischen durchgeführt, an denen die Abfälle akribisch bis zum

Tabelle 3: Stoffgruppenkatalog für die Sortieranalysen

Verpackungen	Metalle	Eisenmetalle Nichteisenmetalle
	Kunststoffe	Folien Hartkunststoffe
	Verbunde	Getränkekartons Papierverbunde
	PPK-Verpackung	
	Glas	
Papier, Pappe, Kartonagen	Druckerzeugnisse	
	Sonstige	
Stoffgleiche Nichtverpackungen	Metalle	Eisenmetalle Nichteisenmetalle
	Kunststoffe	Folien Hartkunststoffe
Restabfall	Glas	
	Schaumstoffe	
	Organik	
	Holz	
	Leder, Gummi	
	Textilien	
	Mineralisches	
	Windeln	
	Verbunde	
	Schaumstoffe	
	Mittlerer und feiner Restmüll, der nicht händisch sortiert werden kann	

Quelle: Dörfel, H.-D, IWA Ingenieur- und Beratungsgesellschaft mbh: Sortieranalyse und Prognoserechnung als Grundlagenermittlung für eine Entscheidung zur Einführung eines Wertstofftonnensystems im Landkreis Mittelsachsen, Bericht, 2013

kleinsten Partikel sortiert werden, da dies auf Grund des Aufwandes von der tatsächlichen Praxis der Abfallverwertungsbetriebe erheblich abweicht. Alle Trennversuche erfolgten in einer großtechnischen Anlage (Bilder 2 und 3), die auch im Regelbetrieb der händischen Sortierung von Abfällen und Wertstoffen dient. Da die Sortierung in dieser Anlage ausschließlich auf Handklaubung basiert, war eine Umstellung für die jeweiligen Versuche ohne weiteres möglich und die Analysen konnten unter realen Bedingungen an einem Sortierband erfolgen. Zur Durchführungsunterstützung und Dokumentation wurde ein externes Ingenieurbüro gebunden, wodurch eine konstante Qualität der Versuche gewährleistet werden konnte [5].

Bild 2: Anlage zur Durchführung der Trennanalysen

Bild 3: Sortierband und Sortierplätze

Als wesentlicher Faktor für die Wirkungsweise und den Einfluss der Wirksamkeit einer wie zuvor besprochenen Umstellung des Sammelsystems und somit der Beeinflussung der Abfallaufbereitungsanlagen wurde das Wertstoffpotential im Restmüll ausgewertet. Die Grundüberlegung dazu war, dass zusätzliche Wertstoffe in der neuen Wertstofftonne im Wesentlichen aus dem Restmüllstrom entstammen. Andere Wertstoffquellen, wie beispielsweise Sperrmüll werden auf Grund des verhältnismäßig geringen Aufkommens vernachlässigt. Da die Analyse der Nullversuche (NV) einen hohen Anteil (50 %; 3,4 kg/EW•a) Verpackungsabfälle im Wertstoffpotential ergab, wurde dieser Anteil des Restabfalls ebenfalls untersucht. Insgesamt ist ein deutlicher Trend erkennbar, dass nach Umstellung auf Wertstofftonne weniger Wertstoffe im Restmüll vorliegen. Der Effekt ist insgesamt in den Einfamilienhausbebauungen weniger deutlich. Dies ist darauf zurückzuführen, dass in dieser Siedlungsstruktur erfahrungsgemäß das Trennverhalten ohnehin stark ausgeprägt ist und auch Nichtverpackungskunststoffe bereits vor der *Legalisierung* in der LVP-Tonne verbracht wurden. Nicht zu vergessen ist dabei, dass die LVP- bzw. Wertstofftonne für den Verbraucher kostenfrei gesammelt wird, die Entleerung der Restmülltonne hingegen muss vergütet werden. In den Mehrfamilienhaussiedlungen ist ebenfalls ein Trend erkennbar, dass sowohl weniger Verpackungsabfälle als auch weniger stoffgleiche Nichtverpackungen nach Umstellung auf Wertstofftonne in der Restmülltonne vorliegen. Bei den Verpackungsabfällen ist dieser Trend nicht ganz so kontinuierlich, weshalb insbesondere die beiden noch ausstehenden Versuchskampagnen für eine Konsolidierung der Ergebnisse notwendig sind. Das größte Wertstoffpotential lag zu Beginn des Versuchszeitraumes erwartungsgemäß in den Neubausiedlungen (13,1 kg/EW•a). Auf Grund der hohen Anonymität in dieser Siedlungsstruktur und der Kostenverteilung auf alle Mietparteien, ist hier das Trennverhalten nicht so stark ausgeprägt. Dennoch ist hier ebenfalls ein Trend zum Rückgang des Wertstoffpotentials sichtbar. Zu beobachten ist dabei, dass insbesondere ein Rückgang des Potentials an Verpackungsabfällen im Restmüll stattfindet. Dies wird aktuell damit begründet, dass das Projekt das Thema des Abfalltrennens bei den Einwohnern wieder mehr in Erinnerung bringt. Insgesamt ist das Wertstoffpotential im Zuge der vier Hauptversuche im Restmüll von 6,8 auf 2,9 kg/EW•a zurückgegangen, was auf einen deutlichen Einfluss der Umstellung auf die Zusammensetzung der Wertstofftonne schließen lässt.

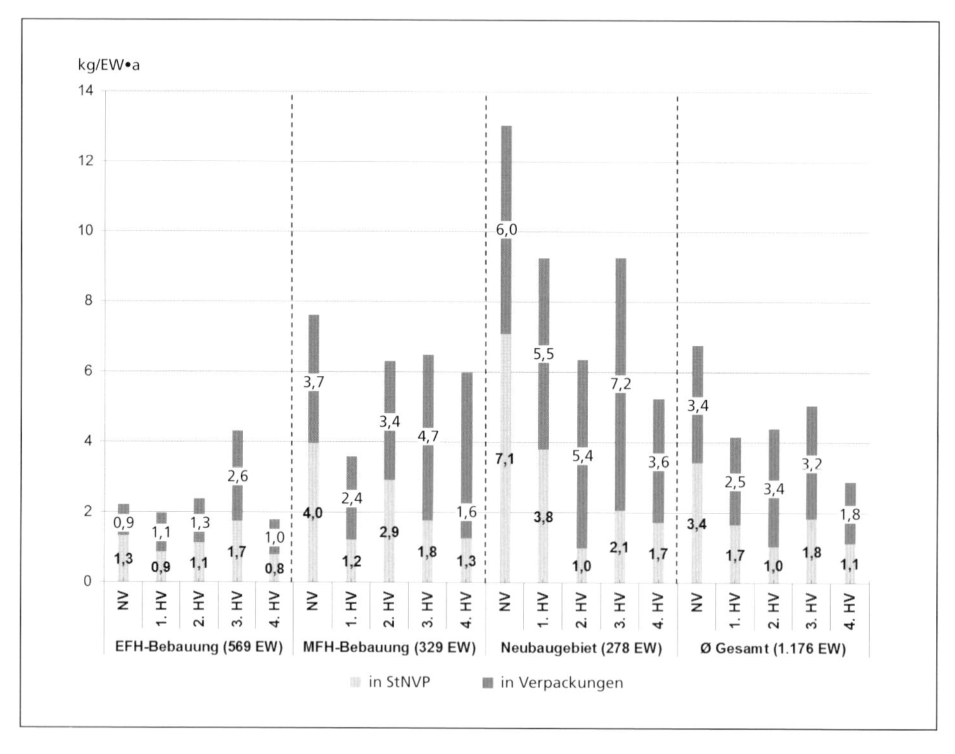

Bild 4: Wertstoffpotential im Restmüll in Abhängigkeit von der Einwohnerzahl der untersuchten Gebiete

Von den betrachteten Abfallsammelsystemen ist die gelbe Tonne bzw. Wertstofftonne die, aus der im Wesentlichen die Wertstoffe zur Wiederverwertung gewonnen werden. Die verbleibenden Reststoffe werden in der Regel zu Ersatzbrennstoffen verarbeitet und somit einer energetischen Verwertung zugeführt. Aus diesem Grund wurde im Verlaufe des Projektes die genaue Zusammensetzung dieses Abfallsammelsystems im Versuchsgebiet untersucht. Die Ergebnisse zum aktuellen Stand (vierter Hauptversuch) sind in Bild 5 dargestellt. Grundsätzlich sind folgende Trends bei der Umstellung der klassischen LVP-Tonne auf Wertstofftonne zu erkennen:

- Der Restmüllgehalt in der neuen Wertstofftonne liegt leicht unter dem der LVP-Tonne.
- Der Anteil stoffgleicher Nichtverpackungen konnte in Summe von 17,16 % auf über 20 % gesteigert werden. Aus den bereits genannten Gründen ist dieser Effekt in den Einfamilienhaus-Gebieten nicht so stark nachweisbar.
- Insbesondere in den Mehrfamilienhaus-Gebieten ist der Anteil an Verpackungen in der Wertstofftonne erheblich gestiegen. Dieser Effekt kann einer verstärkten Beschäftigung mit dem Thema Abfalltrennung zugeschrieben werden.
- Ebenso wird der Rückgang des Anteils an PPK einem gewissen Schulungseffekt zugeschrieben.

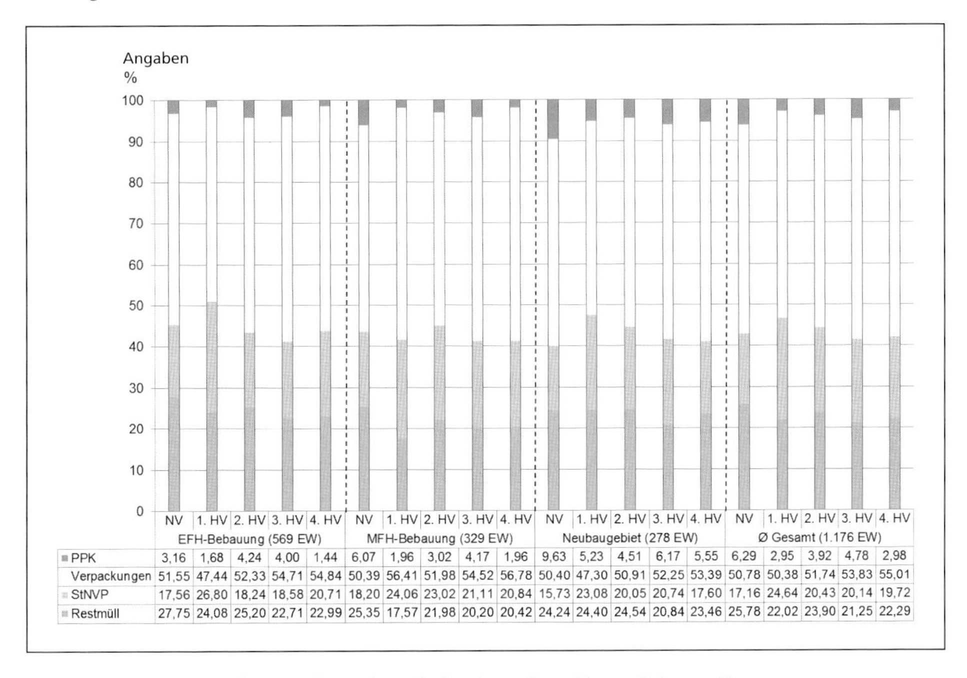

	NV	1. HV	2. HV	3. HV	4. HV	NV	1. HV	2. HV	3. HV	4. HV	NV	1. HV	2. HV	3. HV	4. HV	NV	1. HV	2. HV	3. HV	4. HV
	EFH-Bebauung (569 EW)					MFH-Bebauung (329 EW)					Neubaugebiet (278 EW)					Ø Gesamt (1.176 EW)				
PPK	3,16	1,68	4,24	4,00	1,44	6,07	1,96	3,02	4,17	1,96	9,63	5,23	4,51	6,17	5,55	6,29	2,95	3,92	4,78	2,98
Verpackungen	51,55	47,44	52,33	54,71	54,84	50,39	56,41	51,98	54,52	56,78	50,40	47,30	50,91	52,25	53,39	50,78	50,38	51,74	53,83	55,01
StNVP	17,56	26,80	18,24	18,58	20,71	18,20	24,06	23,02	21,11	20,84	15,73	23,08	20,05	20,74	17,60	17,16	24,64	20,43	20,14	19,72
Restmüll	27,75	24,08	25,20	22,71	22,99	25,35	17,57	21,98	20,20	20,42	24,24	24,40	24,54	20,84	23,46	25,78	22,02	23,90	21,25	22,29

Bild 5: Prozentuale Verteilung der Inhalte der gelben Tonne/Wertstofftonne

Zusammenfassend ist eine Veränderung der Abfallfraktion, die in den Abfallsortieranlagen aufbereitet werden, zu erkennen. Die Aufgabe für die Aufbereitungsfirmen ist dabei eine schnellst- und bestmögliche Anpassung auf die geänderten Anforderungen um auch aus diesem Abfallstrom die bestmögliche Wertschöpfung zu erzielen. Aus der reinen Sortieranalyse und der damit einhergehenden Kenntnis der Zusammensetzung des veränderten Abfallmengenstromes kann jedoch nicht ohne weiteres geschlossen werden, welcher Einfluss auf die großtechnischen Abfallsortier- und Aufbereitungsanlagen ausgeübt wird. Es muss vielmehr ein Weg gefunden werden, die Kernfragen der Anlagenbetreiber allumfassend zu betrachten und somit eine breite Wissensbasis für zielgerichtete Reaktionen zu schaffen. Die zu beachtenden Kernfragen sind im Wesentlichen:

- Ist der neue Mengenstrom ohne technische Anpassungen in den vorhandenen Anlagen sortierbar oder kommt es vermehrt zu Verklemmungen/Verstopfungen und Anlagenausfällen durch Beschädigungen?
- Welchen Anteil haben neuartige Stoffgruppen (sperrige Kunststoffe, körperhafte Eisen- und Nichteisenmetalle) an der Sortierbarkeit?
- Wie verändert sich Anteil und Qualität der gewonnenen Wertstoffe?
- Sind zusätzliche Aufbereitungsschritte/technische Aggregate in der Erstbehandlung notwendig?
- Wie verändert sich die physikalische und chemische Zusammensetzung sowie Menge des entstehenden Sortierrestes und somit die Qualität des daraus erzeugten Ersatzbrennstoffes?

Im beschriebenen Verbundprojekt sollen wesentlich die Fragen nach der technischen Sortierbarkeit, sowie der Veränderung des Sortierrestes als Ausgangsmaterial zur EBS-Herstellung erörtert werden. Insbesondere die Frage nach den Veränderungen im Sortierrest fand in vergleichbaren Projekten nur wenig Aufmerksamkeit. Für eine vollständige ökonomische und ökologische Gesamtbetrachtung des Aufbereitungsprozesses darf dieser Mengenstrom (in der Regel > 35 %) jedoch aus Sicht der Projektpartner nicht vernachlässigt werden. Somit finden dic weiteren Untersuchungen in drei Schritten statt.

1. Vollumfängliche Betrachtung des Verhaltens des neuen Mengenstromes in den Sortier- und Aufbereitungsanlagen (Anlieferung, Trennung in Einzelfraktionen, Verarbeitung des Sortierrestes zu Ersatzbrennstoffen).
2. Klassische chemische Betrachtung der Beeinflussung des hergestellten Ersatzbrennstoffes.
3. Intensive brennstofftechnische Untersuchung des hergestellten Ersatzbrennstoffes im Labor- und Pilotmaßstab und dadurch Rückschluss auf die bestmögliche Verwertung bzw. notwendige Anpassungen an der Aufbereitungstechnik.

Erst durch Betrachtung und Bearbeitung dieser drei Schritte in Anschluss an die genannten Sortieranalysen, kann eine weitestgehend exakte Aussage zur Beeinflussung des veränderten Abfallmengenstromes erfolgen. Die Erfahrungen aus dieser komplexen Betrachtung und die damit einhergehende Methodendefinition können über das genannte Projekt hinausgehend als Werkzeug genutzt werden um Abfallströme und ihre Veränderungen hinsichtlich Ihrer Aufbereitungsmöglichkeiten und der dadurch entstehenden Produkte umfassend zu untersuchen.

3. Sortieranlagen-Messprozedur auf Fallstudienbasis für EBS-Herstellung

Genau genommen ist Ersatzbrennstoff kein Produkt im eigentlichen Sinne, sondern überschüssiges Material, welches ausgehend vom Sortierrest möglichst kostengünstig aufbereitet wird. Dies geschieht in der Form, dass es allgemein gesprochen *irgendeinen*

Industriezweig gibt, der dafür Verwendung finden könnte und je nach Marktsituation bereit ist, dafür einen Preis zu bezahlen. Die eigentliche Dienstleistung besteht bei der Aufbereitung von Leichtverpackungsabfällen bzw. zukünftig dem Inhalt der Wertstofftonnen darin, dem Verbraucher die Abfälle abzunehmen und diese in einer geeigneten Form nach den Prioritäten der EG-Abfallrahmenrichtlinie [1] im Interesse von Gesellschaft und Umwelt möglichst stofflich zu verwerten. Erst wenn das nicht möglich ist, kommt die energetische Nutzung in Betracht. Die Beschäftigung mit diesen Zusammenhängen macht deutlich, dass es zwei gravierende Unterschiede zwischen Abfallaufbereitungsanlagen und herkömmlichen Produktionsanlagen gibt:

1. Die Ausgangsstoffe für die Wertschöpfungsprozess sind de facto nicht beeinflussbar
2. Es bestehen (gesetzliche) Prioritäten hinsichtlich der Produktverteilungsquote, die mit der Wirtschaftlichkeit in Einklang gebracht werden müssen

Dabei ist die zweite Rahmenbedingung an sich nicht problematisch, da separierte Wertstoffe wie FE- und NE-Metalle sowie Kunststoffe als Rohstoffe ökonomisch werthaltiger sind als inhomogene Brennstoffe mit nur bedingt reproduzierbaren Eigenschaften. Allerdings kann es angesichts stark volatiler Rohstoffpreise und aufgrund geforderter Reinheitsgrade, die nur durch hohen anlagentechnischen Aufwand erreichbar sind, mitunter zu notwendigen Anpassungen in der Verwertungsstrategie kommen [6].

In jedem Fall wird deutlich, dass für Verbesserungen von Prozesstechnik, Stoffstrommanagement und letztendlich der Wirtschaftlichkeit von Abfallbehandlungsanlagen andere Untersuchungsmethoden und Herangehensweisen erforderlich sind als bei rein produktfixierten Herstellungsanlagen. In diesem Sinne wurden konkret für die LVP- bzw. Wertstofftonnen-Sortieranlage und die EBS-Aufbereitungsanlage des Projektpartners Mess- und Analysekonzepte entwickelt, die dem aus Kundenanforderungen und gesetzlichen Regelungen bestehenden Optimierungsgebiet Rechnung tragen. Dieses Konzept hat als Basis ein Sortiermodell, welches das Verbraucherverhalten und die möglichen Stoffstromvarianten abbildet (Bild 6). Im Sortiermodell befinden sich Verzweigungen mit Freiheitsgraden, die eine Verschiebung von Stoffströmen und damit Produkteigenschaften sowohl auf Seiten des Wertstoffs als auch auf Seiten des Sortierrestes erlauben. Wenn diese Schnittstellen des Sortiermodells durch Messkampagnen mit Zahlenwerten hinterlegt werden, besteht die Möglichkeit, anforderungsorientierte Merkmale für die Wertstoffe oder Ersatzbrennstoffe zu realisieren und über die globale Anlagenbilanz zu optimieren. Dabei ist aber stets ein konkreter Nachfragefall anzuwenden, da die Vorgaben der Abnehmer anlagentechnisch und auch ökonomisch nicht beliebig kombiniert werden können. Beispielsweise können nicht zugleich Wertstoffausbeute und Ersatzbrennstoffausbeute bzw. -qualität maximiert werden.

Die Umsetzung des beschriebenen Ansatzes erfordert nun eine Reihe von Messkampagnen an der realen Anlage mit Ausgangsmaterial aus der konventionellen LVP-Sammlung sowie dem eingesammelten Material aus dem Wertstofftonnen-Versuchsgebiet. Der Schwerpunkt der untersuchten Parameter liegt zunächst auf den Mengenanteilen bzw. Masseströmen und der chemischen bzw. brennstofftechnischen Analyse. Im Verlauf des Projektes kommen noch Verbrennungsversuche im Batch-Reaktor und im Drehrohrofen hinzu.

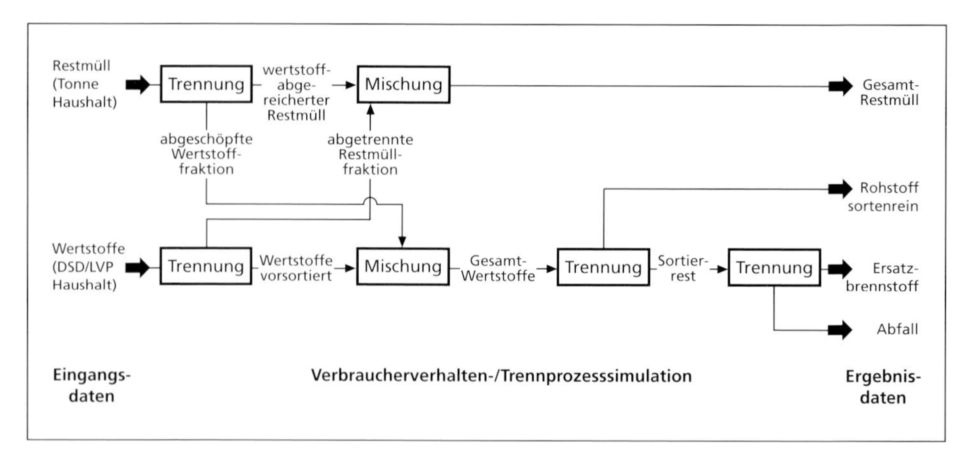

Bild 6: Sortiermodell

Wenn nun schwerpunktmäßig die EBS-Herstellungsanlage mit dem Sortierrest der Wertstofffraktionierung als Ausgangsstoff betrachtet wird, zeigt sich im Ergebnis für die Masseströme folgende Verhältnisse (Bild 7).

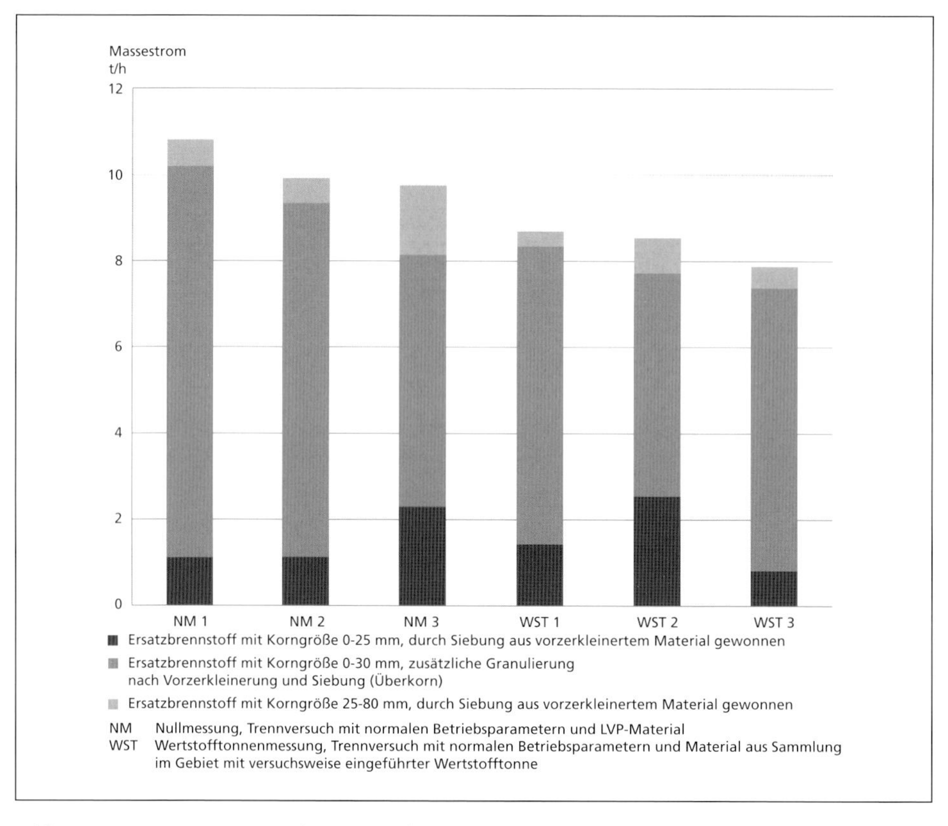

Bild 7: Massenströme in der EBS-Aufbereitungsanlage

Aus Bild 7 ist ersichtlich, dass die Gesamtmasseströme bei den Messungen mit Wertstofftonnenmaterial deutlich niedriger sind als bei den Nullmessungen. Bei nahezu identischen Anlagenparametern lässt sich daraus schlussfolgern, dass die Schüttdichte des EBS bei Wertstofftonnenmaterial niedriger ist als bei Leichtverpackungsmaterial. Dieser Sachverhalt konnte auch visuell bestätigt werde, da die Endprodukte bei den WST-Versuchen *fluffiger* wirkten als bei den Nullmessungen. Weiterhin lässt sich feststellen, dass die Verminderung des Gesamt-EBS-Stromes überproportional stark zulasten der EBS 0-30-Fraktion geht, während die anderen beiden Produkte absolut betrachtet mengenmäßig stabil bleiben und anteilig deutlich zulegen. Das weist auf eine geänderte Zusammensetzung des Sortierrestes hin und lässt sich mit dem aktuellen Bearbeitungsstand nur schwer konkret interpretieren, wahrscheinlich ist jedoch eine Verschiebung von kompakten Körnern mit hoher Dichte (klumpiges Material) hin zu flächigen Körnern mit geringerer Dichte (sperrigeres Material).

4. Vergleichende Versuchsanalysen im Labor- und Pilotmaßstab

Um einen Vergleich der Merkmale von EBS aus LVP-Material und Wertstofftonnenmaterial anstellen zu können, sind Laboruntersuchungen und Verbrennungsversuche notwendig. Die Wahl der benötigten Parameter muss dabei auch die Interessen der potentiellen Abnehmer einbeziehen, denen die Information Aufschluss über den primären Nutzen – also den Energiegehalt – und im Ergebnis darüber hinaus auch über kalkulierbare Wechselwirkungen mit der Anlagentechnik liefern soll. Folgende Brennstoffeigenschaften wurden infolge dessen für die vergleichende Betrachtung ausgewählt [7]:

- Heizwert (Labor)
- Elementarzusammensetzung (Labor)
- Wasser-/Aschegehalt (Labor)
- Chlor-/Schwefelgehalt (Labor)
- Schüttdichte (Labor)
- Zündfrontgeschwindigkeit (Batch-Reaktor)
- Luftbedarf (Batch-Reaktor)
- Luftschadstoffe im Abgas (Batch-Reaktor)
- Korrosionsrelevante Abgaspartikel (Batch-Reaktor)

Bezüglich der Batch-Versuche liegen noch keine Ergebnisse vor, weshalb darauf im Folgenden nicht weiter eingegangen wird. Hinsichtlich des Heizwertes (bezogen auf den wasserfreien Zustand) hat sich gezeigt, dass die Ersatzbrennstoffe aus Wertstofftonnenmaterial nahezu im selben Bereich liegen wie die Ersatzbrennstoffe aus dem normalen LVP-Material (Bild 8). Das ist nicht überraschend, da sich das Verbraucherverhalten sicherlich nicht radikal verändert und heizwertsteigernde Einflüsse – z.B. höherer

Kunststoffanteil im Ausgangsmaterial – durch heizwertsenkende Effekte – weniger Verunreinigungen im Material durch sensibilisiertes Verbraucherverhalten, daher höhere Wertstoffabscheideraten – kompensiert werden.

Für den Abnehmer des EBS (energieintensive Betriebe wie z.B. Zementwerke) ist in diesem Zusammenhang natürlich der Heizwert des gelieferten Materials mit Berücksichtigung der Feuchte relevant und weniger der Heizwert im wasserfreien Zustand, da hier die effektiv nutzbare Energie zählt und eine (kostenbehaftete) Trocknung des Materials nicht vorgesehen ist. Dabei stellte sich heraus, dass der Feuchtegehalt des fertigen Brennstoffes aus Wertstofftonnenmaterial geringer ist, was wiederum positive Auswirkungen auf den Rohmaterialheizwert hat. Das ist absolut wünschenswert, da im Ergebnis mehr Wertstoffe aus dem Ausgangsmaterial entnommen werden können und zugleich die EBS-Qualität steigt. Hierfür sind aber noch weitere Untersuchungen notwendig, da gerade der Wassergehalt sehr leicht auch ungewollt beeinflusst werden kann (Witterungsbedingungen) und für gesicherte Aussagen noch mehr Analysen notwendig sind. Zumindest aus phänomenologischer Sicht wäre das aber durchaus plausibel, da für den Wassergehalt insbesondere der Biomasseanteil verantwortlich zeichnet, welcher augenscheinlich (Stichprobenbeurteilung) geringer ist als bei der normalen LVP-Sammlung. An dieser Stelle kommt wieder das Verbraucherverhalten ins Spiel, das offenbar positiv beeinflusst werden konnte, wobei sich die Kontinuität dieser Veränderung noch zeigen muss.

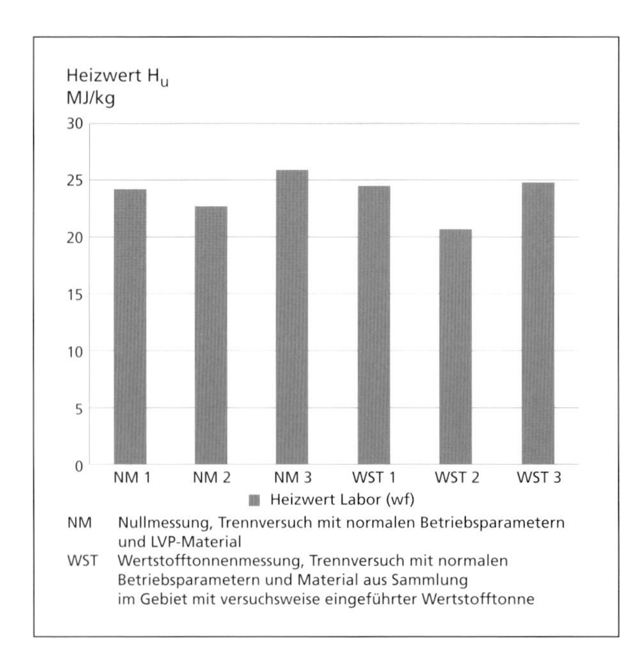

Bild 8:

EBS-Heizwertvergleich für LVP- und Wertstofftonnensortierrest

Die brennstoffchemische Analyse gibt Aufschluss über die elementare Zusammensetzung und zeigt ebenfalls keine signifikanten Veränderungen. Bei den ausgewerteten Proben – von anderen EBS-Chargen, als in Bild 8 eingeflossen sind – zeigte sich eine leichte Verminderung des Kohlenstoffgehaltes (Bild 9, Bild 10). Die anderen Anteile

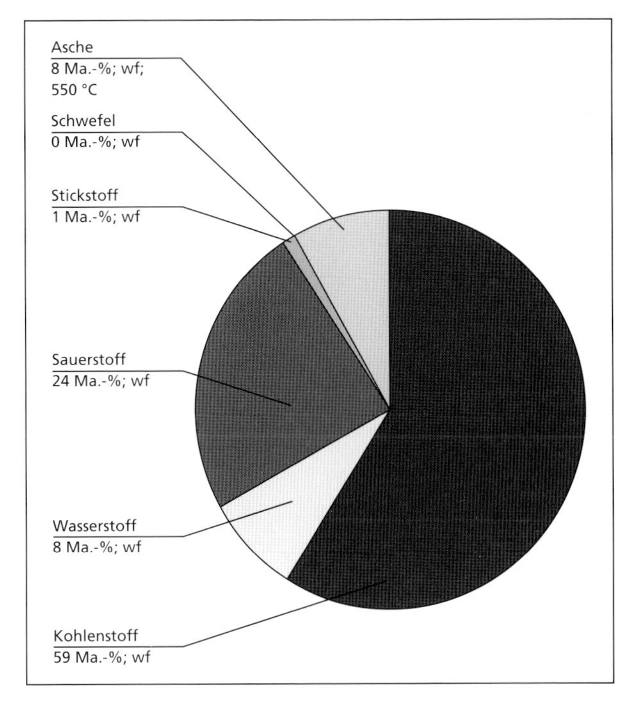

Bild 9:

Elementarzusammensetzung des lieferfertigen EBS-Mix aus EBS 0-25 mm und EBS 0-30 mm, NM3

haben sich nicht nennenswert verschoben, was zu der erwarteten Schlussfolgerung führt, dass der EBS aus Wertstofftonnenmaterial sich nicht grundsätzlich vom bisher produzierten EBS unterscheidet.

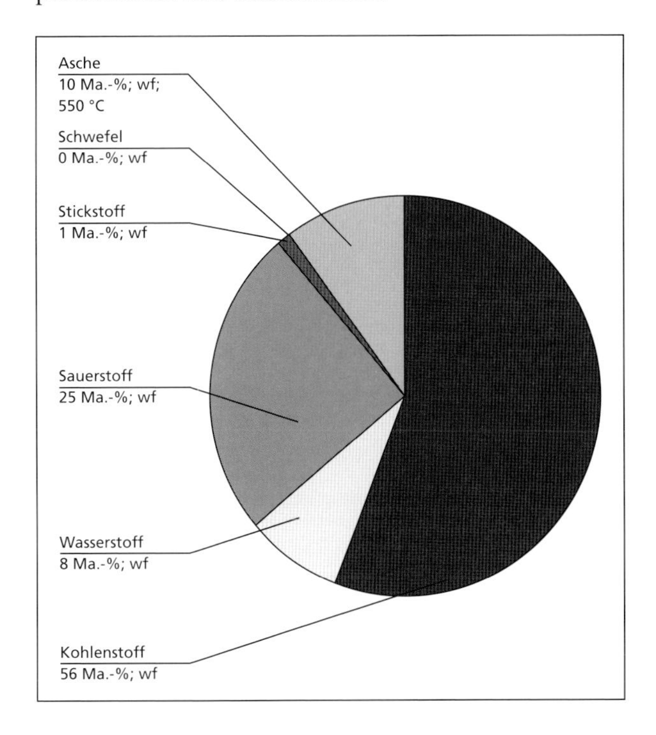

Bild 10:

Elementarzusammensetzung des lieferfertigen EBS-Mix aus EBS 0-25 mm und EBS 0-30 mm, WST2

Das gilt auch in Hinblick auf die korrosionsrelevanten Schadstoffe Schwefel und Chlor. Deren Anteil hat sich nach den bisherigen Analysen nicht systematisch verändert. Daraus lässt sich ableiten, dass der Anteil an PVC in der Wertstofftonne nur geringfügig größer ist als in der konventionellen LVP-Sammlung, wenn man zugleich beachtet, dass die Organik-Fraktion als zweite signifikante Chlorquelle (Bild 11) dementsprechend niedriger vorhanden ist, wodurch augenscheinlich eine Kompensation stattfindet. Der Anteil an Textilien ist demgegenüber in beiden Fällen gleichermaßen hoch (durch Stichprobenkontrollen ermittelt), obwohl diese nicht zum Spektrum der zugelassenen Materialien gehören. Diese bringen einerseits ebenfalls einen (konstant) hohen Chloreintrag mit sich, andererseits sind sie die Hauptquelle für Brennstoffstickstoff, der wiederum zur Bildung von Stickoxiden führt. Die Abscheidung von Textilien würde also zu einem EBS führen, der einen geringen Brennstoff-Stickstoff-Anteil aufweist. Es ist zu prüfen, inwiefern da möglicherweise Bedarf besteht, bzw. technische Lösungen zur Verfügung stehen.

Die Schüttdichte des EBS wiederum war bei den Messkampagnen mit Wertstofftonnenmaterial geringer als mit dem herkömmlichen LVP-Ausgangsmaterial. Das wirkt sich negativ auf den Anlagendurchsatz und auch die Transportkosten aus, weshalb hier bei den noch folgenden Untersuchungen analysiert werden muss, wie gravierend die ökonomischen Auswirkungen sind und welche Gegenmaßnahmen da ggf. ergriffen werden können [8].

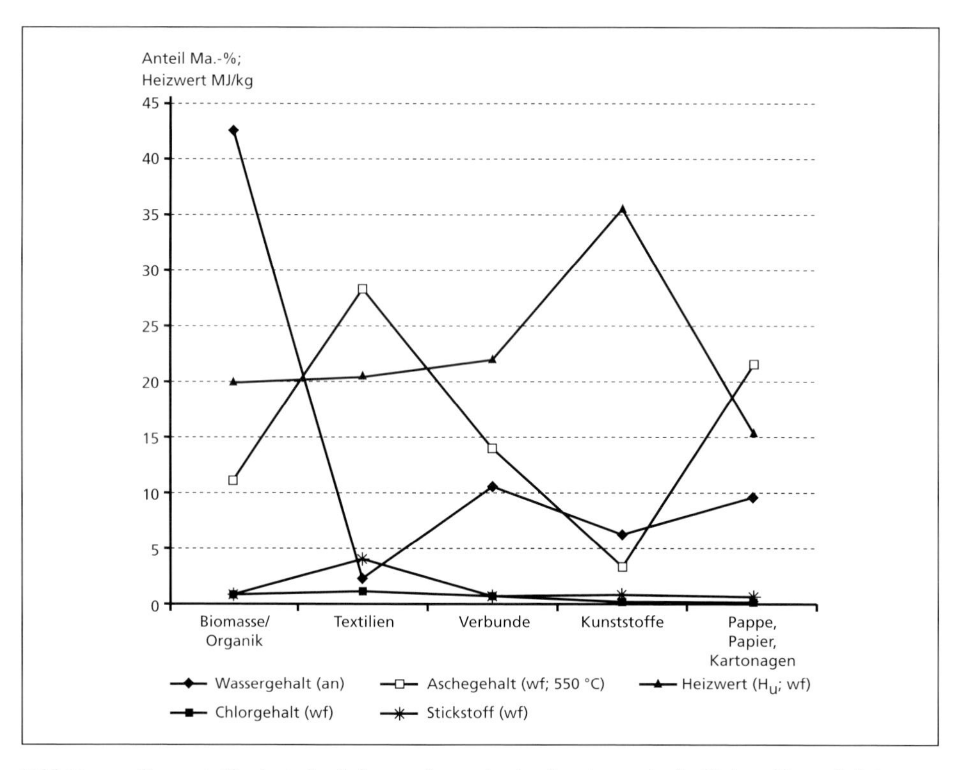

Bild 11: Brennstofftechnische Laboranalysen der im Sortierrest befindlichen Hauptfraktionen

5. Zwischenstand und Ausblick

In Hinblick auf die flächendeckende Einführung der Wertstofftonne in Deutschland wurden anhand von Sortierversuchen in einem Sammelgebiet in Mittelsachsen und Trennversuchen in einer LVP-Sortieranlage die Auswirkungen des erweiterten zulässigen Inhaltsspektrums untersucht. Im Vordergrund stehen dabei im Rahmen dieses Beitrags das Verbraucherverhalten sowie die brennstofftechnischen Eigenschaften und das Herstellungsverfahren der EBS.

Die Sortieranalysen im untersuchten Sammelgebiet haben gezeigt, dass eine Verschiebung von Inhaltsstoffen der Restmülltonne zur Wertstofftonne tatsächlich stattfindet. Damit steigt die spezifische Menge an eingesammelten LVP-/Wertstoffabfällen pro Einwohner und Jahr an, während der Wertstoffgehalt im Restmüll zurückgeht. In dieser Hinsicht sind die mit der Wertstofftonneneinführung formulierten Absichten erfüllt worden. Allerdings ist damit nur bedingt eine Aussage über den Anteil an Fehlwürfen in der Wertstofftonne verbunden bzw. bedeutet das nicht automatisch, dass diese Wertstoffe anlagentechnisch auch zurückgewonnen werden können oder den geforderten Reinheitsgrad einhalten.

Etwas mehr Klarheit in diesem Punkt und natürlich zur Frage, welche Auswirkungen sich daraus bezüglich des vom Sortierrest hergestellten EBS ergeben, bringen die Trennversuche in der Langenauer Sortieranlage. Dort hat sich folgendes gezeigt:

- Der Anteil des Sortierrestes vom Ausgangsmaterial ist tendenziell gesunken, was auf eine verringerte Anzahl an Fehlwürfen in der Wertstofftonne hindeutet.
- Der Wassergehalt hat sich verringert, was offensichtlich auf eine geringere Verunreinigung mit organischen Anteilen zurückzuführen ist, welche einen hohen Wassergehalt aufweisen.
- Auf Grund des gesunkenen Wassergehalts hat sich der Heizwert des EBS im Lieferzustand verbessert.
- Die Sortieranlagentechnik hat das veränderte Ausgangsmaterial mit unveränderter Trefferquote und Verfügbarkeit separiert; nennenswerte Schwierigkeiten sind in diesem Zusammenhang nicht aufgetreten.
- Der Anlagendurchsatz an EBS ist deutlich kleiner geworden, was ein starker Indikator für eine verringerte Schüttdichte ist.
- Der Schadstoffgehalt (insbesondere Chlor und Schwefel) im EBS hat sich durch die versuchsweise Einführung der Wertstofftonne nicht verändert. Auch der Brennstoff-Stickstoffgehalt verharrt wegen eines großen Anteils eigentlich in beiden Fällen nicht zulässiger Textilien auf hohem Niveau.

Bis auf die Schüttdichte wirken sich die festgestellten Veränderungen neutral bis positiv auf die EBS-Beschaffenheit aus.

Damit fehlen zur umfänglichen EBS-Charakterisierung (*Beipackzettel*) noch Informationen über die Wechselwirkungen des EBS mit den Feuerungsanlagen. In den Batch-Reaktor-Versuchen sollen insbesondere Aussagen zur Abgasschadstoffbildung und darauf basierend zum Korrosionspotential gewonnen werden; ferner zu Luftbedarf, Abbrandverhalten und der Verschlackung. Dabei geht es weniger um den Vergleich von EBS aus den verschiedenen Ausgangsmaterialien, sondern um eine einheitliche Gütebeschreibung der EBS, wie sie derzeit noch nicht verfügbar ist.

Hinsichtlich der EBS-Konfiguration haben sich die Stellschrauben Abtrennung von Organik und Textilien, Zumischung von Gewerbeabfall, Veränderung der Schüttdichte und der Korngrößen herauskristallisiert. Individuell angepasste EBS sollen dann mit einem *Beipackzettel* ausgestattet werden, der die wichtigsten Brennstoffeigenschaften und die Eignung für potentielle Einsatzgebiete beschreibt. Insbesondere die technologische Umsetzung des erstgenannten Parameters birgt ebenso Herausforderungen für die Zukunft mit sich wie der marktgerechte, flexible Betrieb der Anlagentechnik mit der entsprechenden Prioritätenvergabe für die Stofffraktionen. Außerdem wird sich zeigen, ob sich das Verbraucherverhalten durch die Wertstofftonnennutzung nachhaltig verändert hat, oder ob hier gewisse *Abnutzungseffekte* auftreten.

6. Literatur

[1] Thomé-Kozmiensky, K. J.: Recycling und Verbrennung bedingen einander. In: Thomé-Kozmiensky, K. J.; Beckmann, M.: (Hrsg.): Energie aus Abfall, Band 9. Neuruppin: TK Verlag Karl Thomé-Kozmiensky, 2012, S. 3-38

[2] Kern, M.; Sicpenkothen, J.; Krähling, H.: Auswirkungen der Wertstofftonne auf Mengen und Qualitäten von Abfallströmen. 2011

[3] Kurth, S.; Schröpl A.: 1. Zwischenbericht Verbrennungsverhalten von EBS unter Berücksichtigung der Erfahrungen aus gemeinsamer und getrennter Erfassung von Wertstoffen, 2013

[4] Dörfel, H.-D, IWA Ingenieur- und Beratungsgesellschaft mbh: Sortieranalyse und Prognoserechnung als Grundlagenermittlung für eine Entscheidung zur Einführung eines Wertstofftonnensystems im Landkreis Mittelsachsen, Bericht, 2013

[5] Dörfel, H.-D., IWA Ingenieur- und Beratungsgesellschaft mbh: Sortieranalyse zur Hausmüllzusammensetzung und Prognose zum Wertstoffpotential im Rahmen der Projektvorbereitung Wertstofftonne im Landkreis Mittelsachsen, Mittenwalde 2012

[6] Umweltbundesamt (Hrsg.): Planspiel zur Fortentwicklung der Verpackungsverordnung – Teilvorhaben 1: Bestimmung der Idealzusammensetzung der Wertstofftonne, FKZ/Projektnr.: 3710933131, 2011

[7] Pohl, M.: Qualitätssicherungsstrategie und Einsatzoptimierung hochwertiger Ersatzbrennstoffe im Auftrag der Sächsischen Aufbaubank, Endbericht, 2011

[8] Geiger, W.: Wirtschaftliche Herstellung von Ersatzbrennstoffen – Einfluss der Zerkleinerung auf die Wirtschaftlichkeit – . In: Thomé-Kozmiensky, K. J.: (Hrsg.): Ersatzbrennstoffe 2. Neuruppin: TK Verlag Karl Thomé-Kozmiensky, 2012, S. 371-381

Ist der gelbe Sack noch zeitgemäß?
– Betrachtungen eines Verbrenners –

Norbert Eickhoff

1. Kann die im gelben Sack befindliche Energie und die enthaltenen Rohstoffe intelligenter genutzt werden?

Bundesweit machen Leichtverpackungen, die über den gelben Sack erfasst werden, jährlich rund 25 Kilo pro Einwohner aus. Diese Leichtverpackungen bestehen aus Gemischen verschiedener Kunststoffe, die nur schwer und mit sehr hohem Aufwand voneinander getrennt und stofflich wiederverwertet werden können. In der Bild 1 wird ersichtlich, wie aufwendig die Logistik und die entsprechende Weiterverarbeitung der einzelnen Fraktionen sind.

Zusätzlich zeigt die Erfahrung, dass in die gelben Tonnen oder den gelben Sack Fehlwürfe von bis zu 50 Prozent Restabfall wandern, die eine sortenreine Trennung erschweren.

Das Ergebnis ist also ein minderwertiges, zum Teil mit Essensresten behaftetes Kunststoffgemisch, das nur mit großem technischen Aufwand und damit verbundenen hohen Kosten zu neuen Produkten verwertet werden kann. Zudem sind die Möglichkeiten des Einsatzes eines solchen Mischkunststoffs eher begrenzt auf einfache Waren mit geringem Wert. Deshalb wird ein Großteil der aufbereiteten Kunststoffe, die sogenannten Sortierreste, letztendlich doch thermisch verwertet.

Betrachtet man schließlich die Gesamtbilanz der *gelben* Abfallverwertung, erreicht man nicht einmal ansatzweise vergleichbare Energieeffizienzen bzw. Behandlungskosten, wie es moderne Abfallverbrennungsanlagen ohne die entsprechenden Sortier- und

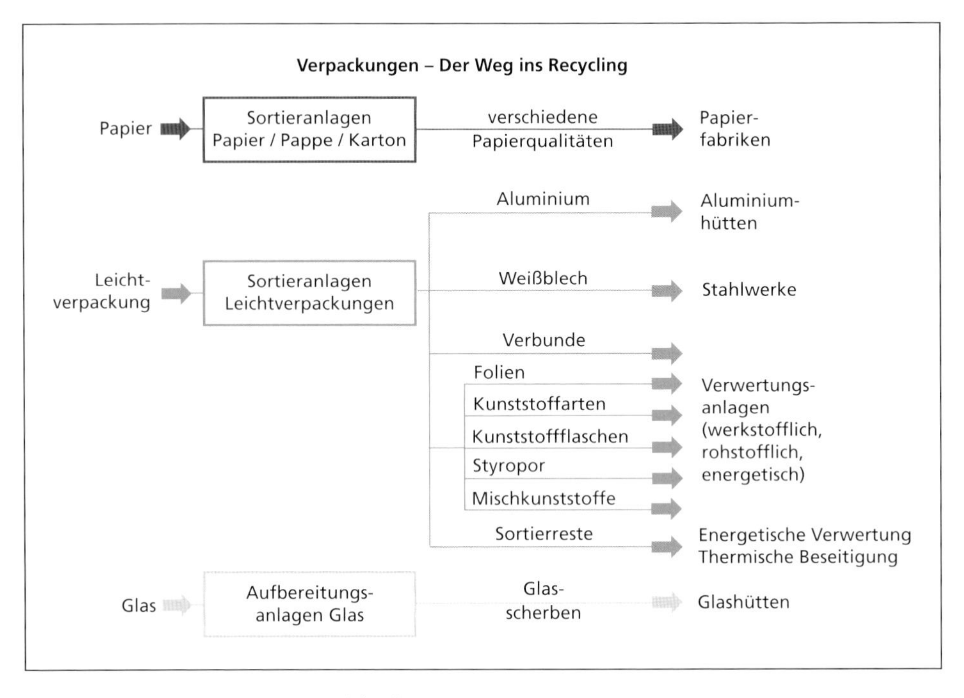

Bild 1: Duales System Deutschland 2007

Quelle: Duales System Deutschland, 2007

Behandlungsschritte vermögen. Trotzdem ist eine Konkurrenzbeziehung zwischen qualitätsorientierter stofflicher und energetischer Verwertung nicht zwangsläufig gegeben. Wertvolle und sortenreine Kunststoffabfälle, wie z.B. PET Getränkeflaschen sollen natürlich weiterhin stofflich verwertet werden. Dies ist ökologisch wie ökonomisch sinnvoll. Entsprechende Sammelsysteme sind in verschiedenen EU-Mitgliedsstaaten erfolgreich implementiert und werden von der Bevölkerung akzeptiert, wie z.B. in Schweden oder in Deutschland.

Mischkunststoffabfälle sind jedoch für eine hochwertige stoffliche Verwertung in der Regel nicht geeignet. Viel vorteilhafter können diese in einer Abfallverbrennungsanlage (Bild 2) genutzt werden, einerseits zur Gewinnung von standortnaher Energie und anderseits zur Rückgewinnung der in diesem Stoffstrom enthaltenen Wertstoffe, wie

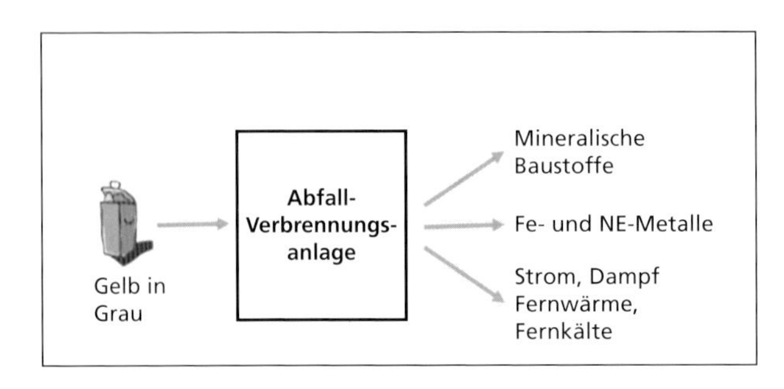

Bild 2: Abfallverbrenungsanlage

z.B. Fe- oder NE-Metalle. Das aufwendige separate Sammelsystem der gelben Tonne und des gelben Sackes könnte über die graue Tonne mitabgedeckt werden und somit eingespart werden.

Stoffliche und thermische Verwertung sind also nicht konkurrierende sondern komplementäre Maßnahmen, die die Deponierung, Scheinverwertung oder den Export von Kunststoffabfällen vermeiden können. Die nachfolgend beschriebenen Technologien sollen verdeutlichen, dass moderne Abfallverbrennungsanlagen einerseits die größtmögliche Energie aus den Leichtverpackungen gewinnen und andererseits die enthalten Rohstoffe wie z. B. Fe- und NE-Metalle effektiv und kostengünstig zurückgewinnen können.

2. Abfallverbrennung – Stand der Technik

Die Verbrennung von Restabfällen nach einer stofflichen Verwertung hat sich in den meisten Ländern der Europäischen Union als zentraler Baustein der Entsorgungs- und Recyclingstrategien etabliert. Auch über die Grenzen der EU hinweg werden in zunehmendem Umfang Abfallverbrennungsanlagen geplant und realisiert, wobei derzeit der klare Schwerpunkt der Aktivitäten in Asien liegt (Bild 3).

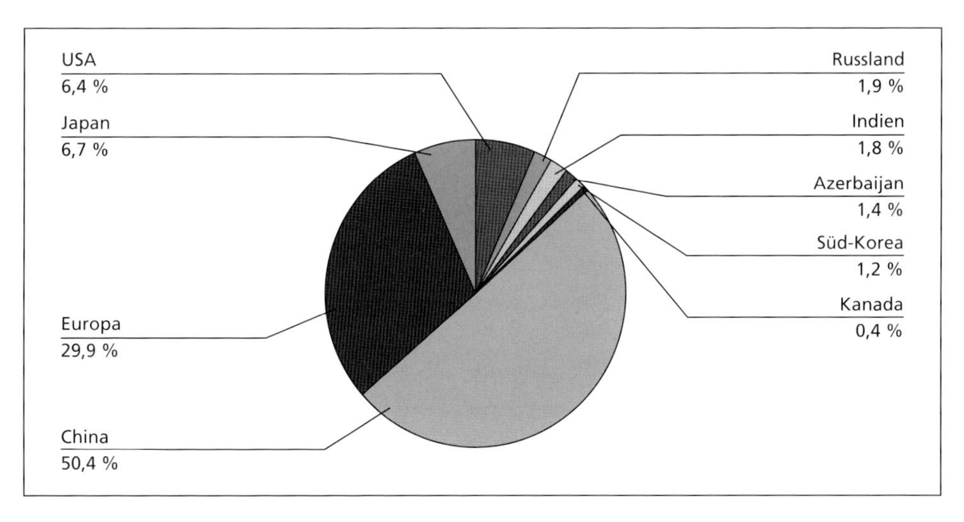

Bild 3: Weltweite Vergaben von Abfallverbrennungsanlagen 2008 bis 2011

Vaccani: Worldwide Market Share Analysis of Thermal Waste Treatment Plants, Edition 2012

Bevölkerungswachstum, wirtschaftlicher Wohlstand und letztlich der unabwendbare Druck zur sinnvollen Beherrschung wachsender Abfallströme führen zu einer starken Dynamik in diesem Bereich des Anlagenbaus. Letztlich hat sich auch die Erkenntnis durchgesetzt, dass der Energiehunger einer Volkswirtschaft, die Notwendigkeit des Umweltschutzes und der zunehmende Druck, auch auf die Wirtschaftlichkeit von Entsorgungsstrukturen zu achten, mit der Verbrennung von Abfällen in idealer Weise kombiniert werden können.

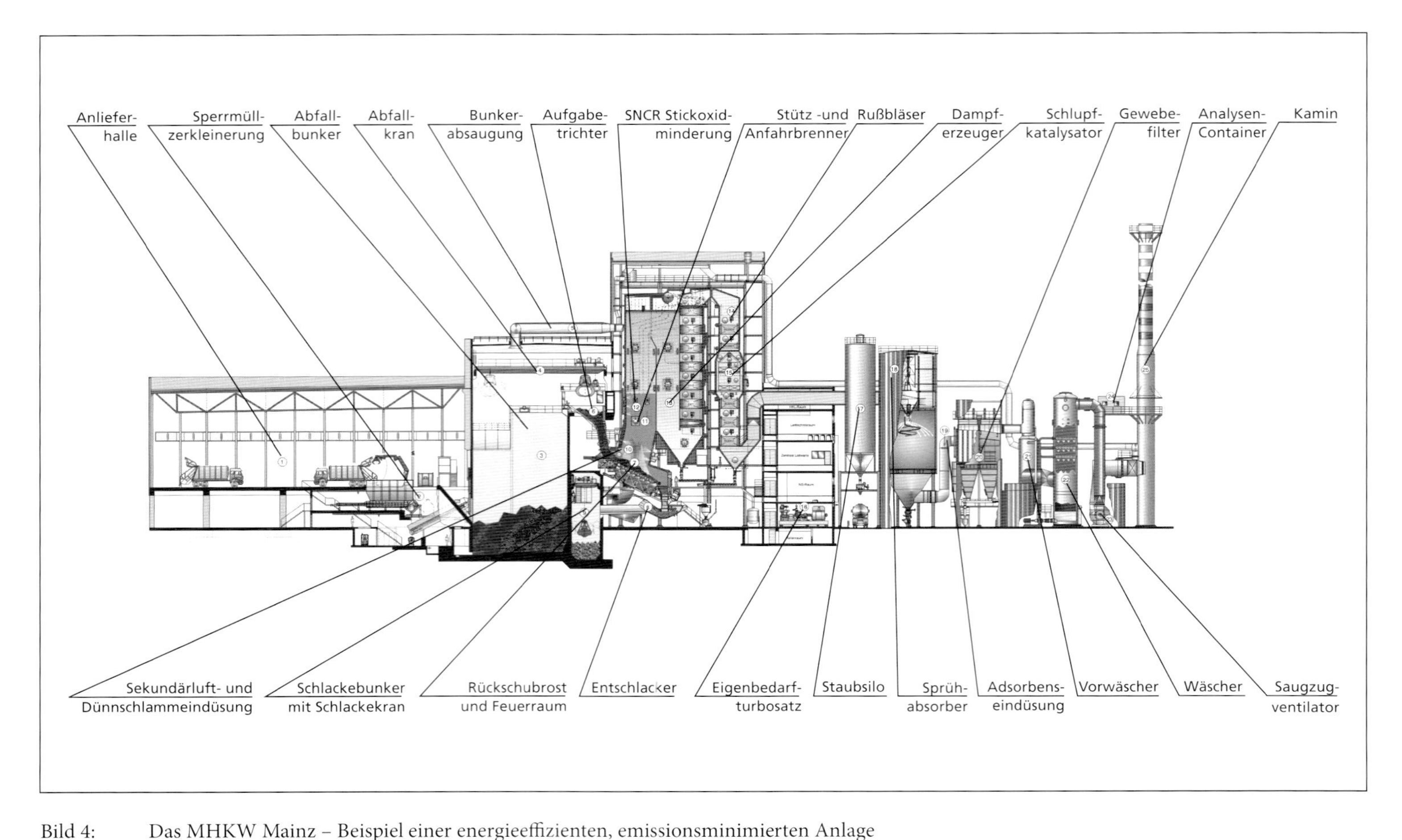

Bild 4: Das MHKW Mainz – Beispiel einer energieeffizienten, emissionsminimierten Anlage

Effiziente Abgasreinigungsanlagen haben die Diskussion um eine mögliche Umweltbelastung durch Abfallverbrennung weitestgehend beendet und somit die Akzeptanz bei der Bevölkerung stark erhöht.

Faktisch zählen moderne Abfallverbrennungsanlagen zu den saubersten Kraftwerken, welche die strengsten existierenden Emissionsgrenzwerte erfüllen bzw. diese im realen Betrieb in der Regel um mindestens eine Größenordnung unterschreiten.

Solche Anlagen sind nicht nur umweltfreundlich, sondern sie werden auch für jedermann nachvollziehbar und einsehbar betrieben. Als Beispiel sei hier das MHKW Mainz genannt (Bild 4), das seine Betriebsdaten regelmäßig und vollständig im Internet veröffentlicht.

3. Weiterentwicklungen hocheffizienter Verbrennungssysteme

Die Qualität und Zusammensetzung des Abfalls ändern sich mit der gesellschaftlichen und wirtschaftlichen Entwicklung einzelner Staaten, wobei zusätzlich die Art der Vorbehandlung und Sortierung einen starken Einfluss nehmen und in der Regel zu einem steigenden Heizwert führen. Die heutigen Abfallverbrennungsanlagen müssen diesen Änderungen folgen und dennoch jederzeit einen sicheren Betrieb gewährleisten. Deshalb wurde von Martin der Rückschub-Rost Vario präsentiert (Bild 5), der – aufbauend auf dem bekannten und bewährten Rückschub Prinzip – eine völlige Neuentwicklung

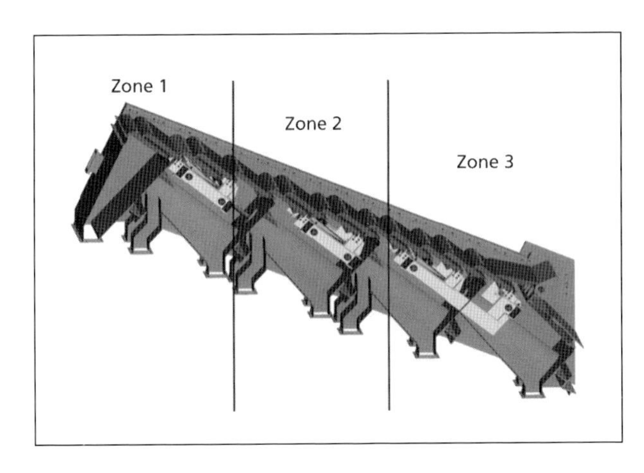

Bild 5:

Rückschub-Rost Vario mit drei Antriebs- und fünf Primärluftzonen

darstellt und diesen Anforderungen voll gerecht wird. Ein konsequent modularer Aufbau, drei unabhängig voneinander einstellbare Antriebe, die kompakt und geschützt unterhalb der Rostoberfläche angeordnet sind, exakt dosierbare Primärluftströme und thermische Robustheit mit extrem belastbaren Roststäben bieten dem Betreiber auch bei höchsten Heizwerten ein Verbrennungssystem, das keinerlei Wasserkühlung benötigt. Durch die nachfolgend beschriebene, hochmoderne und vollintegrierte MICC-Verbrennungsregelung stellt sich dieser Rost vollautomatisch sehr flexibel auf wechselnde Brennstoffe ein.

3.1. Die MICC (Martin Infrared Combustion Control)

Abfallverbrennungsanlagen werden zunehmend als Kraftwerke betrieben, die zwar andere Brennstoffe verarbeiten als konventionelle kalorische Kraftwerke, jedoch vom Anforderungsprofil der Betreiber verstärkt in komplexe Energieerzeugungsstrukturen als Baustein integriert werden. Dies hat zur Folge, dass sowohl häufige Lastwechsel wie auch wechselnde Brennstoffqualitäten vollautomatisch beherrscht werden müssen. Die MICC ist eine innovative Antwort auf diese Anforderungen, die als zentraler Baustein der Gesamtanlagenregelung in die Struktur von Prozessleitsystemen integriert ist (Bild 6). Diese Verbrennungsregelung verbindet modernste Infrarottechnologien, die den Verbrennungsvorgang in Echtzeit unmittelbar auf dem Rost überwachen mit Fuzzy-Regelungskomponenten und einer direkten Anbindung aller Feldgeräte und Antriebe an jedes beliebige Prozessleitsystem.

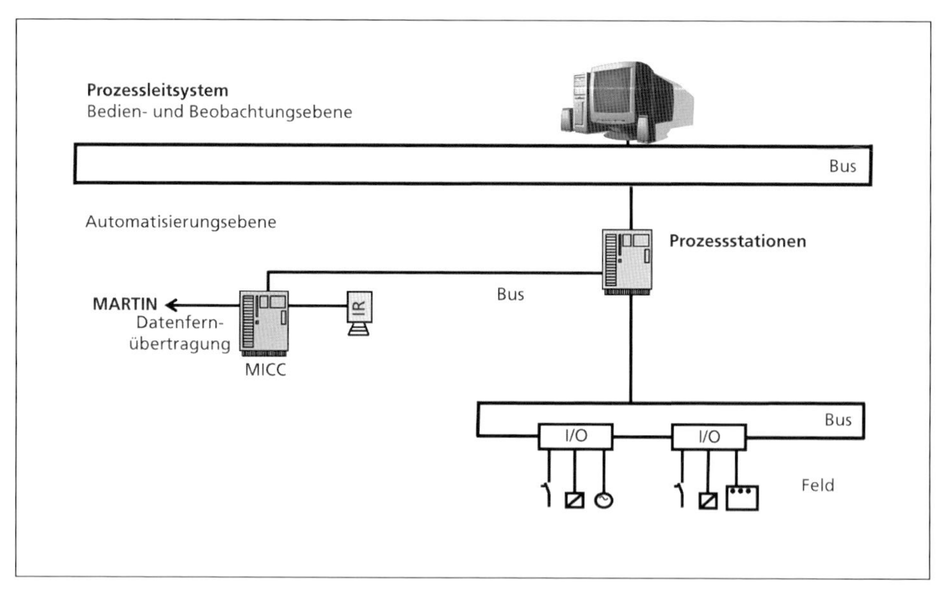

Bild 6: Die MICC (Martin Infrared Combustion Control) zur Betriebsoptimierung der Gesamtanlage

3.2. Energieeffizienz

Restabfall hat ein erhebliches Energiepotential, das in Europa dem Energieinhalt von Braunkohle entspricht. Zudem ist mehr als die Hälfte des Restabfall-Kohlenstoffs biogenen Ursprungs, so dass dessen Verbrennung klimaneutral ist. Möglichst viel dieser inländischen Energie zurück zu gewinnen und für weitere Nutzung zur Verfügung zu stellen, ersetzt also andere Brennstoffquellen, die seltener werden, teuer sind und in vielen Fällen aus Ländern kommen, die nicht stabil sind und/oder die Lieferung dieser Rohstoffe für andere Zwecke missbrauchen.

In modernen Abfallverbrennungsanlagen können im Dampferzeuger deutlich mehr als 80 Prozent der Energie zurück gewonnen werden. Bei Einsatz von Abgas-Kondensation kann dies auf über 90 Prozent gesteigert werden, da dann auch die latente Wärme zurück gewonnen wird. Ein Teil dieser Energie wird in der Anlage selbst benötigt für Antriebe, Vorwärmung der Verbrennungsluft, Reinigung der Dampferzeugerrohre usw. Der weitaus größte Teil kann jedoch exportiert werden, entweder als Dampf für industrielle Anwendungen, in Fernwärme/-kältenetze und/oder als Strom nach Umwandlung in einer Dampfturbine.

Der Wirkungsgrad der Stromerzeugung aus Abfallverbrennungsanlagen ist aufgrund der korrosiven Eigenschaften der Abgase begrenzt. Restabfall enthält nicht unerhebliche Anteile an Chlor und Schwefel sowie Alkalien (Na, K) und Schwermetalle (z.B. Pb, Zn). Diese werden bei der Verbrennung zum überwiegenden Teil ins Abgas transferiert. Wenn sich diese auf den Dampferzeugerrohren ablagern, können sie sehr korrosive Mischungen bilden. Auch wenn in den letzten Jahren viele Untersuchungen durchgeführt wurden, ist der Korrosionsprozess noch nicht vollständig verstanden. Warum die Korrosionsraten in einigen Anlagen auch bei *höheren* Dampftemperaturen akzeptabel sind, während in anderen Anlagen massive Korrosion auch bei *moderaten* Dampftemperaturen auftritt, bleibt immer noch ungelöst. Dampfparameter von 40 bar/400 °C werden allgemein als Grenze für vertretbare Standzeiten von Dampferzeugerrohren angesehen, wenn man diese in ungeschütztem Zustand belässt, d.h. nicht mit Claddingschichten bzw. keramischen Verkleidungen schützt.

Einige europäische Länder subventionieren die Stromerzeugung aus der Abfallverbrennung, weshalb in diesen Fällen höhere Dampfparameter besonders erwünscht sind. In konkreten Fällen sieht es wie folgt aus:

In der MVA Brescia, Italien kommen Dampfparameter von 60 bar/450 °C bzw. 73 bar/480 °C zum Einsatz. Da zusätzlich verschiedene Maßnahmen zur Verringerung des Eigenverbrauchs getroffen wurden und die Abgastemperatur nach einer trockenen Reinigungsanlage abgesenkt wurde, ergibt sich hier ein elektrischer Netto-Wirkungsgrad von mehr als 27 Prozent (verglichen mit etwa 20 Prozent für *normale* Anlagen).

In der MVA Amsterdam, Niederlande wurden zwei zusätzliche Linien installiert, die seit 2007 im kommerziellen Betrieb sind. Zusammen mit den vier bestehenden Linien ist dies die weltweit größte Abfallverbrennungsanlage. Die neuen Linien sind für einen sehr hohen elektrischen Wirkungsgrad ausgelegt, mit Dampfparametern von 130 bar/440 °C und interner Zwischenüberhitzung. Zusammen mit anderen Verbesserungen führt dies zu einem elektrischen Netto-Wirkungsgrad von über 30 Prozent. Dank sehr großzügiger Auslegung des Dampferzeugers und großflächigem Schutz mit Inconel ist die Dampferzeugerkorrosion bisher vernachlässigbar.

Eine weitere Möglichkeit der Steigerung des Wirkungsgrades ist die Kombination der Abfallverbrennung mit einem gasbefeuerten Kombikraftwerk. In der MVA Mainz, Deutschland wird der Dampf aus der Abfallverbrennung bei 40 bar/400 °C in die Zwischenüberhitzung eines Kombikraftwerks eingespeist. Der elektrische Netto-Wirkungsgrad beträgt dann > 40 Prozent, bezogen auf die durch den Abfall eingebrachte Energie.

Bild 7:

MVA SYSAV Malmö, Schweden

In Bilbao, Spanien, wird der Dampf aus der Abfallverbrennung bei 100 bar/330 °C in den Abhitzedampferzeuger nach einer Gasturbine eingebracht. Auch hier beträgt der elektrische Netto-Wirkungsgrad > 40 Prozent, bezogen auf die durch den Abfall eingebrachte Energie.

Noch effektiver ist die Nutzung der zurück gewonnenen Energie als thermische Energie, z.B. in Fernwärmenetzen. Vor allem in Skandinavien, wie z.B. in der MVA Malmö (Bild 7) ist dies weit verbreitet, wobei viele dieser Anlagen sogar vom Bedarf des Fernwärmenetzes dominiert werden. Die Anlagen laufen nur in der kälteren Jahreszeit auf vollem Durchsatz, während in der wärmeren Jahreszeit der Abfall in Ballen verpackt, gelagert und erst verbrannt wird, wenn größerer Wärmebedarf besteht. In Verbindung mit einer Abgaskondensation, wie z.B. in der MVA Göteborg ausgeführt, werden thermische Wirkungsgrade von über 90 Prozent erreicht.

3.3. Verbessertes Recycling der in der Schlacke enthaltenen Wertstoffe durch trockenen Schlackeaustrag

Schlacke ist mit 20 bis 25 Prozent die bei weitem größte Fraktion an Reststoffen, die nach der Verbrennung bleibt. Diese besteht überwiegend aus mineralischen Bestandteilen, Silikaten, Glas, Steinen und Keramik, enthält aber auch einen hohen Anteil an Eisen- (etwa 10 Prozent) und Nichteisen-Metallen wie Kupfer und Aluminium (etwa 2 bis 5 Prozent). Darüber hinaus sind Salze, d.h. Chloride und Sulphate sowie Spuren von Schwermetallen enthalten. Nach einer *Alterungszeit* von etwa 3 Monaten sind die Eigenschaften der mineralischen Fraktion derart, dass sie für Bauzwecke eingesetzt werden kann, hauptsächlich im Straßenbau. Leider gibt es in der EU keine einheitlichen Regelungen, weder was die Testmethoden betrifft, noch was die Grenzwerte anbelangt, bei deren Einhaltung diese mineralische Fraktion wieder verwertet werden kann.

In der Schweiz geht man derzeit einen anderen vielversprechenden Weg. Aus trocken ausgetragener Schlacke sollen mehr Metalle, speziell Nichteisenmetalle, in besserer Qualität und mit höherer Ausbeute als bisher möglich zurückgewonnen werden. Der trockene Austrag der Schlacke ist bei diesem Prozess ein wichtiger erster Schritt,

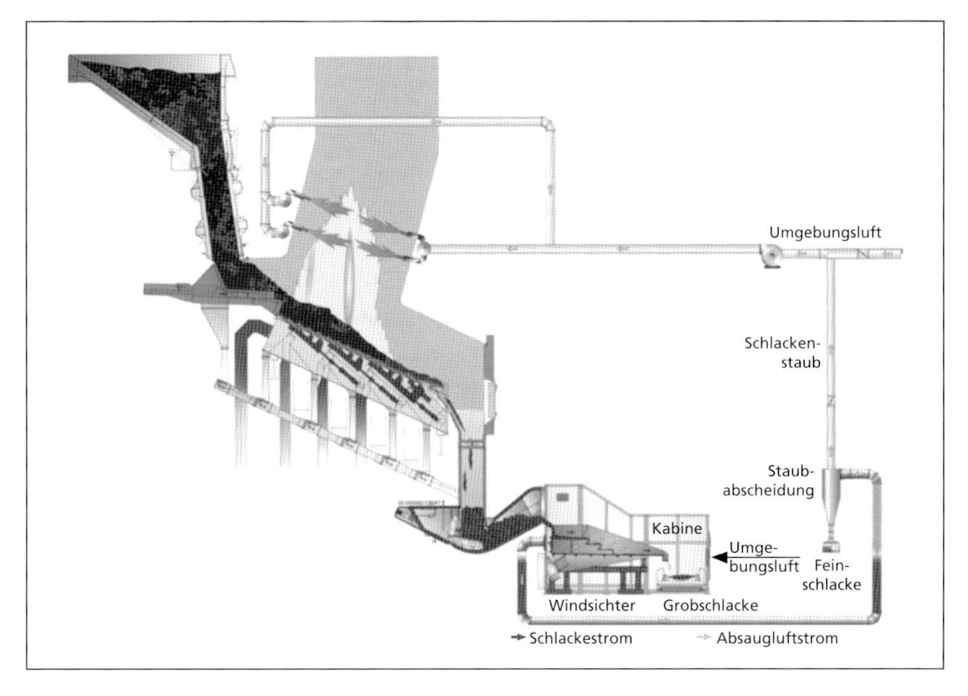

Bild 8: Prinzipskizze der Trockenentschlackung mit integrierter Entstaubung

gefolgt von verschiedenen Ansätzen der weiteren Auftrennung der Stoffströme. Dabei wird bisher die mineralische Fraktion nicht wieder verwertet. Der trockene Austrag der Schlacke verhindert, dass die Feinfraktion, in der viele Schwermetalle enthalten sind, über alle Fraktionen verteilt wird. Zusätzlich spart dies Kosten, einerseits beim Wasserverbrauch sowie andererseits bei Transport und Deponierung, da allein das fehlende Wasser das Gewicht um 15 bis 20 Prozent verringert.

Derzeit existieren zwei Pilotanlagen in der Schweiz mit Trockenentschlackung, die KEZO Hinwil und die KVA Monthey. Die Anlage in der KEZO wird maßgeblich

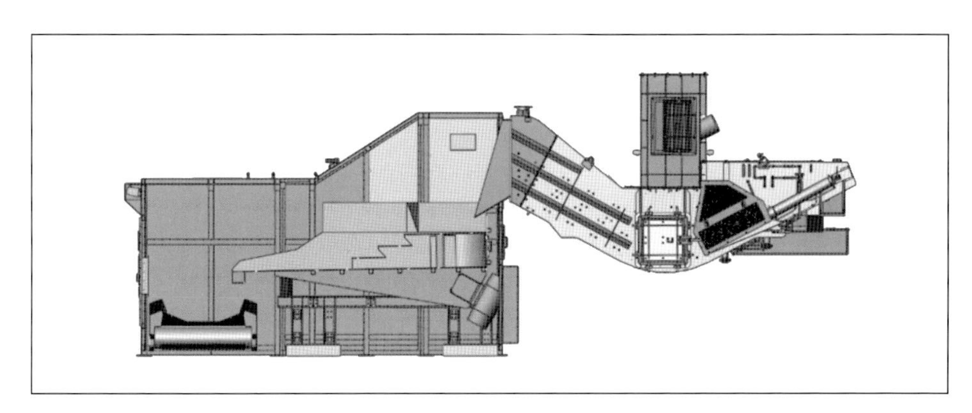

Bild 9: Austrags- und Sichtereinheit einer trockenen Entschlackung mit Entstaubung

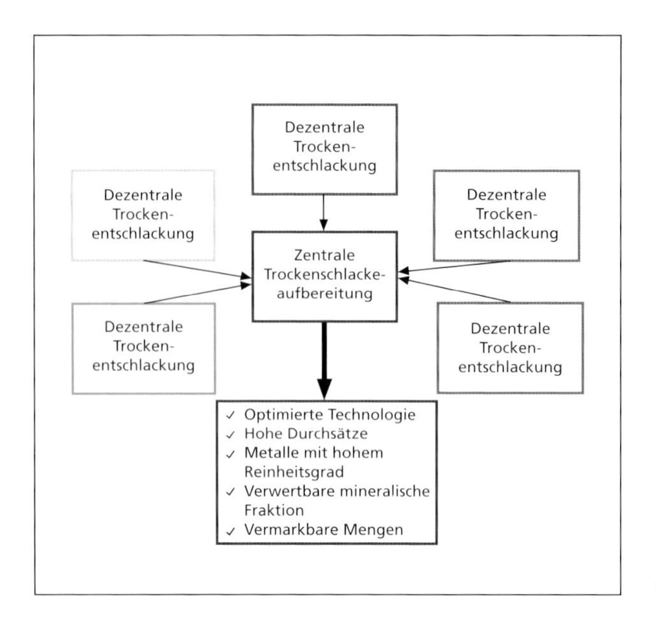

Bild 10:

Konzept eines Anlagenverbundes mit Trockenentschlackung

finanziert von der Stiftung Zentrum für nachhaltige Abfall- und Ressourcennutzung (ZAR) und umfasst neben dem Schlacke-Trockenaustrag mittels Entschlackungskanal eine komplette Feinschlackeaufbereitung einschließlich einer sehr weitgehenden Rückgewinnung von Fe-, Cu und Al-Metallen bis hin zu seltenen, wertvollen Elementen.

Die Anlage in Monthey beschränkt sich auf den trockenen Schlackeaustrag, wobei der vorhandene Stößelentschlacker ergänzt wurde um eine Entstaubungsanlage, die aus einem speziellen Treppen-Windsichter mit Absaugung und Entstaubungszyklon besteht (Bild 8 und 9). Hierbei ist der Gedanke, die weitergehende Metallseparation sowie die Aufbereitung der mineralischen Schlackefraktion nicht an der KVA selbst sondern in einer großen, zentralen Aufbereitungsanlage durchzuführen, die von mehreren trocken entschlackten KVA's beliefert wird (Bild 10).

Bei Einsatz einer trockenen Entschlackung können prinzipiell auch andere wertvolle Metalle wie Gold, Silber und seltene Erden wieder gewonnen werden. Darüber hinaus bleiben die puzzolanischen Eigenschaften der mineralischen Fraktion erhalten, so dass deren Einsatz in der Zementindustrie sinnvoll erscheint.

4. Zusammenfassung

Die Abfallverbrennung auf Rostsystemen ist eine hocheffiziente und zuverlässige Technologie für die Behandlung von Restabfällen, die zunehmend auch die Aufgaben einer thermischen Stofftrennung übernimmt. Leichtverpackungen sollten deshalb als zusätzliche Fraktion dem normalen Restabfall zugegeben werden. Die *gelbe* Abfallbehandlung hat heute ausgedient und es gilt der Trend: *Gelb in Grau.* Alle zuvor beschriebenen innovativen Systeme sind hervorragend geeignet, diese Fraktion ohne vorherige Aufbereitungsschritte mitzuverarbeiten.

Die in diesen Restabfällen enthaltene Energie kann mit hohen Wirkungsgraden zurück gewonnen und in Form von Dampf, Strom oder jeder beliebigen Kombination nutzbar gemacht werden. Neueste Entwicklungen werden die Energieeffizienz von Abfallverbrennungsanlagen noch weiter steigern. Zusätzlich können nach der Verbrennung in den Rostaschen verbleibende Fe- und NE-Metalle zu einem großen Teil wieder verwertet werden. Zusätzliche Innovationen erlauben es, das Potenzial an wertvollen Metallen und seltenen Erden in den Verbrennungsrückständen zu erschließen. Schon heute entspricht die Konzentration der Edelmetalle in den Verbrennungsrückständen in etwa derjenigen der besten natürlichen Erzlagerstätten. Darüber hinaus kann der mineralische Anteil der Schlacke als Baustoff u.a. im Straßenbau dienen.

Beim Produktdesign hat die Strategie der Verbrennung ge- bzw. verbrauchter Kunststoffe den Charme, dass Kunstoff-/Metall-Verbundmaterialien keine Hürde für die Wiederverwertung darstellen und aufwändige händische Trennschritte konsequent entfallen können. Die Rostfeuerung als Basis der thermischen Verwertung dieser Stoffströme ist zusätzlich ein Reaktor zur thermischen Trennung und eine flexible Technologie, die an verschiedenste Abfallzusammensetzungen angepasst werden kann - vom Abfall mit hohem Heizwert wie z.B. in vielen europäischen Ländern bis zum Abfall mit hohem Wassergehalt (und damit niedrigem Heizwert) wie in vielen Ländern in Asien.

Dabei sind die Emissionen dieser Anlagen dank modernster Verbrennungs- und Reinigungstechnologien vernachlässigbar gering.

Basierend auf den in diesem Beitrag vorgestellten Verbesserungen sowie weiteren Entwicklungen, bietet Martin zukünftig die *MVA der nächsten Generation* an (Bild 11).

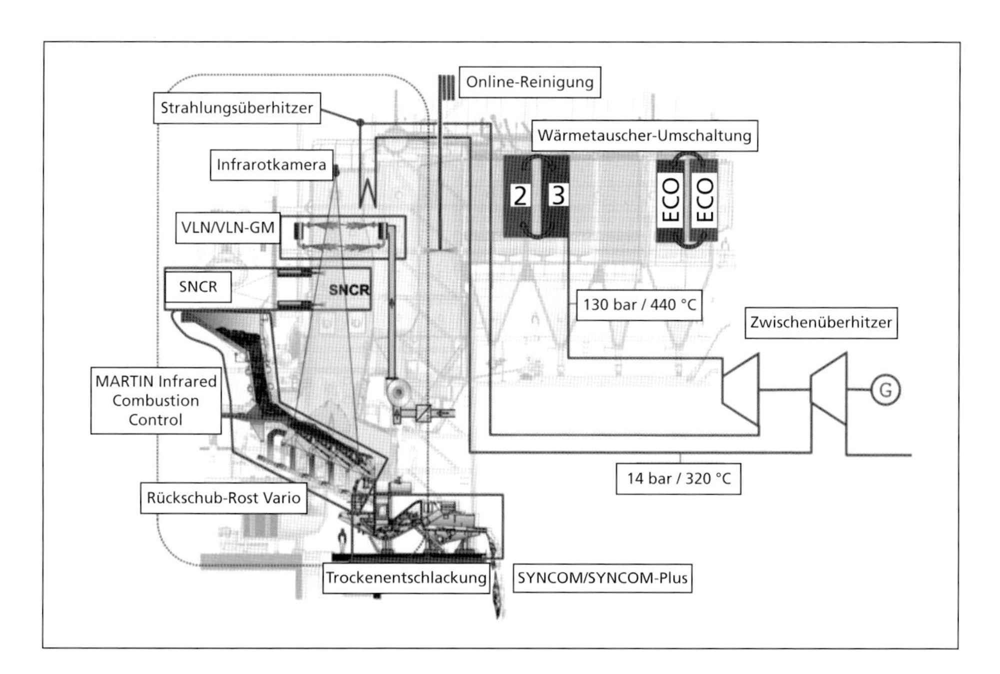

Bild 11: Abfallverbrennungsanlage der nächsten Generation

In diesem Konzept wird die Flexibilität für verschiedene/wechselnde Abfallqualitäten mit hoher Energieausbeute, einer weitgehenden Wiederverwendung von Restprodukten, niedrigsten Emissionen und einem langfristig planbaren, zuverlässigen Betrieb verknüpft. Das *Downcycling* von Kunstoffen in aufwändigen Sortieranlagen, verbunden mit hohem Transport- und Logistikaufwand sollte damit endgültig der Geschichte angehören Mit modernen Verbrennungsanlagen stehen weitaus kostengünstigere und effizientere Anlagen zur Verfügung, die zudem höhere Wiedergewinnungsquoten ermöglichen.

Dank

Dank

Den an diesem Buch beteiligten Personen und Unternehmen gebührt mein aufrichtiger Dank. In erster Linie danke ich den Autoren, die mit ihren Manuskripten den Rohstoff für dieses Buch geliefert haben. Für sie war es zusätzliche Arbeit und Belastung. Herausgeber und Verlag danken den Autoren mit dem ihren Leistungen angemessenen Umgang mit ihren Manuskripten und mit der Qualität der Präsentation. Dazu gehört auch die Vorstellung der Autoren im Anhang dieses Buchs; hier finden die Leser nicht nur die Kontaktdaten der Autoren, sondern auch deren Porträtfotos, soweit die Autoren dies erlauben.

Die Qualität des Buchs ist auch dem Engagement der Unternehmen zu verdanken, die mit den Inseraten eine weitere Voraussetzung für die Qualität der Redaktion, des Satzes und des Drucks sowie der buchbinderischen Verarbeitung geschaffen haben. Dank der hochkarätigen Beiträge erreicht die werbende Wirtschaft ein interessantes Fachpublikum.

Die Mitarbeiter des Verlags waren besonders gefordert, wenn Manuskripte hohe Anforderungen an die Bearbeitung stellten.

Das Verlags-Team

Dr.-Ing. Stephanie Thiel hat die Redaktion übernommen. M.Sc. Elisabeth Thomé-Kozmiensky und Dr.-Ing. Stephanie Thiel haben die Verbindung mit der werbenden Wirtschaft gepflegt.

Ginette Teske und Cordula Müller haben die Buchplanung sowie die Zusammenarbeit mit der Druckerei, den Autoren und Inserenten organisiert. Darüber hinaus haben sie gemeinsam mit Fabian Thiel zahlreiche Tabellen erstellt, die Texte bearbeitet und die Druckvorlage gesetzt. Ginette Teske, Cordula Müller, Fabian Thiel und Janin Burbott haben zahlreiche Zeichnungen angefertigt. Die Gestaltung des Autorenverzeichnisses hat Cordula Müller übernommen.

Großen Dank schulden Herausgeber und Verlag der Druckerei Mediengruppe Universal Grafische Betriebe München GmbH für die sorgfältige Verarbeitung unserer Vorlagen zu einem ansehnlichen Buch hoher Qualität. Die Mitarbeiter dieses Unternehmens schafften es wiederum, das Buch pünktlich auszuliefern. Das belohnen wir mit unserer andauernden Treue.

Das Zusammenwirken von Autoren, werbender Wirtschaft, Redaktion, Druckvorstufe und Druckerei kommt dieser Publikation zugute. Das Ergebnis dieser Arbeit wird von den Lesern geschätzt, weil die Bücher über lange Zeit als wichtige Informationsquelle betrachtet werden und die tägliche Arbeit unterstützen.

Daher wird auch dieses Buch die verdiente Verbreitung und Würdigung finden.

Dem Herausgeber ist es ein Bedürfnis, allen an diesem Buch Beteiligten voller Bewunderung für ihre hervorragenden Leistungen zu danken.

März 2014

Karl J. Thomé-Kozmiensky

Autorenverzeichnis

Professor Dr. Heinz-Georg Baum **S. 115**
Hochschule Fulda
FB Lebensmitteltechnologie
Business Administration/Waste Managment
Marquardstraße 35
36039 Fulda
Tel.: 0661-96.40.50-3
Fax: 0661-96.40.50-7
E-Mail: heinz-georg.baum@hs-fulda.de

Dipl.-Ing. Norbert Eickhoff **S. 163**
Leiter Hauptabteilung
Martin GmbH für Umwelt- und Energietechnik
Projekt und Verkauf
Leopoldstraße 248
80807 München
Tel.: 089-356.17-188
Fax: 089-356.17-299
E-Mail: norbert.eickhoff@martingmbh.de

Dr.-Ing. Matthias Franke **S. 65**
Abteilungsleiter Kreislaufwirtschaft
Fraunhofer UMSICHT, Institutsteil Sulzbach-Rosenberg
An der Maxhütte 1
92237 Sulzbach-Rosenberg
Tel.: 09661-9.08-438
Fax: 09661-9.08-469
E-Mail: matthias.franke@umsicht.fraunhofer.de

Rechtsanwalt Hartmut Gaßner **S. 141**
Gaßner, Groth, Siederer & Coll.
Rechtsanwälte Partnerschaftsgesellschaft
Stralauer Platz 34
10243 Berlin
Tel.: 030-7.26.10.26-0
Fax: 030-7.26.10.26-10
E-Mail: gassner@ggsc.de

Peter Hense, M. Sc. **S. 65**
Fraunhofer UMSICHT, Institutsteil Sulzbach-Rosenberg
Kreislaufwirtschaft
An der Maxhütte 1
92237 Sulzbach-Rosenberg
Tel.: 09661-9.08-492
Fax: 09661-9.08-469
E-Mail: peter.hense@umsicht.fraunhofer.de

Dipl.-Ing. Kornelia Hülter S. 135
Verbandsgeschäftsführerin
Zweckverband Abfallwirtschaft Region Hannover aha
Karl-Wiechert-Allee 60 C
30625 Hannover
Tel.: 0511-99.11-48.00
Fax: 0511-99.11-478.90
E-Mail: kornelia.huelter@aha-region.de

Dr. oec. Dipl.-Ing. Monika Kaßmann S. 11
Vorstandsmitglied
Deutsches Verpackungsinstitut (dvi) Berlin
Michelangelostr. 11 / 16-03
01217 Dresden
Tel.: 0351-472.82.56
Fax: 0351-472.82.56
E-Mail: mkassmann@gmx.de

Dr. Heribert Löcker S. 49
Leiter Recht
ARA Altstoff Recycling Austria AG
Mariahilfer Straße 123
A-1062 Wien
Tel.: 0043-1-599.97-600
Fax: 0043-1-595.35-35
E-Mail: heribert.loecker@ara.at

Dipl.-Ing. Rüdiger Oetjen-Dehne S. 91
Geschäftsführer
Oetjen-Dehne & Partner Umwelt- und Energie-Consult GmbH
Levetzowstr. 10a
10555 Berlin
Tel.: 030-344.80.39
Fax: 030-39.84.88.54
E-Mail: uec@uec-berlin.de

Dipl.-Ing. Katharina Reh S. 65
Fraunhofer UMSICHT, Institutsteil Sulzbach-Rosenberg
Kreislaufwirtschaft
An der Maxhütte 1
92237 Sulzbach-Rosenberg
Tel.: 09661-908-431
Fax: 09661-908-469
E-Mail: katharina.reh@umsicht.fraunhofer.de

Eric Rehbock **S. 19**

Hauptgeschäftsführer
Bundesverband Sekundärrohstoffe und Entsorgung (bvse) e.V.
Hohe Straße 73
53119 Bonn
Tel.: 0228-988.49-25
Fax: 0228-988.49-99
E-Mail: rehbock@bvse.de

Professor Dr. Christoph Scharff **S. 49**

Vorstandssprecher
ARA Altstoff Recycling Austria AG
Mariahilfer Straße 123
A-1062 Wien
Tel.: 0043-1-59.99.72-11
Fax: 0043-1-59.99.72-99
E-Mail: christoph.scharff@ara.at

Professor Dr.-Ing. Karlheinz Scheffold **S. 91**

Fachhochschule Bingen
Fachbereich Umweltschutz
Berlinstr. 109
55411 Bingen
Tel.: 06721-40.94-46
Fax: 06721-40.91-10
E-Mail: scheffold@fh-bingen.de

Dr. Sven Schulze **S. 37**

Leiter des Themenfeldes Umwelt und Klima
Hamburgisches WeltWirtschaftsInstitut
gemeinnützige GmbH (HWWI)
Heimhuder Straße 71
20148 Hamburg
Tel.: 040-34.05.76-355
Fax: 040-34.05.76-776
E-Mail: s-schulze@hwwi.org

Rechtsanwalt Dr. Holger Thärichen **S. 29**

Geschäftsführer
Abfallwirtschaft und Stadtreinigung VKS
im Verband kommunaler Unternehmen e.V.
Invalidenstraße 91
10115 Berlin
Tel.: 030-58.58.01-60
Fax: 030-58.58.01-02
E-Mail: thaerichen@vku.de

Dipl.-Ing. Mirko Thomä S. 147

Leiter Anlagentechnik
Becker Umweltdienste GmbH
Sandstraße 116
09114 Chemnitz
Tel.: 0371-91.60-0
Fax: 0371-91.60-111
E-Mail: mthomae@becker-umweltdienste.de

**Professor Dr.-Ing. habil. Dr. h. c.
Karl J. Thomé-Kozmiensky** S. 1

Dorfstraße 51
16816 Nietwerder
Tel.: 03391-45.45.0
Fax: 03391-45.45.10
E-Mail: thome@vivis.de

Andreas Thürmer S. 81

Leiter Vorstandsbüro und Prokurist
BSR Berliner Stadtreinigungsbetriebe
Ringbahnstraße 96
12103 Berlin
Tel.: 030-75.92-25.95
Fax: 030-75.92-24.19
E-Mail: andreas.thuermer@bsr.de

Dipl.-Ing. Tobias Widder S. 147

Technische Universität Dresden
Institut für Energietechnik
Lehrstuhl für Verbrennung, Wärme- und Stoffübertragung
George-Bähr-Straße 3b, Walther-Pauer-Bau
01069 Dresden
Tel.: 0351-46.33.40.36
Fax: 0351-46.33.77.53
E-Mail: tobias.widder@tu-dresden.de

Inserentenverzeichnis

ARA Altstoff Recycling Austria AG **neben S. 54**

Mariahilfer Straße 123
A-1062 Wien
Tel.: 0043-1-599-97.0
Fax: 0043-1-595-35.35
E-Mail: office@ara.at
www.ara.at

Berzelius Metall GmbH **neben S. 150**

Emser Strasse 11
56338 Braubach
Tel.: 02627-983-0
Fax: 02627-983-251
E-Mail: info@berzelius.de
www.berzelius.de

Berliner Stadtreinigungsbetriebe BSR **neben S. 86, 118**

Ringbahnstraße 96
12103 Berlin
Tel.: 030-75.92-49.00
Fax: 030-75.92-22.62
www.BSR.de

MARTIN GmbH für Umwelt- und Energietechnik **neben S. 151**

Leopoldstraße 248
80807 München
Tel.: 089-35.6 17-0
Fax: 089-35.6 17-299
E-Mail: mail@martingmbh.de
www.martingmbh.de

Verlag 320° **neben S. 119**

Nebelhornstraße 4
86836 Untermeitingen
Tel.: 08232-503.18-20
Fax: 08232-503.18-19
E-Mail: stephan.krafzik@320grad.de
www.320grad.de

Schlagwortverzeichnis

A

B

C

D

E

F

G

H

I

K

L

M

N

O

P

Q

R

S